中华文明文化丛书·国风新绘

孙子兵法

上 册

任犀然 编著

人民东方出版传媒
People's Oriental Publishing & Media
東方出版社
The Oriental Press

享誉海内外的学界泰斗、书画大师饶宗颐先生（1917—2018）为任犀然著作题词。

中央文史研究馆馆长、北京大学国学研究院院长袁行霈先生为任犀然著作题词。

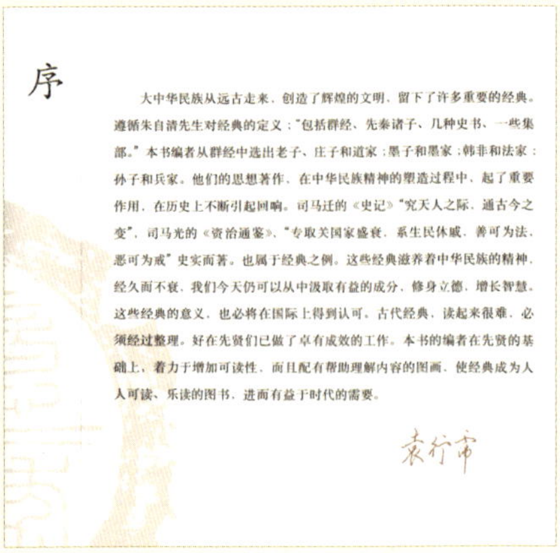
序

大中华民族从远古走来，创造了辉煌的文明，留下了许多重要的经典。遵循朱自清先生对经典的定义："包括群经、先秦诸子、几种史书、一些集部。"本书编者从群经中选出老子、庄子和道家；墨子和墨家；韩非和法家；孙子和兵家。他们的思想著作，在中华民族精神的塑造过程中，起了重要作用，在历史上不断引起回响。司马迁的《史记》"究天人之际，通古今之变"，司马光的《资治通鉴》，"专取关国家盛衰，系生民休戚，善可为法，恶可为戒"史实而著。也属于经典之例。这些经典滋养着中华民族的精神，经久而不衰，我们今天仍可以从中汲取有益的成分，修身立德，增长智慧。这些经典的意义，也必将在国际上得到认可。古代经典，读起来很难，必须经过整理。好在先贤们已做了卓有成效的工作。本书的编者在先贤的基础上，着力于增加可读性，而且配有帮助理解内容的图画，使经典成为人人可读、乐读的图书，进而有益于时代的需要。

袁行霈

中央文史研究馆馆长、北京大学国学研究院院长袁行霈先生为任犀然著作作序。

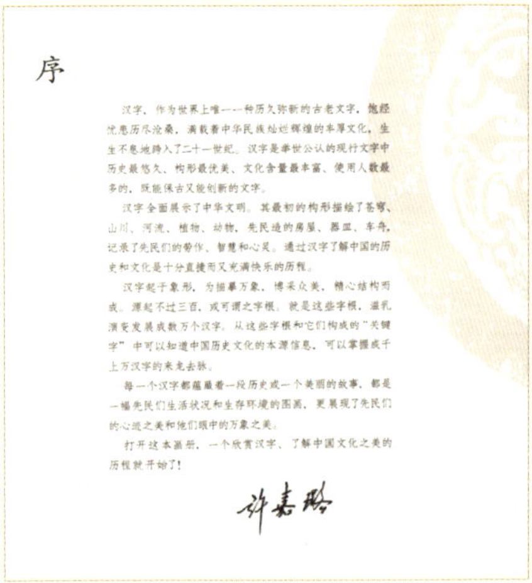
序

汉字，作为世界上唯一一种历久弥新的古老文字，饱经沈患历尽沧桑，满载着中华民族灿烂辉煌的丰厚文化，生生不息地跨入了二十一世纪。汉字是举世公认的现行文字中历史最悠久、构形最优美、文化含量最丰富、使用人数最多的，既能保古又能创新的文字。

汉字全面展示了中华文明。其最初的构形描绘了苍穹、山川、河流、植物、动物，先民造的房屋、器皿、车舟，记录了先民们的劳作、智慧和心灵。通过汉字了解中国的历史和文化是十分直捷而又充满快乐的历程。

汉字起于象形，为描摹万象，博采众美，精心结构而成。源起不过三百，或可谓之字根。就是这些字根，滋乳演变发展成数万个汉字。从这些字根和它们构成的"关键字"中可以知道中国历史文化的本源信息，可以掌握成千上万汉字的来龙去脉。

每一个汉字都蕴藏着一段历史或一个美丽的故事，都是一幅先民们生活状况和生存环境的图画，更展现了先民们的心灵之美和他们眼中的万象之美。

打开这本画册，一个欣赏汉字、了解中国文化之美的历程就开始了！

许嘉璐

国家语言文字工作委员会主任、北京师范大学中国文化院院长、北京师范大学原副校长、第九届和第十届全国人大常委会副委员长许嘉璐先生为任犀然著作作序。

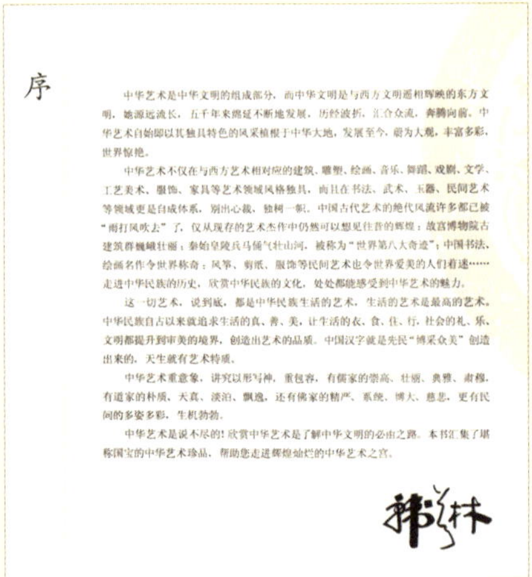
序

中华艺术是中华文明的组成部分，而中华文明是与西方文明遥相辉映的东方文明，她源远流长，五千年来绵延不断地发展，历经波折，汇合众流，奔腾向前。中华艺术自始即以其独具特色的风采植根于中华大地，发展至今，蔚为大观，丰富多彩，世界惊艳。

中华艺术不仅在与西方艺术相对应的建筑、雕塑、绘画、音乐、舞蹈、戏剧、文学、工艺美术、服饰、家具等艺术领域风格独具，而且在书法、武术、玉器、民间艺术等领域更是自成体系，别出心裁，独树一帜。中国古代艺术的绝代风流许多都已被"雨打风吹去"了，仅从现存的艺术杰作中仍然可以想见往昔的辉煌：故宫博物院古建筑群巍峨壮丽；秦始皇陵兵马俑气壮山河，被称为"世界第八大奇迹"；中国书法、绘画名作令世界称奇；风筝、剪纸、服饰等民间艺术也令世界爱美的人们着迷……走进中华民族的历史，欣赏中华民族的文化，处处都能感受到中华艺术的魅力。

这一切艺术，说到底，都是中华民族生活的艺术，生活的艺术是最高的艺术。中华民族自古以来就追求生活的真、善、美，让生活的衣、食、住、行，社会的礼、乐、文明都提升到审美的境界，创造出艺术的品质。中国汉字就是先民"博采众美"创造出来的，天生就有艺术特质。

中华艺术重意象，讲究以形写神，重包容，有儒家的崇高、壮丽、典雅、肃穆，有道家的朴质、天真、淡泊、飘逸，还有佛家的精严、系统、博大、慈悲，更有民间的多姿多彩，生机勃勃。

中华艺术是说不尽的！欣赏中华艺术是了解中华文明的必由之路。本书汇集了堪称国宝的中华艺术珍品，帮助您走进辉煌灿烂的中华艺术之宫。

韩美林

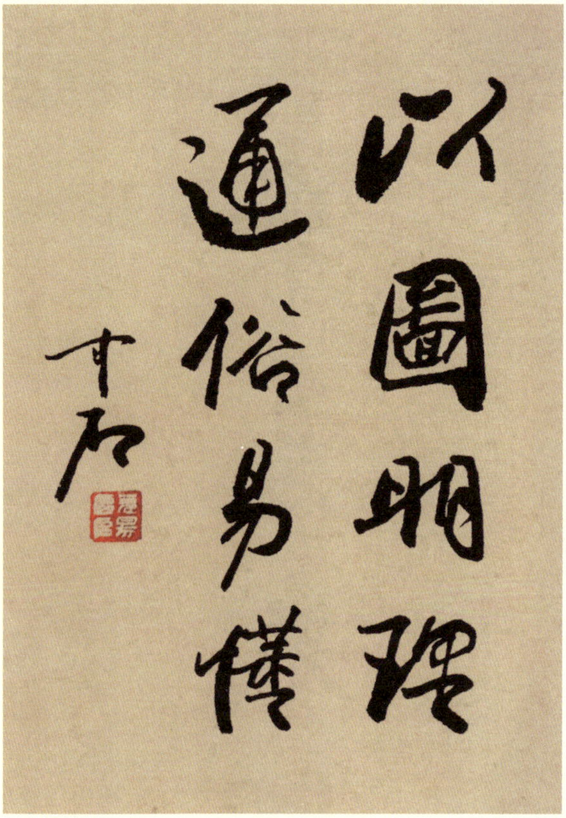

中国著名学者、教育家、书法家，中央文史研究馆馆员欧阳中石先生（1928—2020）为任犀然著作题词："以图明理，通俗易懂。"

中国著名艺术家、中国工艺美术学会名誉会长、中央文史研究馆馆员、清华大学教授韩美林先生为任犀然著作作序。

前 言

《孙子兵法》是百代谈兵之祖、中国军事学奠基之作，熟读《孙子兵法》是历代将帅的必修课，此书也是全世界公认的军事名著。

进入现代社会以来，对《孙子兵法》的关注已遍及各界。这样一部军事名著为什么会成为各行各业，从成功人士到成长中的青少年都要读的重要经典？因为人生在世，虽然总不至于每天面对生死存亡的问题，但竞争与斗争无处不在。我们虽然要坚持诚信、善良等基本做人原则，但是生活实践中，如果不接受一些兵法的启迪，有时难免陷于笨拙的被动。因为缺乏智慧，古往今来的善良诚信之人，被打击、受陷害、无法保护自己的大有人在。与坏人坏事作斗争可以借助兵法，良性竞争过程中也可以运用兵法的韬略，学习和做事业的规划上应该借鉴兵法的哲学。孙子说："兵者，诡道也。"但兵法并不仅限于阴谋诡计，它实际上是一种进取制胜的哲学。要进取制胜，就需要看天时，看地利，看环境，看人心，看时机，看实力，看形势……要懂取舍，能随机应变，能把握大局而明察细节，能别出心裁、出奇制胜……进取制胜的哲学真是深远广大。

想要了解进取制胜的哲学、把握历代兵法精要，莫如读百代谈兵之祖的《孙子兵法》。这部古老的兵书用并不古奥难懂的文字总结出了进取制胜的若干基本规律，其中一些已成为人们代代传诵的格言，比如"知彼知己，百战不殆；不知彼而知己，一胜一负；不知彼，不知己，每战必殆"。

知道了兵法韬略的理论，还要知道如何应用，应多看古今战史成败的经验教训，多看相关名言，从中体会何以胜利、何以失败的关键，不可墨守成规，泥古不化。

知道了兵法韬略在军事上的应用，也该知道在其他领域如何应用，要善于反思和总结兵法应用的奥妙与得失。

《孙子兵法》约六千字，其中若干章节"辞如珠玉""如串八宝"，朗朗上口，虽是兵书却充满文学之美，真该背诵下来。

《国风新绘·孙子兵法》的内容包括导读、原文、译文、注释、图解、中国相关名言、外国相关名言、历史战例、重点字词解析、重点句例解、反思与活用、局势分析、战争地图展示、生活中的应用、商业及企业管理中的应用、三分钟贯通中国战争史、历代武备等栏目。此外，书中还附有《三十六计》及解读。

这样一部内容空前丰富的《孙子兵法》，令读者身处兵法、韬略、军事、历史、武备的世界中，真正了解中国兵学、韬略学的智慧，领略中国古代军事与战争极为丰富的涵盖与动人心魄的历史。

任犀然

2023 年 10 月

阅读指南

1.《孙子兵法》十三篇，每篇前有导读，帮助读者知悉本篇内容梗概与重点。

2.《孙子兵法》每篇字数不多，辞如珠玉，朗朗上口，本书中每篇设有全文诵读页，方便读者整体诵习。

3. 分段详解部分：原文、注释、译文、中国相关名言、外国相关名言、图解等栏目一应俱全。

4. 偏大的字号保护读者视力。

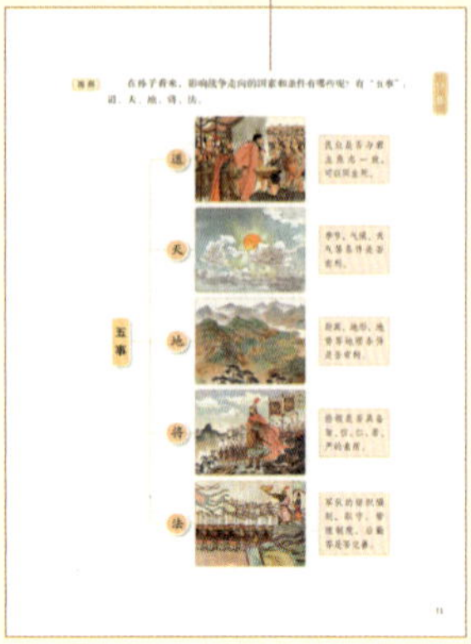

5. 重点字说解讲述《孙子兵法》中含义丰富的字。每篇分段详解的末尾，有本篇概要总结，帮助读者提纲挈领，巩固知识，把握梗概与要旨，有助记忆。

6. 重点句例解（200 个贴切而真实的历史案例）：对每一篇中的重点语句，用历史上的真实案例来解读，所有案例均注明史料出处，绝无虚构。

7. 反思与活用：兵法的应用不能胶柱鼓瑟、拘泥不化、纸上谈兵，本栏目是对兵法应用的反思与在实际中应用的思考，比如："隆中对"是否是适合蜀汉的策略？

8.400 幅"国风新绘"插图，复原历史，精彩亮丽。

9. 名将介绍栏目，简述中国历史上最具谋略的若干名将的生平与战绩。

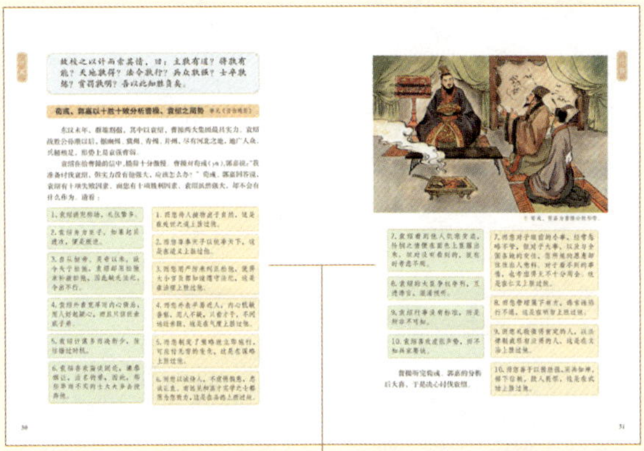

10. 形势对比解读：将对抗双方作对比，分析双方的长处短处、优势劣势，胜败原因一目了然。

11. 战争示意图：将战争双方所处地理情况和作战概况用示意图的方式展现，一看便知战争枢机。

12. “三分钟贯通中国战争史”栏目用极简篇幅按朝代讲述中国古代战争史。“历代武备”栏目讲述和展示历代武器装备。

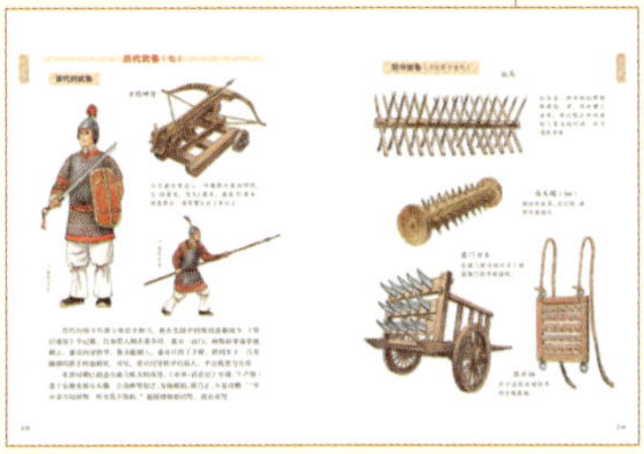

13. 本篇兵法在其他领域的应用：讲述本篇兵法在商业、外交、竞技、日常生活等领域的应用并附以案例。

14. 本书附有《三十六计》及解读、用法、案例。

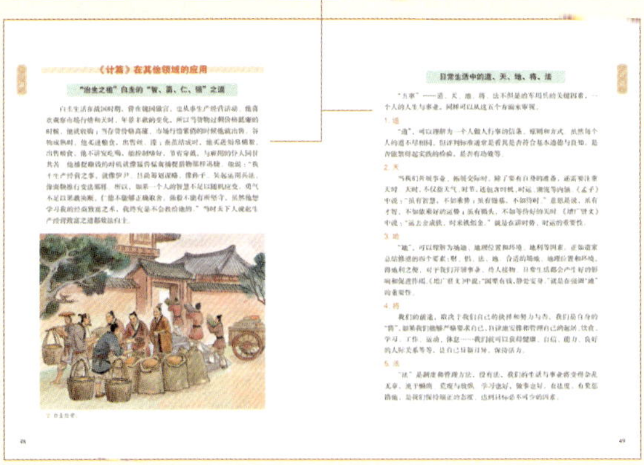

目录

孙子生平……………………………………………………… 3
《孙子兵法》概述…………………………………………… 5
计篇……………………………………………………………… 7
多才多艺、不识干戈的亡国之君 ……………………………18
“民无叛意”的晋阳保卫战 …………………………………19
不合天时，未战先衰；顺天之利，如虎添翼………………21
胡柳陂之战………………………………………………………22
“仁、智、信、勇、严”的岳飞………………………………23
司马穰苴治军执法严明、恩威兼备…………………………26
李勣的为将之道…………………………………………………28
戚继光的治军之道………………………………………………29
荀彧、郭嘉以十胜十败分析曹操、袁绍之局势……………30
白起设疑兵，出其不意战伊阙…………………………………32
韩信示敌假象，渡河破魏………………………………………33
井陉之战…………………………………………………………34
不入虎穴，焉得虎子……………………………………………37
曹操巧施“亲而离之”之计……………………………………38
戚城之战…………………………………………………………39
任圜伏兵奇袭李绍琛……………………………………………39
狄青示敌假象、麻痹敌军，奇袭昆仑关……………………40
曲靖之战…………………………………………………………41
薛公“庙算”战事走向…………………………………………42
马援堆米为山谷分析形势，助刘秀获胜……………………43
未出茅庐而知三分天下的“隆中对”…………………………44
李世民以谋退突厥………………………………………………46
宋太祖雪夜访普，庙算南伐……………………………………47
“治生之祖”白圭的“智、勇、仁、强”之道………………48
日常生活中的道、天、地、将、法……………………………49
企业经营管理中的道、天、地、将、法………………………50
用“七计”判断一个企业是否有发展…………………………50
“庙算”是生产经营活动的必要前提…………………………51
原始时代的战争…………………………………………………52

原始时代的武备……………………………………………………53
作战篇……………………………………………………………55
司马懿八日行军千里擒杀孟达 …………………………………63
令东魏权臣高欢钝兵挫锐、饮恨而终的玉壁之战………………64
白起论伐赵 ………………………………………………………65
刘邦纳谏“因粮于敌”……………………………………………66
李密“因粮于敌”的建议…………………………………………67
郭崇韬“因粮于敌”伐蜀…………………………………………68
善于“因粮于敌”的蒙古军队……………………………………68
隋炀帝三征高句丽，“劳师远输” ………………………………69
吴汉带伤激励将士…………………………………………………70
周德威以利相诱激励士气 ………………………………………71
曹刿论“一鼓作气” ……………………………………………72
速战而胜的皖城之战………………………………………………73
自除良将，自毁长城 ……………………………………………74
一代名将耶律休哥…………………………………………………75
如何降低“远输”成本是商家一直关注的问题…………………76
如何激励企业员工的士气…………………………………………76
“拙速”抓机遇……………………………………………………77
商代的战争…………………………………………………………78
商代的武备…………………………………………………………79
谋攻篇……………………………………………………………81
韩信“全国为上”降服燕国………………………………………91
司马错谋伐蜀………………………………………………………92
王朴的全盘谋划……………………………………………………93
李密的智者之失……………………………………………………94
张仪欺楚……………………………………………………………95
苏秦游说六国联合拒秦……………………………………………96
随何劝说英布击楚…………………………………………………98
北魏拓跋焘攻盱眙…………………………………………………99
陈泰的“不战而屈人之兵”…………………………………… 100
陶侃不战而屈人…………………………………………………… 101
“不知军之不可以进而谓之进”而导致的惨败……………… 102
束缚前线将领的“阵图” ……………………………………… 103
知用兵进退时机的贾诩…………………………………………… 105
羊祜、杜预知吴可伐……………………………………………… 106
用人不疑、大胆放权的宋太祖赵匡胤…………………………… 107

李弼知“众寡之用”，助胜沙苑之战…………………… 108
项羽破釜沉舟战秦军………………………………………… 109
上下同心的采石之战………………………………………… 110
西夏军“以虞待不虞”的好水川之战…………………… 110
韩信知己知彼，分析刘、项短长………………………… 112
提升自我，不战而胜的法宝……………………………… 114
战略规划、先谋后行是商业竞争取胜的重点之一……… 114
决策者的失误是灾难………………………………………… 114
“上下同欲者胜”，让员工与企业同心同德 ………… 115
让员工成为企业的主人……………………………………… 115
周代的战争…………………………………………………… 116
周代的武备…………………………………………………… 117
形篇…………………………………………………………… 121
周亚夫“先为不可胜”平定七国之乱…………………… 127
以寡敌众的雍丘守卫战……………………………………… 128
于谦保卫北京城……………………………………………… 129
宁远之战……………………………………………………… 130
李严分析前蜀唾手可得……………………………………… 132
晋军势如破竹灭东吴………………………………………… 133
势不可当的隋灭陈之战……………………………………… 134
先为不可胜，让产品自己说话…………………………… 136
投其所好，胜于易胜者也…………………………………… 137
西汉的战争…………………………………………………… 138
西汉的武备…………………………………………………… 139
势篇…………………………………………………………… 143
孙策乘虚而入破刘勋 ……………………………………… 148
冒雪奇袭的东兴之战………………………………………… 149
李嗣源避实击虚，直取梁都 ……………………………… 150
耿弇屡施奇计破张步 ……………………………………… 151
李愬雪夜奇袭蔡州…………………………………………… 153
高欢军“势如彍弩，节如发机”，以少胜多 ………… 154
拼死力战而以少胜多的后周高平之战…………………… 155
张辽之勇，令敌胆怯 ……………………………………… 156
从踌躇满志到“草木皆兵”“风声鹤唳” …………… 157
李牧破匈奴 ………………………………………………… 158
诱敌、奇袭、分割包围、断粮道的长平之战………… 160
诱敌而破敌的延津之战……………………………………… 162

虞诩增灶示强，迷惑敌军…… 163
虞诩小弩示弱，重创敌军…… 164
燕昭王择人任势打败强齐…… 165
汉武帝重用青年英豪，建不世功勋…… 166
势不可当的火牛阵…… 167
管理之道：分数与形名…… 169
为人与做事中的“奇正”…… 170
学会任势与择人…… 171
东汉的战争…… 172
东汉的武备…… 173

虚实篇…… 175

赵奢先占有利地势胜秦兵…… 182
“佚能劳之，饱能饥之，安能动之”的嘉山之战…… 183
岐沟关之战…… 184
尉迟迥伐蜀…… 185
参合陂之战…… 186
周武帝谋攻河阳…… 188
吕蒙乘虚，奇谋夺南郡…… 189
司马懿攻其必救，直取襄平…… 190
孙膑“增兵减灶”诈庞涓…… 191
李元昊时期主动的西夏军与被动的宋军…… 193
萨尔浒之战…… 194
曹操渭南之战…… 195
孙膑避实击虚，“围魏救赵”…… 196
官渡之战…… 197
笠泽之战，勾践因敌制胜…… 200
致人而不致于人…… 201
集中精力，金石为开…… 202
随机应变取胜…… 203
三国时期的战争…… 204
三国时期的武备…… 205

军争篇…… 207

公子小白变惊险为有利，先到为君…… 212
智谋之将的失败军争…… 213
四面楚歌…… 214
唐太宗单骑退突厥…… 216
王翦灭楚…… 217

柏乡之战…………………………………………………………… 218
兵贵神速、击其惰归的刘秀军灭公孙述之战……… 220
以治待乱，以静待哗……………………………………… 221
刘秀以近待远，以逸待劳，以饱待饥击赤眉……… 221
朱儁的围师而阙…………………………………………… 222
张元徽佯败破周军………………………………………… 222
曹操饵兵取胜，据"归师勿遏、死地后生"而知胜…… 222
皇甫嵩避其锐，击其疲…………………………………… 223
赵充国缓追穷寇…………………………………………… 224
以迂为直，以患为利……………………………………… 225
为人处世留余地…………………………………………… 226
两晋南北朝时期的战争（一）………………………… 227
晋代的武备………………………………………………… 228
九变篇………………………………………………………… 231
沈攸之攻小城而失大局………………………………… 236
赵充国不受君命…………………………………………… 237
张方"因败为成"………………………………………… 238
烛之武以利害得失说服秦穆公………………………… 239
姚襄易怒被利用，兵败身死…………………………… 241
因仁善爱民而兵败身死的刘虞………………………… 242
范文虎贪生怕死坏大计………………………………… 243
有所不攻才有所取，有舍才有得……………………… 244
在顺境中谦虚谨慎，在逆境中怀抱希望，坚持前行…… 244
两晋南北朝时期的战争（二）………………………… 246
南北朝时期的武备………………………………………… 248
行军篇………………………………………………………… 251
韩信潍水击龙且…………………………………………… 260
钟繇破郭援………………………………………………… 262
洺水之战…………………………………………………… 262
曹军错驻地，关羽借水攻………………………………… 264
石岭关之战………………………………………………… 264
马援占据水草以逸待劳破羌兵………………………… 265
淮西之役…………………………………………………… 266
赵涉的救命提醒…………………………………………… 266
博望坡之战………………………………………………… 267
曹咎被挑战辱骂激怒失成皋，兵败身死……………… 268
卢水胡中挑战之计遭受惨败…………………………… 269

李从厚倾尽府库犒赏，将士依然离心离德…… 269
安禄山之死…… 270
史思明之死…… 271
昆阳之战…… 272
淝水之战…… 274
高梁河之战…… 276
李光弼以少胜多战常山…… 278
岳飞严而善抚，士卒用命…… 279
不可轻忽冒进…… 280
制度管理与文化、价值观引导并行…… 280
隋唐时期的战争…… 281
隋唐时期的武备…… 282
地形篇…… 285
虎牢关之战…… 292
木门之战…… 293
曹操利用地形击吕布…… 294
岳飞知兵知地破李成…… 294
钓鱼城之战…… 296
李靖“自作主张”奔袭突厥…… 298
为士卒吮疽的名将吴起…… 299
越王勾践苦心经营，等待时机向吴复仇…… 300
丰田公司的管理之道…… 302
日本汽车企业应对美国限制…… 303
五代时期的战争…… 304
五代时期的武备…… 305
九地篇…… 307
冯异急行军抢占栒邑…… 319
王基论“争地”而占之…… 320
张仁愿争地修筑受降城…… 321
死地求生的白团卫村之战…… 322
兵贵神速、以少胜多、长途奇袭的彭城之战…… 323
兵贵神速、以少胜多的曹操征乌桓之战 …… 324
邓艾偷渡阴平，“出其不意”攻灭蜀国 …… 325
刘裕攻灭南燕之战…… 326
韩璞以诚感动鼓舞士卒…… 328
陈霸先论以“常山之蛇”之策击侯景…… 329
河阳之战…… 330

王镇恶激励将士在死地奋发战斗…… 332
李靖顺详敌意，并敌一向，千里杀将…… 333
曹操临阵，始如处女，后如脱兔…… 334
让自己变得不可或缺…… 335
努力发现并填补市场空白…… 335
多重支撑，留有后手…… 335
宋代的战争…… 336
宋代的武备…… 338
火攻篇…… 343
赤壁之战…… 348
唐岛之战…… 350
鄱阳湖之战…… 351
夷陵之战…… 352
不可意气用事…… 354
明代的战争…… 355
明代的武备…… 356
用间篇…… 359
秦国施用离间、反间之计除信陵君…… 365
赵王中反间计杀良将李牧…… 366
陈平离间楚君臣…… 367
韦孝宽离间段琛、牛道恒…… 368
岳飞善用反间计…… 368
皇太极计除袁崇焕…… 370
清朝用明朝重臣打天下…… 371
尽可能多地获取有用信息…… 372
内部崩溃…… 372
清代的战争…… 373
清代的武备…… 374
附录 三十六计 …… 377
《三十六计》概述…… 379
第一计 瞒天过海…… 380
刘邦荥阳脱困 …… 380
第二计 围魏救赵…… 381
陶侃“围魏救赵”破苏峻 …… 381
第三计 借刀杀人…… 382
刘备“借刀杀人”除吕布 …… 382

第四计 以逸待劳 …… 383
班超以逸待劳退月氏 …… 383
第五计 趁火打劫 …… 384
楚将趁火打劫取利 …… 384
第六计 声东击西 …… 385
曹操声东击西解白马之围 …… 385
第七计 无中生有 …… 386
韦孝宽无中生有构害斛律光 …… 386
第八计 暗度陈仓 …… 387
邓艾识破姜维“暗度陈仓”之计 …… 387
第九计 隔岸观火 …… 388
曹操“隔岸观火”灭袁氏 …… 388
第十计 笑里藏刀 …… 389
卫鞅阴谋败魏军 …… 389
第十一计 李代桃僵 …… 390
赵氏孤儿 …… 390
第十二计 顺手牵羊 …… 391
宋太祖顺手牵羊灭荆南 …… 391
第十三计 打草惊蛇 …… 392
商臣打草惊蛇得实情 …… 392
第十四计 借尸还魂 …… 393
元末起义多借“宋尸”还“己魂” …… 393
第十五计 调虎离山 …… 394
周勃“调虎离山”灭诸吕 …… 394
第十六计 欲擒故纵 …… 395
楚国“欲擒故纵”灭庸国 …… 395
第十七计 抛砖引玉 …… 396
楚军“抛砖引玉”败绞军 …… 396
第十八计 擒贼擒王 …… 397
张巡“擒贼擒王”箭射尹子奇 …… 397
第十九计 釜底抽薪 …… 398
薛长孺“釜底抽薪”散叛兵 …… 398
第二十计 混水摸鱼 …… 399
曹操迎献帝 …… 399
第二十一计 金蝉脱壳 …… 400
毕再遇悬羊击鼓，“金蝉脱壳” …… 400

第二十二计 关门捉贼 …………………………………… 401
陈奇瑜车厢峡关门捉贼 ……………………………… 401
第二十三计 远交近攻 …………………………………… 402
范雎的"远交近攻"之策 ……………………………… 402
第二十四计 假道伐虢 …………………………………… 403
假途灭虢 ……………………………………………… 403
第二十五计 偷梁换柱 …………………………………… 404
萧道成"偷梁换柱" ………………………………… 404
第二十六计 指桑骂槐 …………………………………… 405
淳于髡的旁敲侧击 …………………………………… 405
第二十七计 假痴不癫 …………………………………… 406
假痴不癫以避祸，韬光养晦以待时 ………………… 406
第二十八计 上屋抽梯 …………………………………… 407
上屋抽梯，迫不得已 ………………………………… 407
第二十九计 树上开花 …………………………………… 408
刘备"树上开花"联吴抗曹 ………………………… 408
第三十计 反客为主 ……………………………………… 409
刘备"反客为主"夺益州 …………………………… 409
第三十一计 美人计 ……………………………………… 410
王逵用"美人计"擒杀何敬真 ……………………… 410
第三十二计 空城计 ……………………………………… 411
张守珪"空城计"退吐蕃军 ………………………… 411
第三十三计 反间计 ……………………………………… 412
李煜中反间计毒杀林仁肇 …………………………… 412
第三十四计 苦肉计 ……………………………………… 413
要离以苦肉计刺杀庆忌 ……………………………… 413
第三十五计 连环计 ……………………………………… 414
毕再遇施连环计破金军 ……………………………… 414
第三十六计 走为上 ……………………………………… 415
当退避则退避，保存实力 …………………………… 415

孙子兵法

孙子生平

孙子，名武，是中国春秋时期著名的军事家、政治家，是中国军事学的奠基人，被后世尊称为“兵圣”“百世兵家之师”。孙子的生卒年月在历史上没有明确记载，我们只知道他是春秋晚期齐国人，活动于约公元前 545 年至约公元前 470 年，大约和孔子同时期。孙武从齐国到了南方的吴国，经吴国名将伍子胥推荐，和伍子胥一同辅佐吴王治国修兵。他率领吴军西破强楚，北威齐晋，对吴国的崛起起了重要作用。

记述孙子家世、生平的历史资料不多，见于《史记·孙子吴起列传》《新唐书·宰相世系表》等。

《唐太宗李卫公问对》中说：“若张良、范蠡、孙武，脱然高引，不知所往。”东汉《越绝书》中记载：今江苏省苏州市相城区“巫门外大冢，吴王客齐孙武冢也，去县十里”。那么孙武显然是飘然高隐，终老吴地了。

⇑ 孙子。

⇑ 孙子不顾吴王派人阻拦，下令将两位队长斩首。

《史记·孙子吴起列传》中记载，孙子因为精通兵法而得到吴王阖（hé）闾（lǘ）的召见。吴王为考察孙子的统兵能力，挑选了 180 名宫中美女让孙子操练。孙子把宫女分为左右两队，指定吴王最为宠爱的两位美姬为左右队长，并再三申明号令。但宫女们视同儿戏，不听指挥。孙子不顾吴王派人阻拦，下令将两位队长斩首示众。当孙子再次击鼓发令时，宫女们令行禁止，阵形十分齐整。吴宫操练后，吴王任命孙子为将军，向西打败楚国，攻入郢都；向北威震齐国和晋国，扬名于诸侯。

《孙子兵法》概述

苏轼说："古之言兵者，无出于孙子矣。"

杜牧说："自古以兵著书列于后世、可以教于后生者，凡十数家，且百万言。其孙子所著十三篇，自武死后凡千岁，将兵者有成者，有败者，勘其事迹，皆与武所著书一一相抵当。"

孙子所著的《孙子兵法》十三篇，《四库全书总目提要》称为"百代谈兵之祖"，也是世界公认的军事学名著，并在政治、经济、哲学等领域都产生了巨大的影响，被译成英、法、德、意、日、俄等 20 种以上文字流行于世界。在中国，熟读《孙子兵法》是历代将帅的必修课，《孙子兵法》卓越的军事科学价值和战争实用价值，它所讲述的战略和战术原理，至今闪耀着智慧的光芒，给人们以指导与启发。

孙子全方位地看待战争，不只着眼于战斗厮杀。他从政治情况、经济发展情况、外交环境、军事实力、地理气候等方面综合考量战争的条件和走向，主张"上兵伐谋，其次伐交，其次伐兵，其下攻城"。他强调"知己知彼，百战不殆"，但并不认为知道如何战胜敌人就必然能够战胜敌人，"胜可知而不可为"，所以要"先为不可胜，以待敌之可胜"。他提出了"奇正相生""奇正相变"的辩证观点，认为"兵无常势，水无常形"，要能够根据战场和对手的变化而灵活机变；主张示敌假象，"攻其无备，出其不意"。孙子认为"百战百胜，非善之善者也"，"不战而屈人之兵"才是最理想的。

计篇

《计篇》作为《孙子兵法》的首篇，开宗明义，高屋建瓴，是孙子卓越的军事思想的高度浓缩和精辟概括，堪称全书的总纲。“计”的本义是计算，在这里指战争前的分析，即本篇中所说的“庙算”。

本篇起始便强调战争对于一个国家意义重大，关乎生死存亡，不能不放在极其重要的位置而加以认真考察和研究，继而分析了影响和决定战争胜负的因素和条件，即“五事七计”。篇中还提出“兵者，诡道也”“攻其无备，出其不意”的战术思想，成为历代兵家用兵的要旨和奥妙所在。

《计篇》全文通读

孙子曰：兵者，国之大事，死生之地，存亡之道，不可不察也。

故经之以五事，校之以计而索其情：一曰道，二曰天，三曰地，四曰将，五曰法。道者，令民与上同意也，故可以与之死，可以与之生，而不畏危。天者，阴阳、寒暑、时制也。地者，远近、险易、广狭、死生也。将者，智、信、仁、勇、严也。法者，曲制、官道、主用也。凡此五者，将莫不闻，知之者胜，不知者不胜。

故校之以计而索其情，曰：主孰有道？将孰有能？天地孰得？法令孰行？兵众孰强？士卒孰练？赏罚孰明？吾以此知胜负矣。

将听吾计，用之必胜，留之；将不听吾计，用之必败，去之。

计利以听，乃为之势，以佐其外。势者，因利而制权也。

兵者，诡道也。故能而示之不能，用而示之不用，近而示之远，远而示之近；利而诱之，乱而取之，实而备之，强而避之，怒而挠之，卑而骄之，佚而劳之，亲而离之。攻其无备，出其不意。此兵家之胜，不可先传也。

夫未战而庙算胜者，得算多也；未战而庙算不胜者，得算少也。多算胜，少算不胜，而况于无算乎！吾以此观之，胜负见矣。

孙子对吴王谈兵。

《计篇》详解

原文 孙子曰：兵者[1]，国之大事，死生之地，存亡之道，不可不察也。

译文 孙子说：战争，是国家的大事，它关系到生死存亡，不可以不详加考察研究。

注释 1. 兵：指战争。

图解

战争的重大意义

生死——人之性命

存亡——国之危亡

对战争不可不认真考察研究

中国相关名言

- 春秋·《司马法》："国虽大，好战必亡；天下虽安，忘战必危。"
- 战国·《韩非子》："夫战者，万乘之存亡也。"
- 唐·杜牧："国之存亡，人之生死，皆由于兵，故须审察也。"
- 孙中山："大凡一个国家所以能够强盛的原故，起初的时候，都是由于武力发展，继之以种种文化的发扬，便能成功。"

外国相关名言

- （法）拿破仑："如果没有军队，也就没有政治的独立和人民的自由。"
- （瑞士）约米尼："一个政府，无论用什么借口，如果不重视国家军事的发展，那么从后世的眼光看来，他们绝对要算是民族的罪人。"
- （英）亚当·斯密："没有常备军，任何一个国家的文明都不能长久流传。"

原文

故经之以五事[2]，校之以计而索其情[3]：一曰道，二曰天，三曰地，四曰将，五曰法。道者，令民与上同意也，故可以与之死，可以与之生，而不畏危。天者，阴阳、寒暑、时制也[4]。地者，远近、险易、广狭、死生也[5]。将者，智、信、仁、勇、严也。法者，曲制、官道、主用也[6]。凡此五者，将莫不闻，知之者胜，不知者不胜。

译文

所以，应从以下五个方面分析研究，通过比较各自具备的各种条件来探求战争胜负的情形：一是道，二是天，三是地，四是将，五是法。道，是使民众与君主的意志相一致，所以，民众可以与国君同生共死，患难与共，而不畏惧危险。天，是指阴阳、寒暑、四时的更替变化。地，是指征战路途的远近，地形地势的险阻与平坦，作战区域的广阔与狭窄以及哪里是死地、哪里是生地等。将，是指将帅是否足智多谋，是否言而有信，是否有仁爱之心，是否勇敢果断，是否治军严明。法，是指军队的组织编制、各级将官的职责划分、军需物资的供应保障等制度规定。关于这五个方面，将帅们没有没听说过的。只有重视这五个方面所包含的内容，才能取胜；否则，就不能取胜。

注释

2. 经：度量、衡量。3. 校（jiào）之以计而索其情：衡量敌对双方的各种条件，从中探求战争胜负的情形。校，通“较”，衡量、比较。计，指下文“主孰有道”等“七计”。4. 阴阳：指昼夜、晴雨等天时气象的变化。时制：指四季时令的更替。5. 险易：地势的险阻或平坦。6. 曲制：指有关军队组织编制等方面的制度。官道：指有关各级将官的职责区分、统辖管理等方面的制度。主用：指有关军需物资后勤保障的制度。主，掌管。用，物资费用。

中国相关名言

- 宋·梅尧臣：“智能发谋，信能赏罚，仁能附众，勇能果断，严能立威。”
- 清·曾国藩：“凡觇（观测）军事之胜败，先视民心之从违。”
- 清·胡林翼：“用兵以得民为先，安民乃能御侮。”

外国相关名言

- （普鲁士）腓特烈二世：“地理知识，对于一个将军来说，犹如步枪之于步兵，数学公式之于几何学家一样重要。”
- （普鲁士）克劳塞维茨：“胜利通常产生于各种物质力量和精神力量的总优势。”
- （瑞士）约米尼：“当军队士气不振的时候，任何战术上的规律都不能够使其获得胜利。”
- （美）艾森豪威尔：“战争的胜利有赖于将帅的远见卓识、领导才能、指挥艺术和判断能力。”

图解　在孙子看来，影响战争走向的因素和条件有哪些呢？有“五事”：道、天、地、将、法。

五事

道

民众是否与君主意志一致，可以同生死。

天

季节、气候、天气等条件是否有利。

地

距离、地形、地势等地理条件是否有利。

将

将领是否具备智、信、仁、勇、严的素质。

法

军队的组织编制、职守、管理制度、后勤等是否完善。

原文

故校之以计而索其情，曰：主孰有道？将孰有能？天地孰得？法令孰行？兵众孰强？士卒孰练？赏罚孰明？吾以此知胜负矣。

将听吾计[7]，用之必胜，留之；将不听吾计，用之必败，去之。

计利以听[8]，乃为之势，以佐其外。势者，因利而制权也[9]。

译文

所以，可以从以下七个方面对敌我双方的情况进行分析研究，从中探求战争胜负的情形，包括：哪一方的君主更正义？哪一方的将领更有才能？哪一方占据了更多的天时地利条件？哪一方的法令能够更加切实地贯彻执行？哪一方的兵力更为强大？哪一方的士卒更加训练有素？哪一方的赏罚更加公正严明？根据这些，就可以推知谁胜谁负了。

如果能听从我的计策，用兵就一定能够胜利，我就留在这里；如果不能听从我的计谋，用兵就必定会失败，我就离开这里。

有利的计策已经被采纳，还要设法造势，以辅助军事行动。所谓“势”，就是根据敌我双方的利害得失而随机应变，掌握主动权。

注释

7. 将听吾计：一说“将”是“听”的助动词，表示假设；一说“将”指将领。8. 计利以听：指有利的计策已经被采纳。以，同“已”。9. 因利而制权：根据利害得失而掌握战场的主动权。

中国相关名言

- 三国·诸葛亮：“夫将者，人命之所悬也，成败之所系也，祸福之所倚也。”
- 三国·诸葛亮：“夫军无习练，百不当一；习而用之，一可当百。”
- 宋·张预：“察彼我之将，谁有智、信、仁、勇、严之能。”
- 蔡锷：“治军之要，尤在赏罚严明。”

外国相关名言

- （瑞士）约米尼《战争艺术》：“我们可以肯定地说，一位优秀的战略家有资格做一个良好参谋长，但是一个总司令却需要有更严格的条件。他必须有高尚的人格、无比的精力和经得起考验的品性。”
- （法）拿破仑：“就主将而言，真正的智慧在于坚毅的决心。”
- （苏）朱可夫：“一支缺乏训练的部队不得不在作战过程中付出巨大代价来补课。”

⇑ 除了天气、地理等自然因素外，用兵是否合于正义，将领是否有才能、足智多谋，法令与赏罚是否严明，士卒是否训练有素，也是决定战争胜负的关键。

因利制权

权，本义指黄华木，因其坚硬、不易变形，被用作秤杆。“权”又引申指秤砣，并由此引申指衡量、考虑，进而引申指变通、谋略上的随机应变。“因利制权”，除了表示围绕“利”的宗旨争取主动权，也有“因事之利，制为权谋以胜敌”的含义。

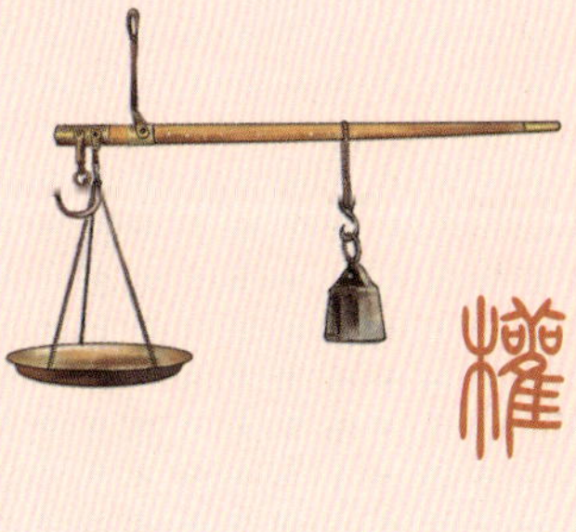

原文 兵者，诡道也[10]。故能而示之不能，用而示之不用，近而示之远，远而示之近；利而诱之，乱而取之，实而备之，强而避之，怒而挠之[11]，卑而骄之，佚而劳之[12]，亲而离之。攻其无备，出其不意。此兵家之胜[13]，不可先传也[14]。

译文 用兵打仗是一种诡诈之术。所以，能打而要装作不能打；能用兵而要装作不能用兵；要打近处，而要装作将在远处行动；要打远处，而要装作将在近处行动。敌人贪利，就用利益引诱它；敌人混乱，就乘机攻取它；敌人实力雄厚，就要注意防备它；敌人强劲，就暂时避开它；敌人冲动易怒，就设法骚扰激怒它；敌人谦虚谨慎，就设法使其变得骄傲轻敌；敌人安逸，就设法使它疲劳；敌人团结，就设法离间它。要在敌人没有防备的地方发动攻击，要在它意料不到的情况下采取行动。这是兵家取胜的奥妙所在，是无法事先传授的。

注释 10. 诡：诡诈、奇诡。11. 挠：挑逗。12. 佚：通"逸"。13. 胜：奥妙。14. 不可先传：指不可事先进行传授，意即只能在战争中根据实际情况加以灵活运用。

↑ 用兵打仗讲求行诡道，迷惑对手，使其不能知悉我方真实意图，而后伺机出其不意地攻击。

⇑ 出其不意，攻其无备，这是兵家取胜的奥妙所在。

中国相关名言

- 春秋·《管子·霸言》：“释实而攻虚，释坚而攻脆，释难而攻易。”
- 三国·曹操：“兵无常形，以诡诈为道。”
- 明·尹宾商：“兵法有虚有实，实而示之以虚，虚而示之以实。故有余示之不足，不足示之有余，若环之无端，若水之无痕，若鬼之无迹。”
- 明·戚继光：“伺其隙，攻其惰。”

外国相关名言

- （普鲁士）克劳塞维茨：“任何一次出敌不意都是以诡诈为基础的。”
- （美）杰克逊：“首先要使敌人感到神秘莫测，引诱他们走上错误途径，然后把他们打个措手不及。”
- （美）艾森豪威尔：“你决不能让敌人知道你会采取什么行动，但是，更重要的，你决不能让敌人知道你不会采取什么行动。”

原文

夫未战而庙算胜者[15]，得算多也[16]；未战而庙算不胜者，得算少也。多算胜，少算不胜，而况于无算乎！吾以此观之，胜负见矣[17]。

译文

凡是在开战之前的“庙算”预计能够取胜的，是因为筹划周密，支持胜利的条件多；开战之前的“庙算”预计不能取胜的，是因为筹划不周，支持胜利的条件少。筹划周密、支持胜利的条件多就能取胜，筹划不周、支持胜利的条件少就不能取胜，何况根本不筹划、没有任何支持胜利的条件呢？我们依据这些来观察，胜负的结果也就明显了。

注释

15. 庙算：古代出师前，一般要在庙堂里举行会议，商议谋划作战方略，分析战争的利害得失，预测战争胜负，称为“庙算”。16. 得算多：指具备较多取胜条件。算，计数用的筹码，这里引申指获胜的条件。17. 见:通“现”，显现。

中国相关名言

- 三国·诸葛亮：“用兵之道，先定其谋，然后乃施其事。”
- 唐·李筌：“夫战者，决胜庙堂。”
- 宋·张预：“古者兴师命将，必致斋于庙，授以成算，然后遣之，故谓之‘庙算’。筹策深远，则其计所得者多，故未战而先胜。谋虑浅近，则其计所得者少，故未战而先负。多计胜少计，其无计者，安得无败？故曰：胜兵先胜而后求战，败兵先战而后求胜。有计无计，胜负易见。”
- 清·邓廷罗：“是故先谋而后战，其战可胜；先战而后谋，其谋可败。”

外国相关名言

- （法）拿破仑：“只有拟订出一个深思熟虑的计划，才有可能在战争中成功。”
- （法）拿破仑：“作战计划应考虑到敌人可能采取的每一个行动，并制定必要的应对策略。”
- （意）杜黑《制空权》：“在备战时，永远应当根据这样的假设出发，即敌人不仅像我们一样老练和英勇，而且还总是采取最不利于我们的方式行动。”

算

“算”字是个会意字，表示用算筹进行运算之意（古代的算筹是一根根同样长短和粗细的小棍子），进而引申表示筹划、谋划之意。

↑庙算。

《计篇》要点

（一）兵者，国之大事，死生之地，存亡之道，不可不察也。

（二）五事：一曰道，二曰天，三曰地，四曰将，五曰法。

（三）七计：主孰有道？将孰有能？天地孰得？法令孰行？兵众孰强？士卒孰练？赏罚孰明？吾以此知胜负矣。

（四）诡道十二法：兵者，诡道也。故能而示之不能，用而示之不用，近而示之远，远而示之近；利而诱之，乱而取之，实而备之，强而避之，怒而挠之，卑而骄之，佚而劳之，亲而离之。攻其无备，出其不意。此兵家之胜，不可先传也。

（五）庙算胜者胜算多：夫未战而庙算胜者，得算多也；未战而庙算不胜者，得算少也。多算胜，少算不胜。

重点句例解

兵者，国之大事，死生之地，存亡之道，不可不察也。

多才多艺、不识干戈的亡国之君 事见《新五代史》《南唐书》

古人认为："国之大事，在祀与戎。"（国家的大事情，在于祭祀和战争。语出《左传·成公十三年》）《司马法·仁本》云："天下虽安，忘战必危。"五代十国时期南唐的历史，正可作为借鉴。

南唐最盛时，领土据有今江苏大部，以及江西、安徽、湖北、湖南、福建的部分地区，其国总体上以保境安民为基本国策，不尚武功，经济、文化与同时割据诸国相比是昌盛的。南唐保大、交泰年间，北方后周政权三度攻打南唐，江北十四州尽归后周所有。南唐中主李璟上表乞和，去帝号及年号，奉周正朔，南唐一蹶不振。

李璟病故后，次子李煜在金陵继位。李煜性格敦厚善良，善文词，工书画，知音律，被后世奉为"一代词宗"，但他不通晓政治、军事，好声色，不务国事。北宋代后周立国后，对南唐的政治及军事压迫日甚，

⇒李煜亡国前好声色，疏于国事。

李煜无如之何，每日与臣下宴饮麻醉自己，忧愁悲歌不已。北宋开宝八年（975），宋军攻占金陵，李煜奉表出降，南唐亡国。李煜《破阵子》词云："四十年来家国，三千里地山河。凤阁龙楼连霄汉，玉树琼枝作烟萝，几曾识干戈？"身为一国之君，虽然多才多艺，但若不通政治军事，兴亡成败只在一线间。

⇐李煜出降。

道者，令民与上同意也，故可以与之死，可以与之生，而不畏危。

"民无叛意"的晋阳保卫战 事见《资治通鉴》

春秋末年，一向作为中原霸主的晋国君权衰落，军政大权由六家列卿（韩、赵、魏、智、范、中行）把持。他们各有各的地盘和武装，相互倾轧乃至互相征伐。后来范氏和中行氏被打败，剩下智氏、赵氏、韩氏、魏氏，这四家中以智氏的势力最大。

赵氏的领袖赵简子曾经派尹铎去管理晋阳，临行前尹铎请示说："您

⇒水灌晋阳。

是打算让我去抽丝剥茧般地搜刮财富还是将其作为保障之地？”赵简子说：“作为保障之地。”尹铎便少算居民户数，减轻赋税。赵简子嘱咐继承人毋恤（即赵襄子）说：“一旦晋国发生祸乱，你不要嫌尹铎地位不高，不要嫌晋阳路途遥远，一定要以那里作为归宿。”

当时，智氏的领袖智瑶把持晋国朝政，越来越骄横。他要求韩、魏两家割让领地，韩、魏给了他，又要求赵氏割地，赵襄子拒绝。智瑶大怒，率领韩、魏两家甲兵攻打赵氏。赵襄子准备出逃，他问：“我该到哪里去呢？”随从说：“长子城最近，而且城墙坚厚又完整。”赵襄子说：“百姓精疲力尽地修完城墙，又要他们舍生入死地为我守城，谁能和我同心？”随从又说：“邯郸城里仓库充实。”赵襄子说：“搜刮民脂民膏使仓库充实，现在又因战争让他们送命，谁会和我同心？还是投奔晋阳吧，那是先主的地盘，尹铎又待百姓宽厚，人民一定能同我们和衷共济。”于是前往晋阳。

智瑶、韩康子、魏桓子三家军队围住晋阳，引水灌城。晋阳城墙头只差六尺没有被淹没，城内锅灶都被泡塌，青蛙孳生，但城中人民没有背叛之意。

智瑶即将获胜之际，韩、魏两家对唇亡齿寒的局面深感忧虑，恰在此时，赵襄子派人游说韩康子和魏桓子，晓以利害，并劝其一起向智氏发难，韩、魏两家应允。在约定的夜里，赵襄子派人杀掉智军守堤的官吏，决堤反灌智瑶军营。智瑶军众为救水而乱，韩、魏两家乘机从两翼夹击，赵襄子率士兵从正面攻击，三家大败智瑶军，杀死了智瑶。

天者，阴阳、寒暑、时制也。

不合天时，未战先衰；顺天之利，如虎添翼

“计篇”中的“天”，指季节、气候、气象、天气条件，在战争中，对“天”的因素的影响，是不可忽视、不能不充分考虑的。英明的将帅善于顺“天”之利，如果不重视天时，就有失算而败的隐患。行军出征，要考虑季节气候是否适合，严寒酷暑行军出征，常常会让士兵未战而受到伤病的困扰。请看如下案例：

1. 汉平定韩王信之战 事见《资治通鉴》

西汉立国后，汉高祖刘邦率军征讨反叛汉朝的韩王信，韩王信与匈奴约定共同攻打汉朝。汉军在晋阳击败匈奴骑兵，乘胜追击他们。恰好碰上天气酷寒，天下大雪，汉军士兵冻掉了手指的占十之二三。

2. 赤壁之战 事见《资治通鉴》

赤壁之战前，周瑜分析曹操于严冬率军而来，战马缺乏草料，且中原地区的士兵远道跋涉来到江湖地区，水土不服，必然会发生疾疫。后果然如周瑜所言，曹军中发生疾疫。

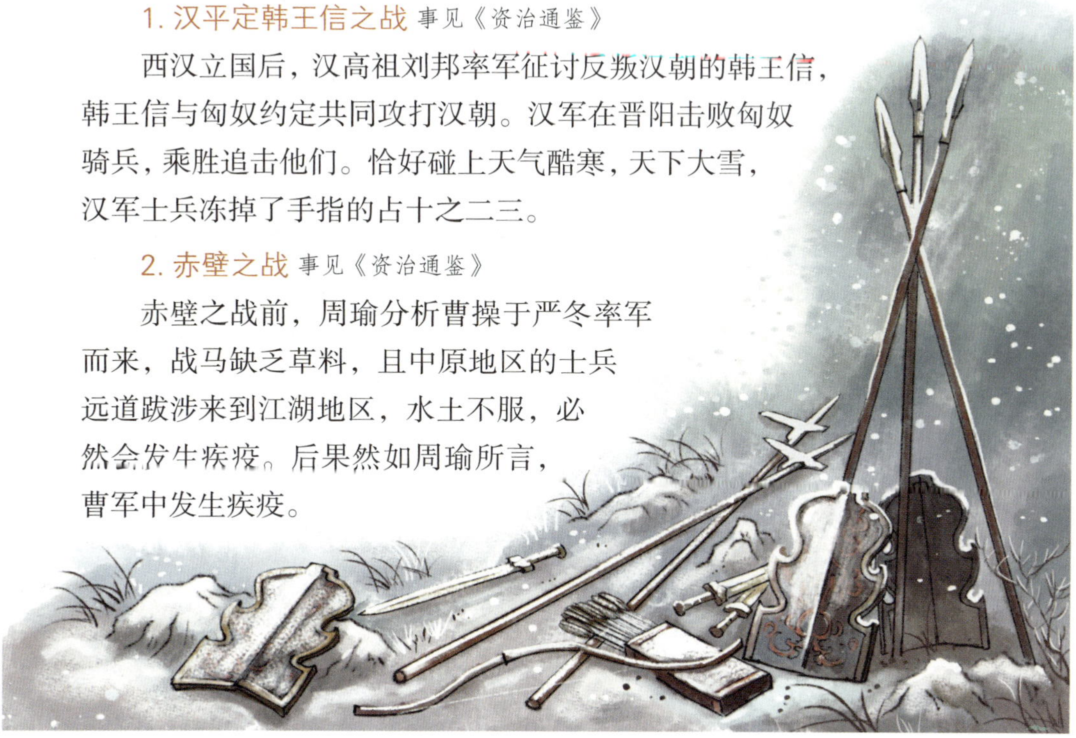

地者，远近、险易、广狭、死生也。

胡柳陂之战 事见《资治通鉴》

古语说：“天时不如地利。”在战争中，是否占据有利的地形、地势，对战争双方有着很大的影响。“一夫当关，万夫莫开”“凭高视下，势如劈竹”都是在强调地利的重要性。

天祐十五年（918）八月，时为晋王的李存勖率军奔赴后梁都城所在地汴州，晋军进驻胡柳陂（bēi），与后梁军展开血战。晋军大乱，大将周德威战死。后梁军从四面围攻晋军，攻势甚猛。李存勖收集散兵，直到中午，军队才重新振作起来。当时战场中有一座土山，李存勖对将士们说：“今天得这座山的人就可以取得胜利，我和你们一起夺取！”于是率兵先攻上了山。当时，山下的后梁军多是步卒，李存勖采用阎宝、李建及等人的建议，以骑兵居高临下冲击，击溃梁军，最终反败为胜。但此时双方均损失惨重，晋军也无力再战，只得罢兵撤归。

胡柳陂之战。

将者，智、信、仁、勇、严也。

“仁、智、信、勇、严”的岳飞 事见《宋史》

“五事”（道、天、地、将、法）中的“将”，是影响战争胜负的关键因素。是否能合于道义，能否利用天时地利，是否善治军带兵、战胜攻取……取决于将领的才能。孙子把将领素质归为智、信、仁、勇、严五个方面，抗金名将岳飞，正是这五方面的典范。《宋史·岳飞传》载，岳飞为人忠孝正直有气节，沉稳少言谈。他天生神力，曾师从武术大师周侗，学会了周侗的全部武艺。从军后，屡次单骑突入敌阵，击杀敌将，名将宗泽非常欣赏他，说：“你的勇敢智谋才能，即使是古代的良将也超不过。”

岳飞深通兵法，喜读《左氏春秋》《孙子兵法》，善于以少击众，用兵出神入化。比如，他曾率部驻扎竹芦渡，与金军相持不下。岳飞选择精锐三百人埋伏在前面山下，命令每人将两束薪草交叉绑缚起来，等到

⇑ 岳家军“冻死不拆屋，饿死不掳掠”，纪律严明。

⇑ 岳家军志在保境安民、恢复中原，受到民众拥护和爱戴。

夜半时分，点燃四端将其举起。金军怀疑宋援兵赶到，大惊而溃散。

绍兴元年（1131），张俊请岳飞一同前去讨伐聚众为寇的李成。当时李成部将马进侵犯洪州，在西山一带连营结寨。岳飞身披重甲骑着战马，悄然出现在敌军右翼，突入敌阵之中，所部随之跟进攻击。马进大败。岳飞追击抵达城东，贼寇出城，布阵长达十五里，岳飞先设置伏兵，而后以红色“岳”字旗作为前导，二百名骑兵跟随旗帜前进。贼寇认为岳飞兵少，向其发动进攻，预先埋伏的军队突然杀出，贼寇大败而逃。岳飞像这样的以智谋取胜的战例还有不少。

岳飞爱护民众，军队的口号是“冻死不拆屋，饿死不掳掠”。士兵夜间驻宿，百姓打开屋门让他们进屋休息，没有一个敢擅自进入的。有一名士卒拿了百姓的一缕麻捆扎给牲口吃的草，被处死。岳飞爱惜部下，与士卒同甘共苦，抚慰甚周。敌人评论岳飞军队说：“撼动大山容易，撼动岳家军困难。”

岳飞曾总结用兵为将的方法说："仁、智、信、勇、严，缺一不可。"

智

岳飞足智多谋，善用计策谋略。他曾说："勇不足恃，用兵在先定谋。"当时的重臣张浚曾感叹说："岳侯神算也（岳侯真是神机妙算啊）。"

信

岳飞有信用，就连他所要征讨的起义者黄佐都称赞他"诚信"，继而率众投降。

仁

岳飞仁义，每当征集军粮时，岳飞必定皱眉说："东南地区百姓的财力，消耗困敝到极点了。"他爱护部下和士卒，抚恤慰问诚恳尽心。朝廷给岳飞的封赏犒劳，岳飞都分给部下军吏，自己不拿一丝一毫。

勇

岳飞武艺高超，不到二十岁，就能拉动三百斤的强弓，八石的劲弩。年轻时，他在战场上非常勇猛，一马当先，多次单枪匹马冲入敌阵并有所斩获。后来做将帅，运筹帷幄，指挥若定，处变不惊，极具胆识。

严

岳飞对下属和将士要求很严格，训练严格，军纪严明。岳家军"冻死不拆屋，饿死不掳掠"。

岳飞（1103—1142），字鹏举，南宋名将。岳飞二十岁从军，一生参与、指挥大小战斗数百次，是常胜将军。绍兴四年（1134），他收复襄阳六郡；绍兴六年（1136），率师北伐，攻取商州、虢州等地；绍兴十年（1140），挥师北伐，先后收复郑州、洛阳等地，在郾（yǎn）城、颍昌大败金军，进军朱仙镇。宋高宗赵构和宰相秦桧一意求和，强令回师。后遭秦桧、张俊等人诬陷入狱。宋高宗为了维护其统治，又加金朝方面"必杀岳飞，而后和可成"的明确条件，1142 年 1 月，下旨将岳飞处死。宋孝宗即位后，为岳飞平反昭雪。

司马穰苴治军执法严明、恩威兼备 事见《史记》

司马穰（ráng）苴（jū）本姓田。齐景公时，晋国出兵攻打齐国的东阿和甄城，燕国进犯齐国黄河南岸的领土，齐国的军队大败，齐景公为此很是忧虑。大夫晏婴向齐景公推荐田穰苴，说穰苴文武兼备，希望景公能试用他。齐景公召见了穰苴，跟他讨论军国大事，非常满意，任命他做了将军，去抵抗燕、晋两国的军队，并派宠臣庄贾去做监军，以提高穰苴的威信。穰苴与庄贾约定第二天正午在军营门口会合。

第二天，穰苴率先赶到军门，立起了计时的木表和漏壶等待庄贾。庄贾一向自恃宠贵，骄傲自大，亲戚朋友为他饯行，挽留他喝酒，他直到日暮时分才到达军营。

穰苴说："为什么约定了时候还迟到？"庄贾表示歉意地解释说："朋友亲戚们给我送行，所以耽搁了。"穰苴说："身为将领，从接受命令的那一刻起，就应当忘掉自己的家；来到军队，受军法约束，就应忘掉私人感情；擂鼓进军，战况紧急的时刻，就应当忘掉自己的生命。如今敌人深入国境侵略，国内骚乱不安，国君睡不安稳，吃不香甜，全国百姓的身家性命都系在你身上，你还谈什么送行呢！"于是把军法官叫来，问：

↑ 司马穰苴按军令处斩庄贾。

⇑ 司马穰苴带兵，士兵们安营扎寨、掘井立灶、饮水吃饭、疾病医药，他都亲自过问抚慰，并将自己作为将军的资财粮食全部拿出来犒赏士兵。

“军法上，对约定时间迟到的人是怎么说的？”回答说：“应当斩首。”庄贾很害怕，派人飞马向齐景公求救。报信的人前去，还没返回，庄贾就被斩首并示众，全军将士都震惊害怕。齐景公派使者拿着节符来赦免庄贾，车马飞奔直入军营。穰苴说：“将在军，君令有所不受。”又问军法官说：“驾着车马在军营里奔驰，军法上是怎么规定的？”军法官说：“应当斩首。”使者非常恐惧。穰苴说：“国君的使者不能斩首。”就斩了使者的仆从，砍断了左边的夹车木，杀死了左边拉车的马，向三军巡行示众，又让使者回去向齐景公报告。

穰苴带兵，士兵们安营扎寨、掘井立灶、饮水吃饭、疾病医药，他都亲自过问抚慰，并将自己作为将军的资财粮食全部拿出来犒赏士兵。当他整训军队，准备出战时，病弱的士兵也都争先奋勇地要求一同奔赴战场为他战斗。晋国军队知道了这种情况，就把军队撤回去了。燕国军队知道了这种情况，渡黄河向北撤退，造成了部队的分散松懈。齐国的军队趁势追击，收复了所有沦陷的领土，然后凯旋回师。齐景公率领文武百官到城外来迎接，任命穰苴做大司马，后世因此称他“司马穰苴”。

⇒李勣率军，将士愿效死力。

李勣的为将之道 事见《旧唐书》

唐初名将李勣（jì），原名徐世勣，他为唐朝平定天下立下了赫赫战功。李勣每次指挥行军作战，都深谋远虑，详加筹划，临敌时随机应变，灵活自如。他与人一起谋划计策，能辨别优劣，听到别人一点好的计谋，便赞赏听从。他所得的赏物，大都分赐手下将士；作战取得胜利，大多把功劳推让给部下，因此将士们都愿意为他效死力。他指挥军队所到之处，大都能破敌取胜。李勣去世后，众人没有不悲痛伤感的。

戚继光的治军之道 事见《明史》

戚继光是明朝的名将，一生身经百战，南剿倭寇，北御鞑靼（明朝对东部蒙古的统称），尤其以剿灭倭寇彪炳史册，“戚家军”名闻天下。

戚继光是一位精于韬略的军事家，著有《纪效新书》《练兵实纪》等著名兵书，在治军、用兵、练兵、武器制造、军事工程等方面都有卓越的建树，提出了许多独到而精辟的见解。

戚继光把古代兵书比喻为“五金八石，草木鳞虫，无所不备”的药铺，要摸清“患者何症”，才能做到“所宜何药”。他提倡“师其意不泥其迹”（学习前人兵法的思路而灵活运用，不墨守成规，拘泥于条条框框）。

嘉靖三十七年（1558），戚继光受命守卫台、金、严三郡。戚继光到浙江赴任后，发现卫所将士的素质和作战能力一般，就到民风剽悍的金华、义乌招募，经过精心挑选，组建了一支三千多人的新军。这支军队在戚继光的严格训练下成为精锐部队，人称“戚家军”。

戚继光为将，“号令严，赏罚信，士无敢不用命”。他要求将士“如擂鼓该进，就是前面有水有火，若擂鼓不住便往，水里火里，也要前去。如鸣金该退，就是前面有金山银山，若金鸣不止，也要依令退回”。

在训练中，戚继光强调实战技能，他说：“你武艺高，决杀了贼，贼如何又会杀你？你若武艺不如他，他决杀了你。若不学武艺，是不要性命也。”他还根据兵员的年龄、身材、体质、性格等授以不同兵器，组成战斗小组，互相配合，协同作战。

在武器装备方面，戚继光进行了不少发明创造，给他的部队配备各种兵械、火器、战车、战船等装备，戚家军兵强器利，战斗力强大。

戚继光（1528—1588），字元敬，明朝抗倭名将，杰出的军事家。戚继光年少时喜好读书，豪迈洒脱。嘉靖二十三年（1544），戚继光继承祖上的职位，任登州卫指挥佥事，当时沿海一带遭受倭寇的烧杀抢掠，戚继光矢志扫平倭寇，联合俞大猷等将领抗击倭寇十余年，扫平为祸多年的倭患。隆庆元年（1567），戚继光受命训练蓟门一带的士兵，得到明穆宗的认可，后被提拔为总兵官，镇守蓟州、永平、山海等地，抗击鞑靼侵犯，因功升为左都督。万历十三年（1585），戚继光遭罢免，回乡后病死。

故校之以计而索其情，曰：主孰有道？将孰有能？天地孰得？法令孰行？兵众孰强？士卒孰练？赏罚孰明？吾以此知胜负矣。

荀彧、郭嘉以十胜十败分析曹操、袁绍之局势 事见《资治通鉴》

东汉末年，群雄割据，其中以袁绍、曹操两大集团最具实力。袁绍战胜公孙瓒以后，据幽州、冀州、青州、并州，尽有河北之地，地广人众，兵精粮足，形势上是袁强曹弱。

袁绍在给曹操的信中，措辞十分傲慢。曹操对荀彧（yù）、郭嘉说："我准备讨伐袁绍，但实力没有他强大，应该怎么办？"荀彧、郭嘉回答说，袁绍有十项失败因素，而您有十项胜利因素，袁绍虽然强大，却不会有什么作为。请看：

1. 袁绍讲究排场，礼仪繁多。

1. 而您待人接物出于自然，这是在处世之道上胜过他。

2. 袁绍身为臣子，如果起兵进攻，便是叛逆。

2. 而您尊奉天子以统率天下，这是在道义上胜过他。

3. 自从桓帝、灵帝以来，政令失于松弛，袁绍却用松弛来补救松弛，因此缺乏法纪，令出不行。

3. 而您用严厉来纠正松弛，使得大小官员都知道遵守法纪，这是在治理上胜过他。

4. 袁绍外表宽厚而内心猜忌，用人好起疑心，而且只信任亲戚子弟。

4. 而您外表平易近人，内心机敏善察，用人不疑，只看才干，不问远近亲疏，这是在气度上胜过他。

5. 袁绍计谋多而决断少，往往错过时机。

5. 而您制定了策略就立即施行，可应付无穷的变化，这是在谋略上胜过他。

6. 袁绍喜欢高谈阔论，谦恭揖让，沽名钓誉，因此，那些华而不实的士大夫多去投奔他。

6. 而您以诚待人，不虚情假意，忠诚正直、有远见和真才实学之士都愿为您效力，这是在品德上胜过他。

荀彧、郭嘉为曹操分析形势。

7. 袁绍看到他人饥寒交迫，怜悯之情便在面色上显露出来，但对没有看到的，就有时考虑不周。

8. 袁绍的大臣争权夺利，互进谗言，混淆视听。

9. 袁绍行事没有标准，所是所非不可知。

10. 袁绍喜欢虚张声势，而不知兵家要诀。

7. 而您对于眼前的小事，经常忽略不管，但对于大事，以及与全国各地的交往，您所施的恩惠却往往出人意料。对于看不到的事情，也考虑得无不十分周全。这是在仁义上胜过他。

8. 而您管理属下有方，谗言诬陷行不通，这是在明智上胜过他。

9. 而您礼敬值得肯定的人，以法律制裁罪有应得的人，这是在文治上胜过他。

10. 而您善于以弱胜强，用兵如神，部下信赖，敌人畏惧，这是在武功上胜过他。

曹操听完荀彧、郭嘉的分析后大喜，于是决心讨伐袁绍。

兵者，诡道也。故能而示之不能，用而示之不用，近而示之远，远而示之近。利而诱之，乱而取之，实而备之，强而避之，怒而挠之，卑而骄之，佚而劳之，亲而离之。攻其无备，出其不意。此兵家之胜，不可先传也。

白起设疑兵，出其不意战伊阙 事见《史记》《战国策》

常言道，兵不厌诈。“奇袭”“诡道”“攻其无备，出其不意”是贯穿《孙子兵法》的主要战术思想。历代名将用兵，无不将这种思想应用于实践，发展出高妙的作战艺术。

公元前 293 年，秦将白起率秦军在伊阙（今河南省洛阳市龙门镇）与魏国、韩国的联军作战。韩、魏两军互相观望，都想对方的部队先出击，而不想先使用自己的部队。韩国的军队比魏国的军队相对训练有素、有战斗力。白起针对当时的战场形势，设下疑兵牵制韩军，另派精锐军队出其不意地攻击魏军。魏军无备，仓促应战，被秦军打得大败。韩军看魏军已经失败，军心震恐，旋即溃退。白起命秦军乘胜追击败北的韩、魏军队，杀死两国士兵共计二十四万人。

⇒伊阙之战。

韩信示敌假象，渡河破魏 事见《史记》

楚汉战争中，汉军在彭城败退之后，塞王司马欣、翟王董翳叛汉降楚，齐国和赵国也背叛汉王跟楚国和解。魏王豹以探望老母疾病为由请假回乡，一到封国，立即切断黄河渡口的交通要道，反叛汉王刘邦，与楚军订约讲和。刘邦命韩信攻打魏王豹。魏王把主力部队驻扎在蒲坂，阻塞了黄河渡口临晋关。韩信增设疑兵，故意排列开战船，假装要在临晋渡河，而隐蔽的部队却从夏阳用木制的盆瓮浮水渡河，偷袭安邑。魏王豹措手不及，惊慌迎战，兵败被俘。

⇐韩信部署军队在夏阳偷渡黄河。

韩信

韩信（？—前 196），出身平民，早年贫困，先投靠项梁，后投靠刘邦，被刘邦拜为大将，与项羽争夺天下。汉元年（前 206），韩信献策平定三秦。楚汉之争中，韩信以其杰出的军事才能横扫魏、赵、代、燕、齐诸国，在垓下之战中作为汉军主力击破项羽军，迫使项羽乌江自刎，可以说，刘邦的天下主要是韩信打下来的。

高祖六年（前 201），刘邦贬韩信为淮阴侯。汉高祖十一年（前 196），因被人告发参与谋反，韩信被吕后与萧何合谋杀死于长乐宫。

井陉之战 事见《史记》

井陉之战是中国战争史上一次著名的以少胜多、出奇制胜的战役，是由名将韩信指挥作战的。

公元前205年，韩信率军击灭了魏王豹，平定魏地。此时，黄河北方尚有代（今山西北部）、赵（今河北南部）、燕（今河北北部）三个割据势力。当时，韩信的精锐部队已被汉王刘邦调走，开往荥阳去抵御楚军，韩信和张耳率领余下的几万人马，想要突破井陉关，攻打赵国。赵王歇和成安君陈馀听说汉军将要来袭击赵国，便在井陉口聚集兵力，号称二十万大军。井陉口是太行山有名的隘口之一，连接着一条狭长的道路，易守难攻，不利于大部队的行动。当时赵军先期扼守住井陉口，居高临下，以逸待劳，且兵多将广，处于优势和主动地位。赵军主帅陈馀手下的广武君李左车建议：出奇兵从隐蔽小路拦截韩信军粮草，赵军主力深挖战壕，高筑营垒，坚守军营，不与韩信军交战，使韩信军向前不得战斗，向后无法退却，赵军再出奇兵截断韩信军后路，用不了十天，韩信和张耳的人头就可送到主帅帐下。

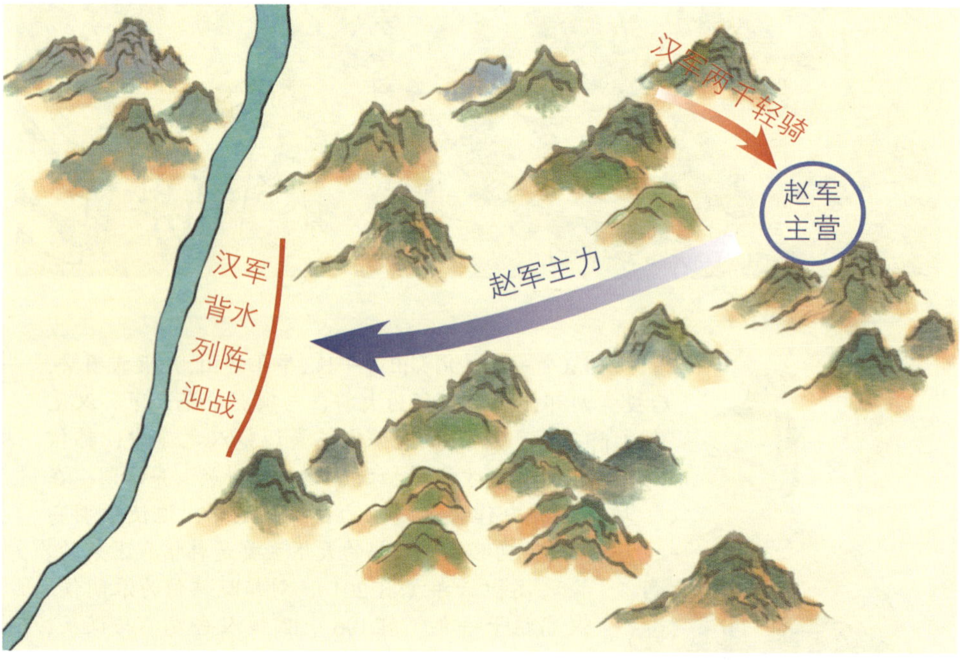

⇑ 井陉之战示意图。

陈馀是一名拘泥于“义兵不用诈谋奇计”信条的刻板书生，且认为韩信兵少而疲，不应避而不战。他拒绝了李左车的建议，以兵书上“十则围之，倍则战”之论准备出战。

韩信派人暗中打探，了解李左车的计谋没有被采纳，大喜，才敢领兵进入井陉狭道。离井陉口还有三十里，韩信下令停下来宿营。半夜时分，韩信挑选了两千名轻装骑兵，每人拿一面红旗，从隐蔽小道上山，在山上潜伏并观察赵国的军队。韩信告诫说:“交战时，赵军见我军败逃，一定会倾巢而出追赶我军，你们火速冲进赵军的营垒，拔掉赵军旗帜，竖起汉军红旗。”随后传令开饭，韩信对将校们说：“今天打垮了赵军后会餐！”将校们并不相信，佯作应诺。

韩信派出万人为先头部队，出井陉口，背靠河水摆开战斗队列。赵军远远望见，大笑韩信不懂兵法。韩信设起大将的旗帜和仪仗，大吹大擂地开出井陉口，以引诱赵军前来应战。赵军倾巢而出，与汉军激战。汉军虽少，但因背水而战，无路可退，所以人人殊死奋战，赵军无法把他们打败。韩信预先派出去的两千轻骑兵，等到赵军倾巢而出以后，火速冲进赵军空虚的营垒，把赵军的旗帜全部拔掉，竖起两千面汉军红旗。

这时，赵军进不能取胜，想要退回营垒，发现营垒插满了汉军的红旗，大为震惊，以为汉军已经全部俘获了赵国君臣，于是军队大乱，四散而逃。赵将即使诛杀逃兵，也不能禁止。汉军前后夹击，彻底摧垮了赵军，杀死了成安君陈馀，生擒赵王，获得胜利。

战后，众将向韩信祝贺并问韩信说："兵法上说，行军布阵应该右边和背后靠山，前边和左边临水。这次将军反而令我们背水列阵，然而取得了胜利，这是什么战术啊？"韩信回答说："这也在兵法上，只是诸位没留心罢了。兵法上不是说'陷之死地而后生，置之亡地而后存'吗？况且我平素还没来得及训练将士，这就是人们说的'赶着街市上的百姓去打仗'，在这种形势下不把将士们置之死地，使人人为保全自己而战，而给他们留有生路，就会都跑掉，怎么还能用他们取胜呢？"将领们都佩服地说："将军的谋略不是我们所能赶得上的！"

这次战役，韩信以几万的劣势兵力，奇正并用，灵活用兵，一举击破 20 万赵国大军，谱写了中国军事史上的精彩篇章。成语"背水一战"也由此而来。

反思与活用：韩信面临的难题

（1）兵力悬殊

井陉之战前，韩信的精兵被刘邦带走，此时韩信、张耳只有兵力数万，远远少于赵军。

（2）军队战斗力严重不足

韩信此时的军队大多是新兵，且千里行军，人马疲惫，战斗力不足，如何安抚军心、激发士气、增强战斗力？

（3）面临险恶地形和局面

井陉口易守难攻，其道路狭长，战车不能并行，不利于大部队行动。如果部队进入井陉道，被截断粮草供应和后路，进不得斗，退不得还，会不战自溃。

（4）如何速战速决

韩信此时是进入赵国找寻其主力决战，孤军深入，粮草接济困难，迫于大局环境和自身情况，需要速战速决。

面对这些困难，韩信采取了战前侦察和使用间谍、诱敌出击、背水而战、偷袭敌方大本营等一系列计策和战术，最终取胜。

不入虎穴，焉得虎子 事见《后汉书》

东汉的班超为人有大志，不甘于为官府抄写文书，于是投笔从戎，为东汉收服了西域数十个国家，被汉和帝封为定远侯，世称“班定远”。

班超和郭恂率部出使西域时，先到达了鄯善国。鄯善王对班超等人先是嘘寒问暖，礼敬有加，后来突然改变态度，变得冷淡。班超估计其中一定有原因，于是把接待他们的鄯善侍者找来，出其不意地问他：“匈奴的使者来了好些天了，他们现在住在哪里？”侍者惶恐，只好告知实情，确实有匈奴使者到此。班超把侍者关押起来，以防泄露消息。接着，立即召集部下三十六人饮酒，喝到酒酣耳热的时候，班超故意激怒大家说：“你们诸位与我都身处异域，欲立大功以求富贵。现在匈奴的使者才来了几天，鄯善王对我们就不以礼相待了。如果鄯善王把我们绑送匈奴，我们不都成了豺狼口中的食物了吗？你们看这怎么办呢？”大家都齐声说道：“我们现在处于危亡的境地，是生是死都跟从你。”班超说：“不入虎穴，焉得虎子。现在的办法，只有乘夜用火进攻匈奴使者了。只要消灭了他们，鄯善王就会吓破肝胆，我们就可成功。”

这天夜里，班超就率领将士直奔北匈奴使者驻地。当时天上刮大风，

⇐ 班超率队偷袭匈奴使者驻地。

班超命十个人拿着鼓藏在匈奴驻地后方，约好一见火起，就敲鼓呐喊。又命其他人持兵刃弓弩埋伏在门两边。安排完后，班超顺风纵火，一时间三十六人前后鼓噪，声势喧天，匈奴人惊乱作一团，全部被班超等歼灭。

第二天，班超等人请来了鄯善王，把匈奴使者的首级给他看，鄯善王大惊失色，举国震恐。班超好言抚慰，晓之以道理，鄯善王表示愿意归附汉朝，并把自己的王子送到汉朝作为人质。

曹操巧施“亲而离之”之计 事见《资治通鉴》

建安十六年（211），曹操开始对关中用兵，关中的将领们疑惧，马超、韩遂、杨秋等十部起来造反，据守潼关，曹操率军前来征伐。

随着双方对峙和战斗日久，马超心中越来越没有把握，就派遣使者前往，欲割让黄河以西土地以求和解，曹操不答应。马超等一再请求割让土地，并请求送儿子去做人质。贾诩认为可以假装同意，曹操问他下一步的策略，贾诩说：“离间他们的联盟而已。”曹操说：“我明白了。”

韩遂请求与曹操相见，曹操与韩遂有旧交，于是两人来到阵前，马头相交，说了很长时间的话，内容并不涉及军事，只是谈论京都的往事与老朋友们，时而拍手欢笑。当时，马超等部队中的很多关中人与胡人都远远观瞧，曹操笑着对他们说：“你们是想来看曹操吗？我也是人，并没有四只眼两张嘴，只是智谋多一些罢了。”

会面结束后，马超等人问韩遂：“你和曹操说了些什么？”韩遂说：

曹操（155—220），字孟德，小字阿瞒。曹操少年时博览群书，尤喜兵法，二十岁时举孝廉为郎，授洛阳北部尉。后任骑都尉，参与镇压黄巾军，调任济南相。董卓擅政时，曹操散尽家财，招募义兵，起兵讨伐董卓。初平三年（192），曹操据兖州，获黄巾降卒三十余万，选取其中精锐组建青州军。建安元年（196），曹操迎汉献帝至许县，从此用献帝名义发号施令，“挟天子以令诸侯”。建安五年（200），在官渡之战中击败割据河北的袁绍，随后统一北方。建安十三年晋位丞相，同年率军南征，在赤壁之战中败于孙刘联军。建安二十一年，曹操自魏公晋爵魏王。建安二十五年病死于洛阳。

“没说什么。”马超等有了疑心。改日，曹操又给韩遂写了一封信，信中圈改涂抹了许多地方，好像是韩遂涂抹圈改的，马超等更加怀疑韩遂。曹操于是与马超等约定日期进行会战，大破马超等。

孙子所说的“能而示之不能，用而示之不用……佚而劳之，亲而离之”被称为“诡道十二法”，曹操就是用计谋“亲而离之”，使马超联盟从内部相互猜疑分裂，从而为战胜创造了条件。

戚城之战 事见《资治通鉴》

在李存勖与后梁的戚城之战中，李存勖先用骑兵去引诱后梁军，假装败退，他率领主力部队严阵以待。后梁军中计追击，进入李存勖袭击范围后，李存勖命令三千名铁骑猛然奋力出击，后梁军大败，损失了两万余人。

任圜伏兵奇袭李绍琛 事见《资治通鉴》

后唐时，将领李绍琛（chēn）因不满庄宗李存勖的所作所为而起兵反叛，将领任圜（huán）奉命追击讨伐，在汉州（今四川省广汉市）追上李绍琛，李绍琛出兵迎战。当时，招讨掌书记张砺建议把精锐部队埋伏在后面，用体弱的士卒去引诱李绍琛军，任圜采纳了他的意见，让董璋用东川的弱兵先去作战，然后再退却。李绍琛轻视任圜是个书生，又见他的兵弱，就奋力追击。伏兵出动，把李绍琛的军队打得大败，斩杀了好几千人。

⇓任圜伏兵奇袭李绍琛。

狄青示敌假象、麻痹敌军，奇袭昆仑关 事见《宋史》

皇祐四年(1052),广源州侬智高反叛,攻州夺城,岭外一带骚动不安,宋军讨伐不利，宋仁宗深为忧虑。这时狄青上表请战，仁宗下令岭南诸军皆受狄青节制，并亲自为他置酒壮行。狄青到任后，下令将临阵脱逃的三十余位将官斩首以正军法，在场诸将无不胆战心惊，军纪顿为改观。随后，狄青命大军休整十日并大肆张扬，他料定敌探会回去报告这个消息，便趁敌人麻痹之际，于次日亲率精兵越过昆仑关，直扑叛军所在。

叛军失去了易守难攻的昆仑关，只好列阵迎战，被狄青骑兵打得大败，侬智高纵火烧城，逃往大理国，最后死在那里，叛乱被彻底平定。

⇒狄青率军攻打叛军。

元军见后方明军声势大作，大惊，阵势开始动摇。

曲靖之战 事见《明史》

洪武十四年（1381），朱元璋以名将傅友德为征南将军，名将蓝玉、沐英为征南副将军，率军三十万征讨盘踞云南的残元势力。

元梁王把匝剌瓦尔密闻讯，派平章（官名）达里麻率十万大军到曲靖（今云南曲靖）抵御。沐英等乘着大雾率军直趋曲靖白石江，雾散之后，两军隔江相望，达里麻大惊。

傅友德想要渡江，沐英不同意，他说："我军疲惫，就此渡江怕是要被敌军扼杀。"于是命令诸军严阵以待，摆出要渡江的样子。另派一支奇兵从下游偷偷渡江，绕到元军军阵背后，在山谷间布置和摇动旗帜，每个人吹起一只号角，大造声势。元军大惊，阵势开始动摇。见此情况，沐英指挥明军迅速渡江与元军厮杀，最终将其击败，达里麻被俘，所部士卒尸体蔓延十余里。

夫未战而庙算胜者，得算多也；未战而庙算不胜者，得算少也。多算胜，少算不胜。

薛公“庙算”战事走向 事见《史记》

从古到今无数的战例表明，在开战之前，如果分析、谋划周密，胜算就多；分析、谋划不周密，战败的危险就陡然增加。我们看薛公是如何庙算战争走向的：西汉高帝十一年（前196），淮南王英布起兵反叛，汉高祖刘邦召见以韬略闻名的薛公询问局势，薛公说：“英布起兵反叛不值得奇怪，他现在有上、中、下三策可以选择。上策是东取吴，西取楚，吞并齐国，占领鲁国，传一纸檄文，叫燕国、赵国固守本土，如果是这样，那么山东地区就不再归陛下所有了；中策是东取吴，西取楚，吞并韩国，占领魏国，占有敖庾的粮食，封锁成皋的要道，如果是这样，谁胜谁败很难预料；下策是东取吴，西取下蔡，把辎重财宝迁到越国，他自己跑到长沙，如果是这样，陛下就可以安枕无忧了。我料英布必用下策。”高祖问：“如何知道英布必用下策呢？”薛公回答说：“英布本是骊山的一个刑徒，虽有万夫不当之勇，但目光短浅，只知道为一时的利

⇒薛公为汉高帝刘邦分析形势。

害谋划，所以我料到他必出此下策！”英布后来的战略果如薛公所预料，最终兵败被杀。

马援堆米为山谷分析形势，助刘秀获胜 事见《后汉书》

建武八年（32），刘秀亲征割据势力隗（wěi）嚣。军队行进到漆县，不少将领认为大军不宜深入险阻远地，刘秀也犹豫不决。正好马援应召前来。刘秀连夜接见，并将将领们的意见告诉马援，征询他的意见。马援认为隗嚣势力内部有分崩离析之势，如果乘机进攻，定能破之。说着，他让人取些米来，在光武帝面前用米堆成山谷沟壑，讲解山川形势，标示各路部队往来的道路，把各种细节和因素都说得清楚明白，对战局的分析十分到位。刘秀大喜道：“敌虏已在我眼中了。”遂决意进军。隗嚣帐下大将十三人及部众十万余人不战而降，隗嚣逃走。汉军占领了天水的十六处属县。隗嚣军主力基本上被汉军消灭。

⇐马援堆米为山谷分析形势。

未出茅庐而知三分天下的"隆中对" 事见《三国志》

官渡之战后，曹操率军到汝南进攻刘备，刘备败走，到荆州投靠刘表，刘表让刘备驻扎在新野。刘备在荆州期间，寻访人才。徐庶在新野县见到刘备，刘备对徐庶很器重。徐庶向刘备推荐了诸葛亮。

刘备拜访诸葛亮，一共去了三次才见到。刘备对诸葛亮说："汉朝王室衰败，奸臣窃据朝政大权，我不度德量力，打算伸张正义于天下，但智谋短浅，以致屡遭挫折。但我雄心壮志未息，你认为应当如何来规划呢？"诸葛亮说："如今，曹操已经拥有百万大军，挟持天子以号令天下，此人确实不可与他争锋。孙权占据江东，已经历三代，地势险要，民心归附，贤能人才都为他尽力，此人可以与他联盟，却不可算计他。荆州地区，北方以汉水、沔（miǎn）水为屏障，南方直通南海，东边连接吴郡、会稽，西边可通巴郡、蜀郡，正是用武之地，但主人刘表却不能守，这恐怕是上天赐给将军的资本。益州四边地势险阻，中有沃野千里，是天府之地，而益州牧刘璋昏庸懦弱，北边还有张鲁相邻，虽然百姓富

刘备拜访孔明。

庶，官府财力充足，却不知道珍惜，智士贤才都希望有一个圣明的君主。将军既是汉朝王室的后裔，信义闻名天下，如果能占有荆州与益州，据守险要，安抚戎、越等族，与孙权结盟，对内修明政治，对外观察时局变化，这样，就能建成霸业，复兴汉朝王室了。”刘备说：“很好！”从此与诸葛亮的情谊日益亲密。

⇐ 隆中对。

反思与活用：“隆中对”埋下祸根？

“隆中对”展现了诸葛亮的远见卓识，在蜀汉兴国的过程中，的确是按诸葛亮的设想发展的，然而后世也有诟病“隆中对”的说法，认为“隆中对，千里之遥而二分兵力。其终则关羽、刘备、诸葛亮三分兵力，安得不败？”这种看法认为，荆州离益州千里之遥，两地分兵的做法必然让刘备军团失去兵力上的优势，且通信联络、运输补给、相互救援等都严重滞后。

总的来看，魏、蜀、吴三国的实力，魏国最强，其疆域、人口、军力、人才等方面，都要远远超出蜀、吴两国。诸葛亮“隆中对”的设想是好的，但是因为没有强大的国力、人口、人才为基础，所以在实际的运作中有着种种难以克服的困难。

⇒李世民见前来议和修好的突厥使者。

李世民以谋退突厥 事见《资治通鉴》

唐武德七年（624），突厥颉（jié）利可汗、突利可汗率领大军前来侵犯唐朝，秦王李世民带领兵马抵御敌兵。突厥可汗率领骑兵一万多人在五陇阪（bǎn）摆开阵势，唐军将士惊恐不安。李世民率领一百名骑兵疾驰到突厥阵前，说：“我国与可汗议和，结为姻亲，为什么违背盟约，深入我地！我是秦王，如果可汗能单打独斗，就独自出来与我比武，倘若可汗让众人一齐上，我就用这一百名骑兵来抵挡。”颉利可汗摸不清李世民的底细，只是笑了笑，并不回答。李世民向前推进，派骑兵告诉突利可汗说：“以往你与我订有盟约，约定在发生急难的时候互相援救。现在你却率军攻打我，怎么一点盟誓的情分都不讲呢！”突利也没有回答。李世民再次向前推进。颉利可汗听到李世民关于与突利可汗盟誓的话，怀疑突利与李世民有密谋，便派人对李世民说：“我没有别的意思，只是打算与秦王重申并巩固原有的盟约罢了。”此后，天下连绵大雨，李世民乘机于夜间悄悄出兵，冒雨向突厥逼近，突厥大为震惊。李世民又派人向突利可汗说讲利弊得失，突利可汗表示愿意听从。颉利可汗想出战，突利可汗不同意，颉利只好派人来见李世民，请求议和修好。李世民答应了，双方订立了盟约，突厥撤军而去。

宋太祖雪夜访普，庙算南伐 事见《宋史》

宋太祖赵匡胤建立北宋后，相继平定了昭义节度使李筠、淮南节度使李重进发动的叛乱，巩固了政权。他眼见天下割据势力林立，心怀深深的忧患意识。赵匡胤常便装出行经过功臣之家，因此大臣赵普每次退朝后，都不敢随便穿戴。一天日暮时分，下起大雪，赵普认为太祖不会出行了。过了一段时间，忽然听见叩门声，赵普急忙出来，只见太祖站在风雪中，赵普惶恐迎拜。太祖说："已经约好晋王了。"不多时，赵光义来到，三人就在炉火上烤肉吃，边商议攻伐太原（北汉）之事。赵普说："太原地当西、北二面，如果攻下太原，西北边患将由我们独力担当，不如等削平诸国以后，这样的话，太原这一处弹丸黑子之地，还能往哪里逃呢？"太祖笑着说："我的意思正是这样，刚才聊以相试罢了。"

庙算（先谋）而后动、不打无准备之仗是赵匡胤一贯的行事风格，他定下"先南后北、先易后难"的战略方针，这一方针从历史的角度来看是正确的，宋朝较为顺利地统一了南方。

宋太祖雪夜访普。

《计篇》在其他领域的应用

“治生之祖”白圭的“智、勇、仁、强”之道

白圭生活在战国时期，曾在魏国做官，也从事生产经营活动。他喜欢观察市场行情和天时、年景丰歉的变化，所以当货物过剩价格低廉的时候，他就收购；当存货价格高涨、市场行情紧俏的时候他就出售。谷物成熟时，他买进粮食，出售丝、漆；蚕茧结成时，他买进绢帛棉絮，出售粮食。他不讲究吃喝，能控制嗜好，节省穿戴，与雇用的仆人同甘共苦。他捕捉赚钱的时机就像猛兽猛禽捕捉猎物那样迅捷。他说：“我干生产经营之事，就像伊尹、吕尚筹划谋略，像孙子、吴起运用兵法，像商鞅推行变法那样。所以，如果一个人的智慧不足以随机应变，勇气不足以果敢决断，仁德不能够正确取舍，强毅不能有所坚守，虽然他想学习我的经商致富之术，我终究是不会教给他的。”当时天下人说起生产经营致富之道都效法白圭。

↑ 白圭经营。

日常生活中的道、天、地、将、法

“五事”——道、天、地、将、法不但是治军用兵的关键因素，一个人的人生与事业，同样可以从这五个方面来审视。

1. 道

“道”，可以理解为一个人做人行事的信条、原则和方式。虽然每个人的道不尽相同，但评判标准通常是看其是否符合基本道德与良知，是否能禁得起实践的检验，是否有功效等。

2. 天

当我们开展事业、拓展交际时，除了要有自身的准备，还需要注重天时。天时，不仅指天气、时节，还包含时机、时运、潮流等内涵。《孟子》中说：“虽有智慧，不如乘势；虽有镃基，不如待时。”意思是说，虽有才智，不如依乘好的运势；虽有锄头，不如等待好的天时。《增广贤文》中说：“运去金成铁，时来铁似金。”就是在讲时势、时运的重要性。

3. 地

“地”，可以理解为场地、地理位置和环境、地利等因素。正如道家总结修道的四个要素：财、侣、法、地。合适的场地、地理位置和环境，得地利之便，对于我们开展事业、待人接物、日常生活都会产生好的影响和促进作用。《增广贤文》中说：“闹里有钱，静处安身。”就是在强调“地”的重要性。

4. 将

我们的前途，取决于我们自己的抉择和努力与否，我们是自身的“将”，如果我们能够严格要求自己，自律地安排和管理自己的起居、饮食、学习、工作、运动、休息……我们就可以获得健康、自信、能力、良好的人际关系等等，让自己日新月异，保持活力。

5. 法

“法”是制度和管理方法，没有法，我们的生活与事业将变得杂乱无章，流于懒惰、荒废与放纵。学习也好，做事也好，有法度，有奖惩措施，是我们保持端正的态度、达到目标必不可少的因素。

企业经营管理中的道、天、地、将、法

1. 道

一个企业是否能满足健康的社会需求，是否能不断发展与创新，是否能上下一心、团结奋进，这些是企业经营之道的主要方面。

2. 天

时代机遇、市场潮流、社会发展趋势等是企业发展中要关注的“天”。

3. 地

企业的生产、经营、销售等场地是否能占地利，是企业所关注的“地”，比如零售业被称为“选址的产业”。

4. 将

决策者和管理者是企业的“将”，他们是企业经营成败的关键因素。

5. 法

企业的制度、管理方法、奖惩措施等是企业的“法”。

用“七计”判断一个企业是否有发展

《孙子兵法》中说：“故校之以计而索其情，曰：主孰有道？将孰有能？天地孰得？法令孰行？兵众孰强？士卒孰练？赏罚孰明？吾以此知胜负矣。”“七计”虽然是在兵法中提出，但它同样可以应用于企业管理领域，从这七条评判标准可以看出一个企业是否有效率、有发展。

企业的决策者是企业的重心，其思想、人品是否良好，其眼光、见识、能力、毅力、行事风格、亲和力、凝聚力等诸多方面是否具备应有的素质，是一个企业是否能发展好的根本前提。孙子之所以将“主孰有道”放在“七计”的第一位，是因为他将决策者的情况视为重中之重。

一个企业具备一些得力的骨干，是它壮大的不可缺少的因素。即便是出色的决策者和企业家，如果缺少得力的骨干和助手，企业也几乎不可能走上正轨，蓬勃发展。（将孰有能）

一个企业如果能顺应时代的需要，能获得一个良好的发展环境，能应时、应势、应地而发展，那么它必然如乘顺风一般快速发展。（天地孰得）

一个企业中员工的业务能力强，都训练有素，这是一个企业树立品牌、保证质量、提供优良服务的基础因素，所以优秀的企业都非常注重员工的素质与能力培训。（兵众孰强，士卒孰练）

合理而完善的管理制度，公正而严明的奖惩措施，是一个企业的根本大法。如果没有合理而完善的制度，没有公正严明的奖惩措施，那么一个企业就无从管理和激励员工。古人说："事将为，其赏罚之数必先明之。""无赏罚，虽尧舜不能为治也。"

"庙算"是生产经营活动的必要前提

企业生产经营活动中的"庙算",包括市场调查、趋势前瞻、商业策划、战略制定、投入预算、营收预测等多方面内容。因为企业生产经营活动带有相当大的风险,所以"先谋而后行"能够减少盲目生产、投资等行为,使生产经营有的放矢，投入产出形成良性循环。不经"庙算"而盲目动作的生产经营，往往要承受不小的损失。

反思与活用：社会生活中是否适合经常运用兵法?

《孙子兵法》开篇就讲："兵者，国之大事，死生之地，存亡之道。"兵法是决死生、定存亡的，它通常以战胜对手为目的，并且不择手段（兵者，诡道也）。在社会日常生活和人际交往中，即便是在商业竞争中，如果过于提倡为达目的不择手段，势必会对诚信、双赢、友善等原则产生损害。而信用，乃是一切社会活动（如人际交往、商业活动等）的基础,人无信不立,事无信不行。

在一些具体技巧上，可以应用一些兵法策略与权变，但是总体的基础应当以信用为本，不应总以"兵者诡道"的兵法思维去对待社会，对待他人。

此外，兵法中的有些极具经验和智慧的总结，是可以应用于很多方面的，比如《孙子兵法》中的"知彼知己者，百战不殆；不知彼而知己，一胜一负；不知彼，不知己，每战必殆"就是普适的原则，可以通行于任何领域。再比如"道、天、地、将、法"的分析视角和统筹观念，可以使我们非常有效地审视与安排生活、事业的各个方面，更适用于各种管理活动。

三分钟贯通中国战争史（一）

原始时代的战争

原始社会的战争发生在部族与部族之间。邻近的部族间为了争夺赖以生存的土地、河流、山林等天然资源，或者因为抢夺、种族复仇等因素而发生冲突，演变成原始部族战争。原始时代战争通常是使用木棍、石斧、石刀、弓箭（石箭头）等作为武器来作战。

在中国历史上有记录的最早的战争是黄帝部族与炎帝部族之间的战争——阪泉之战，还有黄帝带领诸侯与蚩（chī）尤部族之间的战争——涿鹿之战。这两场大战，黄帝都取得了胜利。《史记·五帝本纪》中有所记述。

《史记》上说，黄帝姓公孙，名轩辕。诸侯都尊奉轩辕做天子，是为“黄帝”。天下有不归顺的，黄帝就前去征讨，平定一个地方之后就离去，一路上劈山开道，从来没有在哪儿安宁地居住过。

↑ 原始时代的战争。

历代武备（一）

原始时代的武备

⇐原始时代的战士。

我们通常说的原始时代包括旧石器时代、中石器时代、新石器时代三个时期。在新石器时代，原始先民开始大量磨制石器，制造出真正意义上的专门用于攻杀的武器，如石斧、石矛、石镞等。弓箭在旧石器时代晚期就被发明出来，只不过形制非常简单，杀伤力很有限。原始的皮甲可能就是一张裹在身上的兽皮。

作战篇

本篇从战争对人力、物力、财力等物质条件的依赖关系出发，指出了发动旷日持久的战争将对本国造成严重危害，强调“兵贵胜，不贵久”，主张速战速胜，因粮于敌（从敌方获得粮草），缴获敌人的物资来补充壮大自己，以战养战。

文中提出“不尽知用兵之害者，则不能尽知用兵之利也”的观点，对于战争的危险性、破坏性有着严肃而清醒的认识。

文中还强调了激发士卒士气和以奖赏激励士卒的重要性。

《作战篇》全文通读

孙子曰：凡用兵之法，驰车千驷，革车千乘，带甲十万，千里馈粮；则内外之费，宾客之用，胶漆之材，车甲之奉，日费千金，然后十万之师举矣。

其用战也胜，久则钝兵挫锐，攻城则力屈，久暴师则国用不足。夫钝兵挫锐、屈力殚（dān）货，则诸侯乘其弊而起，虽有智者不能善其后矣。故兵闻拙速，未睹巧之久也。夫兵久而国利者，未之有也。故不尽知用兵之害者，则不能尽知用兵之利也。

善用兵者，役不再籍，粮不三载；取用于国，因粮于敌，故军食可足也。

国之贫于师者远输，远输则百姓贫。近于师者贵卖，贵卖则百姓财竭，财竭则急于丘役。力屈、财殚，中原内虚于家。百姓之费，十去其七；公家之费，破车罢马，甲胄矢弩，戟楯（dùn）蔽橹（lǔ），丘牛大车，十去其六。故智将务食于敌。食敌一钟，当吾二十钟；萁秆一石，当吾二十石。故杀敌者，怒也；取敌之利者，货也。故车战得车十乘已上，赏其先得者，而更其旌旗，车杂而乘之，卒善而养之，是谓胜敌而益强。

故兵贵胜，不贵久。

故知兵之将，生民之司命，国家安危之主也。

《作战篇》详解

原文

孙子曰：凡用兵之法，驰车千驷[1]，革车千乘[2]，带甲十万[3]，千里馈粮[4]；则内外之费[5]，宾客之用[6]，胶漆之材[7]，车甲之奉[8]，日费千金，然后十万之师举矣[9]。

译文

孙子说：大凡用兵作战，需要出动轻型战车千辆，辎重车千辆，军队十万，还要不远千里运送粮草。里里外外的费用，接待使节宾客的开支，胶、漆一类作战物资的供应，保养、补充武器装备的花销，每天的耗费多达千金，然后十万大军才能出动。

注释

1. 驰车：快速轻便的战车。驷（sì）：原指同一车套四匹马，这里作量词，即辆。2. 革车：专门用于运送粮食和器械的辎重车辆。乘（shèng）：辆。3. 带甲：穿戴盔甲的士兵，指军队。4. 馈：供应，运送。5. 内外：指前方和后方。6. 宾客之用：指与各诸侯国使节往来所花的费用。7. 胶漆之材：指制作和维修作战器械所需的物资材料。8. 车甲之奉：指保养、补充武器装备的开销。奉，同“俸”，费用、花销。9. 举：出动。

中国相关名言

- 三国·诸葛亮：“军以粮食为本，兵以奇正为始，器械为用，委积为备。”
- 唐·李筌：“军无辎重，则举动皆缺。”
- 宋·辛弃疾：“用兵制胜，以粮为先。”
- 清·曾国藩：“行军以粮路为第一要务。”

外国相关名言

- （普鲁士）腓特烈二世：“最卓越的军事计划，将会因供应匮乏而毁于一旦。”
- （神圣罗马帝国）蒙特库科利：“饥饿比钢铁更为可怕，食粮的匮乏将会比战斗歼灭更多的大军。”
- （法）黎塞留：“在历史上，由物资匮乏和秩序混乱而毁灭的军队，要比被敌人打败的军队多得多。”

原文

其用战也胜[10]，久则钝兵挫锐，攻城则力屈[11]，久暴师则国用不足[12]。夫钝兵挫锐、屈力殚货[13]，则诸侯乘其弊而起[14]，虽有智者不能善其后矣。故兵闻拙速，未睹巧之久也。夫兵久而国利者，未之有也。故不尽知用兵之害者，则不能尽知用兵之利也。

译文

用兵作战，目的是胜利，时间一久就会导致士气低迷，锐气受挫，在这样的情况下攻城就会使军队的力量消耗殆尽。让军队长期在外作战，就会造成国家资源、财政上的枯竭。军队士气低迷，锐气受挫，国力消耗殆尽，财政枯竭，那么诸侯们就会乘我困顿局面发兵进攻，即使有足智多谋的人，也无法收拾这残局了。所以，用兵只听说有战术简单笨拙但却追求速胜的，没见过追求战术眼花缭乱而将战争拖入旷日持久的。战争旷日持久而国家受益的，这是从来就没有过的。所以，不能完全了解用兵害处的人，就不能完全了解用兵的好处。

注释

10. 用战也胜：指在战争耗费巨大的情况下用兵，就要求速战速胜。11. 力屈：力量耗尽。屈，竭尽，穷尽。12. 暴：暴露。13. 屈力殚（dān）货：力量耗尽，财力枯竭。殚，枯竭。货，财货，财力。14. 弊：疲困，危机。

图解

兵闻拙速，未睹巧之久

宁可笨拙些而追求速度

不应追求精巧而陷入旷日持久的作战

中国相关名言

- 唐·李筌："利害相依之所生，先知其害，然后知其利也。"
- 唐·杜牧："攻取之间，虽拙于机智，然以神速为上。盖无老师、费财、钝兵之患，则为巧矣。"

外国相关名言

- （苏）列宁："战争是危险的，没有估计到可能遭受的损失，就不能进行战争。"
- （美）巴顿："只有一条战术原则是永恒不变的。这就是：用手中的一切手段在最短时间内给敌人造成最大的伤亡和破坏。"

原文

善用兵者，役不再籍[15]，粮不三载[16]；取用于国，因粮于敌[17]，故军食可足也。

译文

善于用兵的人，不两次征集兵员，不三次运送粮草；所需资用从国内取得，粮草则在敌国就地解决，这样，军队的粮食供应就可以满足了。

注释

15. 籍：本指名册，此处作动词用，指征集兵员。16. 载：运输，运送。17. 因：依靠。

⇑ 因粮于敌（在敌境收取敌方粮食）。

原文

国之贫于师者远输[18]，远输则百姓贫。近于师者贵卖，贵卖则百姓财竭，财竭则急于丘役[19]。力屈、财殚[20]，中原内虚于家[21]。百姓之费，十去其七；公家之费，破车罢马[22]，甲胄矢弩[23]，戟楯蔽橹[24]，丘牛大车[25]，十去其六。

译文

国家之所以会因为用兵而变得贫困，长途运输是重要原因，长途运输就会使百姓陷于贫困。临近军队的地区物价飞涨，物价飞涨就会使百姓财力枯竭，百姓财力枯竭，（国家为支持战争）就更加急迫地征收赋税。国力耗尽，财政枯竭，国内家家空虚。百姓的财力，耗去十分之七；政府的财力，由于车辆破损、战马疲惫，装备、兵器、战具的补充以及辎重车辆的征调，耗去十分之六。

注释

18. 师：军队。19. 丘役：军赋。丘，古代地方行政区划单位，一丘为一百二十八家。20. 殚（dān）：竭尽。21. 中原：这里泛指国内。22. 破车：战车破损。罢（pí）：通“疲”。23. 甲胄（zhòu）矢弩：泛指装备战具。24. 戟（jǐ）楯（dùn）蔽橹（lǔ）：泛指各种攻防兵器。楯，同“盾”。蔽橹，攻城时用作屏蔽的大盾牌。25. 丘牛大车：指辎重车辆。丘牛，从兵役中征集来的牛。

↑ 国家穷兵黩武则百姓贫困。

杀敌者，怒也；取敌之利者，货也。

原文

故智将务食于敌。食敌一钟[26]，当吾二十钟；萁秆一石[27]，当吾二十石。

故杀敌者，怒也；取敌之利者，货也。故车战得车十乘已上，赏其先得者，而更其旌旗，车杂而乘之，卒善而养之，是谓胜敌而益强。

译文

所以，明智的将帅务求在敌国就地解决粮食供给问题。在敌国夺取一钟粮食，相当于二十钟粮食（消耗二十钟粮食才能运送一钟粮食到前线）；消耗敌国一石饲料，相当于二十石饲料。

所以说，士兵们奋勇杀敌，是因为他们对敌人充满愤怒仇恨；士兵们勇于夺取敌人的物资财货，是因为会用缴获的战利品奖赏他们。因此在车战中，缴获战车十辆以上的，要奖赏最先夺得战车的士兵，并且更换战车上的旗帜，混编入自己的战车队伍中。对于俘虏，要善待和供养他们。这就是所谓战胜敌人又增强了自己的力量。

注释

26. 钟：古代容量单位。27. 萁（qí）秆：牲畜饲料。萁，同“萁”，豆秸。石（dàn）：古代容量单位，三十斤为一钧，四钧为一石，即一百二十斤为一石。

原文

故兵贵胜，不贵久。

故知兵之将，生民之司命，国家安危之主也。

译文

所以用兵贵在速胜，而不宜旷日持久。

所以精通用兵之道的将帅，是民众命运的掌握者，是国家安危的主宰者。

中国相关名言

- 三国·诸葛亮："国以军为辅，君以臣为佐，辅强则国安，辅弱则国危，在于所任之将也。"
- 明·王鸣鹤《登坛必究·经武》："兵贵拙速，不尚巧迟。速则乘机，迟则生变。"

外国相关名言

- （拜占庭）贝利撒留："力求以和平来结束战争的统帅，才是伟大的统帅。"
- （美）艾森豪威尔："旷日持久的战斗必定会产生有害的后果。"

《作战篇》要点

（一）日费千金，然后十万之师举矣。

（二）其用战也胜，久则钝兵挫锐，攻城则力屈，久暴师则国用不足。夫钝兵挫锐、屈力殚货，则诸侯乘其弊而起，虽有智者不能善其后矣。故兵闻拙速，未睹巧之久也。夫兵久而国利者，未之有也。故不尽知用兵之害者，则不能尽知用兵之利也。

（三）善用兵者，役不再籍，粮不三载；取用于国，因粮于敌，故军食可足也。

（四）国之贫于师者远输，远输则百姓贫。

（五）故杀敌者，怒也；取敌之利者，货也。

（六）故兵贵胜，不贵久。

重点句例解

其用战也胜，久则钝兵挫锐，攻城则力屈，久暴师则国用不足。夫钝兵挫锐、屈力殚货，则诸侯乘其弊而起，虽有智者不能善其后矣。故兵闻拙速，未睹巧之久也。夫兵久而国利者，未之有也。

司马懿八日行军千里擒杀孟达 事见《三国志》《资治通鉴》

三国时期的孟达本为刘璋属下，后降刘备。关羽围樊城、襄阳时，不发兵援助关羽，后关羽兵败被杀，孟达畏惧刘备治罪，于是投降曹魏。

孟达投降曹魏后，受魏文帝曹丕宠信，官至散骑常侍、建武将军，封平阳亭侯。曹丕死后，孟达心中忧虑不安，在诸葛亮书信劝诱下，企图归蜀汉。孟达与魏兴太守申仪有隙，申仪上书将孟达计划告发。司马懿写信安抚孟达，暗中遣军进讨。孟达认为司马氏率军来讨，至少需要三十日方能抵达，他有充足的时间加强守备和防御。然而司马懿全速急行军，八天行军一千二百里到达孟达所在上庸，完全打乱了孟达的部署。

司马懿围攻上庸城十六天，孟达的外甥邓贤、部将李辅开城投降，司马懿入城斩杀孟达，传首京师。

司马懿军急行千里奔袭孟达。

令东魏权臣高欢钝兵挫锐、饮恨而终的玉壁之战 事见《北史》

名将韦孝宽，历经北魏、西魏、北周，广读经史，足智多谋，攻守兼备，善于用间，战功赫赫。西魏大统十二年（546），东魏丞相高欢率大军攻玉壁（今山西稷山县西南），连营数十里，韦孝宽据城固守。

东魏军昼夜不停攻城，韦孝宽则随机应变，沉着抗御。东魏军掘地道欲入城，韦孝宽也命军士挖掘堑壕，拦截东魏军地道，并点燃柴火，以皮排（古代鼓风用具）向东魏军地道吹送烟火，使东魏军此计不能得手。东魏军又造攻城车攻城，韦孝宽命军士缝布做成帐幔，随东魏军攻城车所向张开，攻城车撞帐幔，不能着力而发挥功效，东魏军此计又被韦孝宽化解。东魏军用尽各种攻城方法，都被韦孝宽破解。高欢攻城不克，派人劝降韦孝宽，被韦孝宽严词拒绝。东魏军攻城六十天，士卒伤亡十之四五，精疲力竭，高欢急得发病，只好撤军。高欢回到晋阳后，愤恨不已，一病不起，于次年死去。

⇈ 韦孝宽防守，令东魏军损失惨重。

故不尽知用兵之害者，则不能尽知用兵之利也。

白起论伐赵 事见《史记》《战国策》

在长平之战中，白起率秦军杀死赵国四十五万士兵。长平之战胜利后，白起准备乘胜一举灭亡赵国。韩国、赵国很恐惧，就派苏代到秦国，献上丰厚的礼物劝说丞相范雎不要让白起继续攻杀建功，否则将危及范雎的利益与地位，范雎便劝说秦昭襄王暂停战争，让士兵们休整，应允韩国、赵国割地讲和，秦王听从了范雎的建议。

过了些时日，秦又发兵，派王陵为将进攻赵国，王陵作战失利，秦王想派白起出战，白起称病不出，说："之前秦军在长平击败赵军，不赶快抓住时机灭亡赵国，使赵国得以喘息，有时间抓紧耕种增加储备，抚养幼儿长大以扩充军队，修整军备以强兵，加高城墙、疏浚护城河使城邑更加坚固。赵国国君放下身段亲近大臣，大臣不顾等级差别而亲近效死力的士兵，甚至像平原君那样的皇亲重臣，都让自己的妻妾到军队中为将士们缝缝补补。赵国臣民一心，上下同力。现在去攻打赵国，赵国必然会固守城池；向赵军挑战，赵军一定不肯出战；围困赵国国都，肯定不能攻克；攻打赵国其他城邑，也不一定能攻下；在赵国城邑的郊外抢掠，一定会一无所获。出兵劳而无功，诸侯们见此情况，会发兵援救赵国。臣只见到攻赵的害处，没看到好处。臣下现在又有病，不能去。"

白起的话传到秦昭襄王耳朵里，秦王愤愤地说："没有白起，我就不能灭掉赵国了吗？"于是增派军队，另派王龁（hé）代替王陵进攻赵国，秦军围困邯郸八九个月，死伤众多，仍没有攻下赵国国都邯郸。赵王派出轻锐的小股军队袭扰秦军后方，秦军战斗多有不利。不久，楚、魏联军救援赵国，大败秦军。

白起极善用兵，被秦封为"武安君"，他不愿领兵攻赵，并不全是因前次秦王错失一鼓作气将赵国灭亡的良机而有所不满，而是确实认为当时伐赵不得时机。孙子说："不尽知用兵之害者，则不能尽知用兵之利也。"白起是知道用兵的利与害的。白起因不愿带兵出征而最终被秦王赐死，他临死时说："我本来就该死。长平之战，赵军降卒几十万人，我用欺骗的手段把他们全部坑杀了，这就足够死罪了！"说罢就自杀了。

善用兵者，役不再籍，粮不三载；取用于国，因粮于敌，故军食可足也。

刘邦纳谏“因粮于敌” 事见《史记》

善于用人、从善如流是汉高帝刘邦最终取得胜利的重要原因。他曾两次采用谋士郦食（yì）其（jī）的谏言因粮于敌，使部队得到补充。第一次是听取郦食其的建议而袭击陈留（今河南开封陈留镇），获得秦朝在陈留积聚的粮米。第二次是他在与项羽围绕战略要地成皋（今河南荥阳汜水镇）进行的持久争夺战中，采用了郦食其谋取敖仓之粮的建议。郦食其说：“我听说，王者以民为天，而民以食为天。敖仓，作为天下转运粮食的集散地已经很久了，我获悉那里贮藏的粮食非常多。现在楚军攻下荥阳，竟然不坚守敖仓而领兵东去，这真是上天帮助汉军啊。希望您赶快进兵，收复荥阳，占有敖仓的粮食，扼守住成皋的险要，断绝太行的通道，向诸侯显示汉军已占据克敌制胜的形势，这么一来，天下人便知道自己应该归向谁。”刘邦接受了郦食其的建议，出兵占领了敖仓。

郦食其向刘邦建议夺取敖仓之粮。

李密"因粮于敌"的建议 事见《旧唐书》

李密是隋末农民起义瓦岗军的后期领袖，他出身官宦世家，好读书，喜兵法，以父荫出仕，但在隋朝仕途不畅。大业九年（613），李密随杨玄感起兵反隋，兵败被捕，于押送途中逃脱。后来，李密投瓦岗翟让军，其时瓦岗寨的首领翟让十分敬佩李密。李密到瓦岗寨后立了几次大功，其中就有建议翟让"因粮于敌"的功绩。

李密向翟让建议说："现在人马已经很多，但是粮草没有来源，若旷日持久，就会人困马乏，大敌一到，要不了几天我们就会失败！不如直接夺取荥阳，驻军就食，等到兵强马壮，再去争夺天下。"翟让赞同李密的意见，于是攻掠荥阳诸县城镇，取得了充足的粮草。

后来，李密又建议翟让说："现在各地竞相起事，全国百姓正闹饥荒。您如果统率兵众去袭击兴洛仓，散发粮食救济穷苦百姓，远近民众谁不归附？百万人马，一个早晨就能召集起来，机不可失啊！"翟让同意李密的建议，大业十三年（617）春天，他和李密带领人马攻克了兴洛仓，开仓放粮，四方来领粮食的男女老幼多达几十万人，大大争取了民心。

⇐ 李密开仓放粮，救济穷苦百姓。

郭崇韬"因粮于敌"伐蜀 事见《资治通鉴》

同光三年（925），后唐庄宗李存勖以长子李继岌（jí）为都统，郭崇韬为招讨使，发兵讨伐前蜀。郭崇韬明智地采取"取用于国，因粮于敌"的战略方针，先行派兵攻占凤州，从而获得大批粮食和兵源，为军队的进攻提供充足的后勤保障。

善于"因粮于敌"的蒙古军队

13 世纪时，蒙古帝国的军队横扫亚欧大陆，鼎盛时期，其国土面积达 3300 万平方千米，占世界土地面积的 22%。蒙古军队之所以能进行如此大范围的征伐，有赖于其骑兵力量的卓越，在解决军粮方面，蒙古军队除了携带肉干和饮用马奶，最重要的手段就是通过劫掠和就地采集等手段"因粮于敌"。欧洲人描述说，蒙古军队吃所有能吃的东西，他们吃狗、狼、狐狸和马，迫不得已时，他们还会吃人肉……

因为能够"因粮于敌"，所以蒙古骑兵的闪电战、长途奔袭、大跨度迂回包抄等灵活机动的战术才能发挥到极致。

⇒蒙古军队善于就地解决粮草问题。

国之贫于师者远输，远输则百姓贫。

隋炀帝三征高句丽，“劳师远输” 事见《资治通鉴》

隋炀帝穷奢极欲，好大喜功，穷兵黩武，他从大业八年（612）到大业十年（614）对高句（gōu）丽（lí）发动了三次战争。

为了征高句丽，隋炀帝集结了上百万的士兵，全国各地为军队运送粮草、物资、辎重的人、畜、车辆、舟船不计其数，昼夜不停息。因服劳役而病累致死的人互相枕着，路上到处散发着臭气。为征伐而造船的工匠在官吏的监督逼迫下，昼夜在水中劳作，从腰往下都长出蛆虫，死者十之三四。整个天下都为攻打高句丽的事闹得烦扰不安。炀帝征发小车夫六十余万运送粮食，运粮的道路艰难漫长，无法完成任务。再加上官吏贪狠暴虐，借机鱼肉百姓，处处怨声载道，民不聊生。隋炀帝三征高句丽，战果不多却耗费极大，民怨沸腾，国内动荡，人民起义风起云涌，是导致隋朝灭亡的主要原因之一。

隋炀帝征高句丽，长途运输大军粮草物资，民众苦不堪言。

故杀敌者，怒也；取敌之利者，货也。

吴汉带伤激励将士 事见《后汉书》

↑吴汉带伤激励将士。

吴汉是东汉开国名将，建武三年（27），他率军攻打割据一方的刘永势力，将其大将苏茂围困在广乐（今河南虞城北）。刘永部将周建率大军来救，吴汉率轻骑接战，战斗不利，而且坠马伤膝，只得收兵回营。诸将道：“大敌当前而您受伤卧床，将士们心中有所疑惧啊！”吴汉裹创而起，杀牛让士卒饱餐，激励三军说：“贼众虽多，都是乌合之众，胜不相让，败不相救，他们中没有讲义气的人。今日封侯之秋，诸君勉之！”汉军士气大振，“军士激怒，人倍其气”。次日，吴汉选精兵为前锋，奋力还击，大破敌军。

周德威以利相诱激励士气 事见《资治通鉴》

五代时期，时为河东晋王的李存勖援助成德节度使王镕（róng），在柏乡（今属河北邢台市）与前来攻伐的后梁军作战，史称“柏乡之战”。

李存勖率军接近柏乡时，派遣大将周德威等率骑兵逼近梁营挑战，向梁军营射箭，并且辱骂他们。梁将韩勍（qíng）等率领步兵、骑兵迎战晋兵，梁军的铠甲、头盔上都披着华丽的丝织品，雕刻着金银花纹，光彩闪耀，晋兵望见不禁丧失士气。周德威说：“梁人的目的不在与我们战斗，只是显示兵威罢了。不挫伤他们的锐气，我军就不能振作。”于是对军士们说：“这些梁兵不过是汴州的屠夫、酒徒、佣工、商贩之类罢了，衣甲虽然鲜艳，但他们十个人不能抵挡你们一个人。擒获他们一个人，足够使自己富裕了，这是奇货，不可失去啊！”周德威亲自带领精锐骑兵一千余人攻击后梁军的两头，左右奔驰冲击，出入再四，俘获一百余人，边战边退。梁军并未追击，而是撤退了。

⇑ 周德威以利相诱激励士气。

曹刿论战。

曹刿论“一鼓作气” 事见《左传》

春秋时期，齐国军队攻打鲁国，鲁庄公准备迎战。曹刿（guì）请求一同前往，鲁庄公便与他共乘一辆兵车，进至长勺与齐军交战。

鲁庄公将要击鼓进战，曹刿说：“现在不行。”齐军三通鼓敲罢，曹刿说：“可以进攻了。”鲁庄公便击鼓，部队进战，结果大败齐军。战后，鲁庄公问曹刿取胜的原因，曹刿回答说：“打仗靠的是勇气。第一次击鼓可以振作士气，再次击鼓士气就衰落了，第三次击鼓士气就枯竭了。敌人士气枯竭而我军士气饱满，所以能够打败敌人。”

故兵贵胜，不贵久。

速战而胜的皖城之战 事见《三国志》

建安十九年（214），曹操派庐江太守朱光在皖城（今安徽潜山）地区屯兵耕地，种植稻谷。吕蒙向孙权建议说：“皖城之地田土肥沃，一旦稻熟收获，曹军必然扩充，应早日夺取皖城。”

孙权亲自率军攻打皖城。将领们计划堆土山和增加攻城设备，吕蒙说：“制造攻城设备和堆土成山需多日才能完成，到那时，敌人城防已经巩固，援兵必定到来，我们将不能夺得皖城。况且我军乘雨多水大而来，如果旷日久留，大水退去，我们回军艰难，那是很危险的。现在看来，此城并不十分坚固，我三军士气正盛，四面齐攻，很快就能攻克，然后趁大水未退回军，这才是全胜之道。”孙权采纳了这一建议。吕蒙推荐甘宁为升城督，甘宁身先士卒攀上城墙，精锐战士紧随其后，战士们踊跃登城。拂晓发起攻击，辰时（早上七点到九点）已经攻克皖城，俘获朱光以及城中男女数万人。不久，张辽率兵赶到夹石，听说皖城失守，便领兵撤退了。

吕蒙向孙权建议速攻皖城。

故知兵之将，生民之司命，国家安危之主也。

自除良将，自毁长城 事见《资治通鉴》

东晋末年名将、刘宋开国元勋檀道济，屡立战功，抗击外敌，但因受到宋文帝疑忌而被杀。檀道济被捕时，怒不可遏，目光如炬，把头巾狠狠地摔在地上说：“你们是在毁坏你们自己的万里长城！”北魏人听到檀道济被杀的消息非常高兴，都说：“檀道济死了，江南那些小子就没有值得我们忌惮的了。”

北齐名将斛（hú）律光是北齐的股肱（gōng）之臣，官至左丞相，封咸阳王。斛律光治军严明，身先士卒，不营私利，多次击败进犯的北周军，是保卫北齐的中流砥柱。斛律光与尚书右仆射祖珽（tǐng）、领军大将军穆提婆不和，被两位奸佞所构害，北齐后主高纬命人将斛律光杀害，自毁长城，北周武帝宇文邕（yōng）得知消息后大喜。577 年，北周武帝率军围邺（北齐都城），一举攻克。北周国主提到斛律光说：“这个人如果还在，朕怎能来到邺城！”

→檀道济怒斥朝廷自毁长城。

⇐ 一代名将耶律休哥。

一代名将耶律休哥 事见《续资治通鉴长编》

耶律休哥是辽景宗、辽圣宗时期的辽国名将，身经百战，也是有眼光的政治家。辽圣宗即位后，太后萧绰临朝称制，令耶律休哥总理南面军务，便宜从事。耶律休哥对戍兵制加以调整，建立更休法，劝课农桑，修治武备，由此边境大治。

耶律休哥智勇双全，战功赫赫，最为人所称道的是统和四年（986）的岐沟关之战，耶律休哥击败宋将曹彬、米信等率领的宋军，斩杀宋军数万人。此战使宋朝对辽朝的战略从进攻转为防御。

《作战篇》在其他领域的应用

如何降低“远输”成本是商家一直关注的问题

“国之贫于师者远输”的道理不但存在于军事领域，在商业领域同样受到重视，绝大部分商家都在考虑如何节省物流成本的问题，长途物流的风险和耗费、物流成本的居高不下，挤占企业利润，并且造成企业损失。

为了减少物流风险，提高物流效率，降低物流成本，商家们根据自身的情况制定了各种措施和方法，这里列举若干以供读者参考。

1. 优化物流网络

设计、建立高效、合理的物流网络和仓储体系，规划高效、合理的物流线路和运输工具。

2. 合理包装

选择合适的包装材料，合理包装，可以有效地降低包装和物流成本。

3. 优化供应链运作

供应链即将产品从商家送到消费者手中的整个链条。应通过设计和管理，使供应链运作得到优化，节约成本，提高效率。

4. 应用物联网、数字化、智能化、信息管理系统等现代技术

通过应用物联网、数字化、智能化、信息管理系统等现代技术，能极大地提高物流效率，对各种物流、仓储、供应链等信息进行实时管理并给出良好的解决方案，节省人工成本。

5. 选择合适的物流服务商

应选择专业而适合的物流服务商，但是要注意不能为了追求低价而忽略服务质量。

如何激励企业员工的士气

孙子说:“故杀敌者，怒也;取敌之利者，货也。”在生死拼杀的关头，能否激励起军士的勇气和士气，是影响战争胜负走向的决定性因素之一。美国五星上将艾森豪威尔曾说：“如果出现其他条件与敌方大致相等的情况时，士气在战场上就是最重要的因素。”柯林斯在《大战略》中说道：

"多数权威人士认为，意志或士气是战略诸因素中的一个重要因素。"

对此，孙子给出的方法是，如果能激起军士的怒气，使之同仇敌忾，或者用利益来调动，是能够激发军士的士气，使之高涨的。历史和经验证明，确实如孙子所说。

在企业经营中，激发员工的工作积极性，是提高效率、质量、创造性等方面的重要途径。总的来说，也是从孙子所提出的两方面进行考虑。一方面是从精神、意志、情绪方面增强员工的主观能动性，一方面是用薪酬、奖励等利益来调动员工的工作积极性。

1. 增强员工精神、意志、情绪方面的主观能动性

在这一方面，通常有荣誉激励、榜样激励、危急激励、情感激励等方法。现代管理学之父德鲁克曾说："管理的本质是激发人的善意。"在现代管理中，简单地使用"胡萝卜加大棒"的管理方法已不能充分调动员工积极性，应顺应和发扬人性中固有的向善因素，激发人的善意和责任心，提高其思想境界。培养员工正确的价值观至关重要，要让员工有责任心，懂得为他人创造价值和福利能使自己的生活更有意义，才能实现自己人生价值的道理。

2. 用薪酬、奖励等利益来调动员工的工作积极性

托马斯·富勒曾说："钓人，金钱是最好的饵。"俗话说："人为财死，鸟为食亡。"这些话虽然说得露骨，但是，我们也不得不承认，挣不到钱，人就难以生存，挣的钱多，人的物质生活就富足。用薪酬、奖励等利益来调动员工的工作积极性是有效的，但一定要注意公平公正的原则才能发挥效用。不劳而获、多劳少得、少劳多得的情况均须避免。

只有金钱方面的激励而缺少价值观、精神、意志层面的引导和鼓舞，是难以使员工有长久的责任心与认同感的。

"拙速"抓机遇

当机遇来临时，应迅速抓住，很多的机遇都是"机不可失，时不再来"，唐太宗说："功难成而易败，机难得而易失。"在抓机遇时，不应有过多的瞻前顾后和理想主义成分，想着各种条件和因素都具备时再把握机遇，机遇往往就此错过。应参考《孙子兵法·作战篇》中说的"拙速""兵贵胜，不贵久"的理念，全力全速出击，顾大局而不拘小节。

三分钟贯通中国战争史（二）

商代的战争

从黄帝时代到夏朝末年的历史，虽然见于《史记》等史学著作，但因为没有证物，只能称之为“传说”，不能算“信史”。商代才是信史时代的开始，有众多文物和考古发现作为证据，也有文字记载（甲骨文）。

商代的战争主要是发生在商朝与周边部族之间，如商王武丁对鬼方用兵，商纣王对东夷用兵。

商王有侍卫军，战时还要从国内各地征调兵员，兵种以步兵和商代中后期发展起来的车兵为主，杀敌能多至两三千人。商代战车与西周战车在形制上差别不大。

商代的青铜冶炼与青铜器铸造技术、工艺都相当成熟，领先于世界，成为商代文明的象征。这也为商代制造精良的兵器提供了基础。

⇑ 商代战争。

历代武备（二）

商代的武备

商代战士。

青铜是金属冶铸史上最早的合金，先民们发现，在纯铜中加入锡或铅的合金，能提高其硬度、可塑性、耐磨性、耐腐蚀性等，且色泽光亮，熔点低，适用于铸造各种器具，青铜时代由此开启。

商代广泛应用青铜兵器，兵器种类有戈、矛、斧、弓箭等，防护装具有青铜胄、皮甲、盾等。商代中后期，战车成为战场上的重要力量，因而设计制造出适合战车作战需要的戈、矛、戟、弓箭等。

谋攻篇

本篇以“谋攻”命名，强调以谋略取胜，以计谋克敌，提出了以下军事思想、原则和规律：

一、“不战而屈人之兵”“兵不顿而利可全”的战略思想，即兵贵不战而胜，贵以小代价获得大胜利。

二、“上兵伐谋，其次伐交，其次伐兵，其下攻城”的原则。

三、“知己知彼，百战不殆”的军事规律。

此外，本篇还阐述了国君可能对军队、将帅产生的不利影响，以及取得军事胜利的五种人为因素等。

《谋攻篇》全文通读

孙子曰：凡用兵之法，全国为上，破国次之；全军为上，破军次之；全旅为上，破旅次之；全卒为上，破卒次之；全伍为上，破伍次之。是故百战百胜，非善之善者也；不战而屈人之兵，善之善者也。

故上兵伐谋，其次伐交，其次伐兵，其下攻城。

攻城之法为不得已。修橹轒（fén）辒（wēn），具器械，三月而后成，距闉（yīn），又三月而后已。将不胜其忿而蚁附之，杀士三分之一而城不拔者，此攻之灾也。

故善用兵者，屈人之兵而非战也，拔人之城而非攻也，毁人之国而非久也，必以全争于天下，故兵不顿而利可全，此谋攻之法也。

故用兵之法，十则围之，五则攻之，倍则分之，敌则能战之，少则能逃之，不若则能避之。故小敌之坚，大敌之擒也。

夫将者，国之辅也，辅周则国必强，辅隙则国必弱。

故君之所以患于军者三：不知军之不可以进而谓之进，不知军之不可以退而谓之退，是谓縻军。不知三军之事而同三军之政者，则军士惑矣。不知三军之权而同三军之任，则军士疑矣。三军既惑且疑，则诸侯之难至矣，是谓乱军引胜。

故知胜有五：知可以战与不可以战者胜；识众寡之用者胜；上下同欲者胜；以虞待不虞者胜；将能而君不御者胜。此五者，知胜之道也。

故曰：知彼知己者，百战不殆；不知彼而知己，一胜一负；不知彼，不知己，每战必殆。

《谋攻篇》详解

原文

孙子曰：凡用兵之法，全国为上，破国次之；全军为上，破军次之；全旅为上，破旅次之；全卒为上，破卒次之；全伍为上，破伍次之。是故百战百胜，非善之善者也；不战而屈人之兵，善之善者也。

译文

孙子说：大凡用兵之法，使敌国完整地降服是上策，击破它就次一等；使敌军完整地降服是上策，击破它就次一等；使敌人全旅完整地降服是上策，击破它就次一等；使敌人全卒完整地降服是上策，击破它就次一等；使敌人全伍完整地降服是上策，击破它就次一等。所以，百战百胜，不算高明中的高明，不战而使敌人屈服才是高明中的高明。

中国相关名言

- 唐·贾林："兵威远振，全来降伏，斯为上也。诡诈为谋，摧破敌众，残人伤物，然后得之，又其次也。"
- 宋·张预："明赏罚，信号令，完器械，练士卒，暴其所长，使敌从风而靡，则为大善。"

外国相关名言

- （美）伯纳德·布罗迪："迄今为止，我们的军事机构的主要目的都是赢得战争，而从今以后，它的主要目的必须是避免战争。"
- （美）谢尔曼："战争的合法目标是更加完善的和平。"

原文　故上兵伐谋，其次伐交，其次伐兵，其下攻城。

译文　所以用兵的上策是从谋略上战胜敌人，其次是从外交上封锁、孤立、挫败敌人，再次是攻击敌人的军队，下策是攻城。

图解

上兵伐谋

其次伐交

其次伐兵

其下攻城

原文　攻城之法为不得已。修橹轒辒[1]，具器械[2]，三月而后成，距闉[3]，又三月而后已。将不胜其忿而蚁附之[4]，杀士三分之一而城不拔者，此攻之灾也。

译文

攻城是不得已的办法，修造攻城用的大盾和四轮车，准备攻城器械，要三个月才能完成。构筑攻城用的土山，又要三个月才能完成。将帅不胜愤怒，让士兵们像蚂蚁一般攀爬上城墙，士兵伤亡了三分之一，而城没攻下来，这是攻城的灾难。

将不胜其忿而蚁附之。

注释

1. 修橹（lǔ）轒（fén）辒（wēn）：制造大盾和攻城用的四轮车。修，制作，制造。橹，这里指大盾牌。轒辒，攻城用的四轮大车，以木制成，外蒙牛皮，可以容纳十余人。2. 具：准备。3. 闉（yīn）：土山。4. 蚁附之：指士兵像蚂蚁一样爬梯攻城。

中国相关名言

- 战国·《六韬》："故争胜于白刃之前者，非良将也。"
- 汉·赵充国："帝王之兵，以全取胜，贵谋而贱战。"
- 宋·张预："夫攻城屠邑，不惟老师费财，兼亦所害者多，是攻之下者。"

外国相关名言

- （德）老毛奇："先计算，后冒险。"
- （英）利德尔·哈特："所谓战争的完美，就是要取得决定性的成果，而不必进行任何真正的战斗。"

原文

故善用兵者，屈人之兵而非战也，拔人之城而非攻也，毁人之国而非久也，必以全争于天下，故兵不顿而利可全，此谋攻之法也。

故用兵之法，十则围之，五则攻之，倍则分之，敌则能战之，少则能逃之，不若则能避之。故小敌之坚，大敌之擒也。

译文

所以，善于用兵的人，使敌军屈服不是靠交战，夺取敌人的城池不是靠强攻，灭亡敌人的国家不是靠久战。一定要用全胜的谋略争胜于天下。这样，军队不会劳累疲惫，又能取得完满的胜利。这就是以谋略攻取敌人的法则。

所以，用兵的法则，拥有十倍于敌人的兵力就包围敌人；拥有五倍于敌人的兵力就主动进攻；拥有两倍于敌人的兵力就设法分割敌人；兵力同敌人相当，要勇敢地和敌人战斗；兵力少于敌人的，要能够摆脱敌人；各方面条件均不如敌人的，要能够避免与敌人交战。因此，弱小的军队如果一味硬拼或固守，就会成为强大敌人的俘虏。

中国相关名言

- 三国·曹操："兴师深入长驱，距其城郭，绝其内外，敌举国来服为上；以兵击破，败而得之，其次也。"
- 唐·李筌："（用兵）不贵杀也。韩信虏王豹，擒夏说，斩成安君，此为破国者。及用广武君计，北首燕路，遣一介之使，奉咫尺之书，燕从风而靡，则全国也。"
- 明·何东序："兵散则势弱，聚则势强，兵家之常情也。"

外国相关名言

- （普鲁士）克劳塞维茨："数量上的优势应该看作基本原则，不论在什么地方都是应该首先和尽量争取的。"
- （苏）巴格拉米扬："谁认为退却是件简单的事，谁就大错特错了。如果不深思熟虑地对待这种机动，那么军队遭到的灾难，会比在组织不好的进攻中遭到的灾难更加深重。"

原文　夫将者，国之辅也[5]，辅周则国必强，辅隙则国必弱[6]。

译文　将帅，是辅佐国君的人。如果辅助周密得力，国家就必定强盛；如果辅助上有缺失疏漏，国家就必定衰弱。

注释　5. 辅：此指辅佐国君的人。6. 隙：缺陷，疏漏。

中国相关名言

- 战国·《六韬》："得贤将者，兵强国昌；不得贤将者，兵弱国亡。"
- 战国·《六韬》："将不仁，则三军不亲；将不勇，则三军不锐；将不智，则三军大疑；将不明，则三军大倾；将不精微，则三军失其机；将不常戒，则三军失其备；将不强力，则三军失其职。"

外国相关名言

- （古罗马）塔西佗《历史》："适用于将军的条件是：果断，慎重。"
- （法）拿破仑："一位将军不可缺少的品质是刚毅。"
- （苏）伏龙芝："我们的统帅不仅要具有丰实的军事知识，而且要具有丰富的政治和经济知识。"

将者，国之辅。

原文　故君之所以患于军者三：不知军之不可以进而谓之进，不知军之不可以退而谓之退，是谓縻军[7]。不知三军之事而同三军之政者，则军士惑矣。不知三军之权而同三军之任，则军士疑矣。三军既惑且疑，则诸侯之难至矣，是谓乱军引胜。

君之所以患于军者
不知军之不可以进而谓之进，不知军之不可以退而谓之退
不知三军之事而同三军之政
不知三军之权而同三军之任

译文　国君可能对军队产生危害的情况有三种：不知道军队不能前进而强令军队前进，不知道军队不能后退而强令军队后退，这叫作束缚军队；不懂得军中事务而去干预军队的行政，就会使将士们迷惑；不懂得军事上的权谋机变而去干涉军队的指挥，就会使将士们疑虑。军队既迷惑又疑虑，那么其他诸侯乘机进攻的灾难就随之来临了，这就叫作扰乱自己的军队而导致敌人胜利。

注释　7. 縻（mí）军：束缚军队。縻，束缚，羁縻。

⇒国君对于军队有极大影响。

中国相关名言

- 汉·司马迁《史记》："将在外，主令有所不受，以便国家。"
- 明·丘濬（jùn）："国家用将而能假之以权，丰之以财，而不绳之以大法小故，则将尽其用。"

外国相关名言

- （法）拿破仑："政府应该信任自己的将军，允许他有行动的自由，只需告诉他所应达到的目标。"
- （法）拿破仑："主将由于奉命而从事必败的战争，是同样有罪的。"

原文

故知胜有五：知可以战与不可以战者胜；识众寡之用者胜；上下同欲者胜；以虞待不虞者胜[8]；将能而君不御者胜[9]。此五者，知胜之道也。

译文

所以，能够预知胜利的情况有五种：知道什么情况下可以打，什么情况下不能打的，能够取得胜利；懂得根据兵力多寡而采取不同战法的，能够取得胜利；上下一心的，能够取得胜利；事先有所准备来对付事先没有准备的，能够取得胜利；将帅有才能而国君不掣（chè）肘的，能够取得胜利。这五条，就是预知胜利的方法。

注释

8. 虞：有准备。9. 御：这里是牵制、干预的意思。

⇐将能而君不御。

原文　故曰：知彼知己者，百战不殆；不知彼而知己，一胜一负；不知彼，不知己，每战必殆[10]。

译文　所以说，既了解敌人，又了解自己的，百战百胜；不了解敌人而了解自己的，胜负各半；既不了解敌人，又不了解自己的，每战必败。

注释　10. 殆（dài）：危险，失败。

中国相关名言

- 春秋·《管子》："故不明于敌人之政，不能加也，不明于敌人之情，不可约也。不明于敌人之将，不先军也。不明于敌人之士，不先阵也。"
- 汉·《黄石公三略》："用兵之要，必先察敌情。"

外国相关名言

- （美）威斯特摩兰《一个军人的报告》："对于任何一个指挥官来说，设法掌握敌人的动向是一件至关紧要的事。"
- （法）拿破仑："作战计划应考虑敌人每一可能行动，而制订出必要的应对策略。"

《谋攻篇》要点

（一）是故百战百胜，非善之善者也；不战而屈人之兵，善之善者也。

（二）故上兵伐谋，其次伐交，其次伐兵，其下攻城。

（三）故善用兵者，屈人之兵而非战也，拔人之城而非攻也，毁人之国而非久也，必以全争于天下，故兵不顿而利可全，此谋攻之法也。

（四）故用兵之法，十则围之，五则攻之，倍则分之，敌则能战之，少则能逃之，不若则能避之。故小敌之坚，大敌之擒也。

（五）夫将者，国之辅也，辅周则国必强，辅隙则国必弱。

（六）故君之所以患于军者三：不知军之不可以进而谓之进，不知军之不可以退而谓之退……不知三军之事而同三军之政……不知三军之权而同三军之任。

（七）故知胜有五：知可以战与不可以战者胜；识众寡之用者胜；上下同欲者胜；以虞待不虞者胜；将能而君不御者胜。此五者，知胜之道也。

（八）知彼知己者，百战不殆；不知彼而知己，一胜一负；不知彼，不知己，每战必殆。

重点句例解

孙子曰：凡用兵之法，全国为上，破国次之；全军为上，破军次之；全旅为上，破旅次之；全卒为上，破卒次之；全伍为上，破伍次之。是故百战百胜，非善之善者也；不战而屈人之兵，善之善者也。

韩信“全国为上”降服燕国 事见《史记》

在我们前面讲过的井陉之战中，赵国主帅陈馀兵败被杀的一个重要因素是他不听足智多谋的李左车的建议。韩信取得井陉之战的胜利后，十分礼遇李左车，向他请教攻伐燕国、齐国之策。李左车被韩信的恭敬和诚意所感动，就献策说：“眼下百姓劳苦，士卒疲惫，很难持续用以作战。如果将军发动疲惫的军队，困顿在燕国坚固的城池之下而不能攻克，旷日持久，粮食耗尽，不但燕国不肯降服，齐国看到，也一定会拒守边境。

⇑ 李左车为韩信出谋划策。

善用兵的人不拿自己的短处攻击敌人的长处，而是拿自己的长处去攻击敌人的短处。如今为将军打算，不如按兵不动，安定赵国的社会秩序，抚恤阵亡将士的遗孤，犒劳将士。摆出向北进攻燕国的姿态，而后派出说客去说服燕国，燕国必不敢不听从。燕国顺从之后，再派说客往东劝降齐国。齐国也会降服。”韩信听从了李左车的计策，派遣使者出使燕国，燕国听到消息果然立刻降服。齐国也在汉王刘邦派出的郦食其的游说下决定归顺。

故上兵伐谋，其次伐交，其次伐兵，其下攻城。

司马错谋伐蜀 事见《史记》

战国秦惠王时，苴（jū）国、蜀国相互攻击，分别向秦国告急。秦惠王想出动军队讨伐蜀国，又认为路途艰险，不容易到达，且韩国又来侵犯；想要先攻打韩国，然后再讨伐蜀国，又恐怕有所不利。惠王犹豫不能决断，遂问计于臣下。

张仪主张先进攻韩国，进而可以挟制周天子而向天下发号施令，以

⇒司马错不同意张仪的主张而力主伐蜀。

建立王业。司马错建议先攻伐蜀国，认为以秦国的实力去攻打蜀国，就像用豺狼去追逐羊群一样。认为取得了蜀国的土地，就足以扩大秦国的疆土；获得了蜀国的财富，就足以使秦国富裕，不用多少伤亡就可以使蜀国降服。

秦王采纳了司马错的主张，出兵攻蜀，不久就攻灭了蜀国，蜀国归秦国后，秦国因此更加强大富足。

王朴的全盘谋划 事见《资治通鉴》

后周世宗有平定天下之心，命令大臣进献开疆扩土之策。比部郎中王朴进献策文说：

“大凡进攻夺取的方法，必定先从容易的地方下手。南唐与我们相接的国境将近二千里，这地势很容易骚扰对方。骚扰对方应当从没有防备的地方开始，防备东面就骚扰西面，防备西面就骚扰东面，对方必定东奔西走去救援。东奔西走之间，就可以探明对方的虚实强弱，然后避实击虚，避强击弱。不须大举进攻时，暂且用小部队骚扰。南方人生性懦弱胆小，听说有小小的警报，必定出动全部军队去救援。军队频繁出动就会使百姓疲劳而财物耗竭，不出动全国军队救援，我们就可以乘着

周世宗批阅王朴所献策文。

空虚夺取土地。像这样，长江以北各州将全部被我们占有。既得长江以北，就可利用他们的百姓，实行我们的办法，那长江以南也容易夺取了。取得江南，那么岭南、巴蜀之地就可以传递檄文而平定。南方既已平定，那燕地必定望风披靡归附中原；倘若它不归顺，就调动军队进攻，犹如卷席子那样很快可以平定了。只有河东北汉是必然要拼死一战的敌人，没法用恩惠信义诱导，应当用强大的军队制服它，然而它从高平之战失败以后，国力空虚士气沮丧，必定不能再起边患，应该暂且放在以后谋取，等待天下已经平定，然后瞅准时机，一举攻破。如今士兵精干，武器齐全，部下畏服军法，众将愿意效力，一年以后可以出师，应该从夏季、秋季就开始积蓄粮草来充实边疆了。”

周世宗欣然接受王朴的建议，自显德三年（956）至显德五年三次亲征南唐，迫使南唐割让淮南江北十四州，并去帝号，只称“江南国主”。

李密的智者之失 事见《资治通鉴》

隋末豪杰李密足智多谋，在他的领导下，瓦岗寨不断壮大，李密成为天下讨隋的盟主。李密战胜宇文化及所带领的军队后，精兵好马损失很多，王世充乘机率军前来进攻。

李密召集各位将领开会商议，李密认为，瓦岗军只要利用城池坚守，保存实力等待，王世充想交战打不成，求退兵又没退路，过不了十天就会溃败。但陈智略、樊文超、单雄信都说：“算算王世充的兵少得很，又打了好几次败仗，都已经吓破了胆。《兵法》说：‘己方力量是对方一倍则作战。’何况我军不止是对方一倍！况且刚刚来归附的江淮人士正希望借此机会一展身手，建立功勋，凭借他们的锐气来作战，正可成功。”众将领大多赞同，想打的占十之七八，李密受众人的意见影响，决定照办。裴仁基不赞同，苦苦争辩却不能说服众人，叹息道：“阁下以后一定会后悔今天的决定。”

魏徵对长史郑颋（tǐng）说：“魏公（李密）虽然屡次打胜仗，但是精兵骁将伤亡很多，战士身心俱疲，有这两点很难应敌，况且王世充缺粮，志在决一死战，难和他争锋，不如深沟高垒以拒敌，用不了十天半个月，王世充粮食吃完了，必然自己退兵，那时再追击他，没有不胜的。”郑颋说：“这是老生常谈了。”魏徵道：“这是奇策，怎么说是老生常谈！”

⇐李密受众将意见影响。

王世充出击前告诫众将士说："今天这一仗，生死在此一举。如果胜了，荣华富贵自然不在话下；如果败了，谁也逃不了。各位要努力作战！"

李密出兵应战，他有些轻视王世充，防御上有所松懈，还没来得及列好队，王世充就纵兵攻击。王世充事先找到一个长得很像李密的人，捆起来藏好，战斗正激烈时，让人牵着走过阵前，大喊："已经捉住李密了！"士兵们都呼万岁。王世充埋伏的骑兵出击，从高处冲下来，驰向李密营地，放火焚烧营舍。李密部众溃散，李密率一万多人逃往洛口。隋末诸雄中战斗力最强的瓦岗军从此分崩离析。

李密在此战前谋划的坚守不出、待敌自溃的策略是正确的，无奈他因为轻敌和骄傲自大，未能坚持正确策略，以致惨败。

张仪欺楚 事见《史记》

公元前313年，秦国想要攻打齐国，但忧虑齐、楚两国已经缔结了合纵盟约，于是便派张仪前往楚国游说楚怀王。

张仪游说楚怀王说："大王若能和齐国断绝往来、解除盟约，秦国愿意献出商於一带六百里土地。"

⇒张仪欺哄楚王。

楚怀王贪心，听信了张仪的话，就跟齐国断了交，并派遣使者到秦国去接收土地。张仪诡诈地对楚国使者说：“我张仪跟楚怀王约定的是六里土地，不是六百里。”楚国使者愤怒地离开秦国，回国报告楚怀王。楚怀王恼怒，兴大军攻打秦国。秦国出兵迎击楚军，在丹水、淅（xī）水一带把楚军打得大败，斩杀八万楚兵，俘虏了楚军将领屈匄（gài），夺取了楚国汉中一带地区。楚怀王就出动全国兵力深入秦地攻击秦国。魏国得知这个讯息，发兵袭击楚国。楚国恐惧，就从秦国撤军回国。而齐国终因恼怒而不肯援救楚国，楚国大为困迫。

苏秦游说六国联合拒秦 事见《史记》

战国时的纵横家苏秦，曾师从鬼谷子，后外出游历多年，不得志，弄得穷困潦倒，狼狈地回到家里，受到家人的嘲讽。苏秦很惭愧，就闭门不出，读书钻研，揣摩与国君相合的门道，一年后，他认为已经有能游说列国国君的能力了，就重新外出游历。他求见并游说周显王无果，又到了赵国，依然不得志，而后到了燕国，等待了一年多才见到燕文侯。

苏秦游说燕文侯与赵国联合，并进而与更多国家结成联盟，以保障

⇐苏秦以利害得失游说诸侯。

燕国的安定。燕文侯认为苏秦之议很有道理，于是资助苏秦车马金帛，前去游说赵国。赵肃侯也采纳了苏秦的联合诸侯对抗秦国的主张（合纵），资助他去游说其他诸侯国加盟。此后，苏秦又说动了韩国、魏国、齐国、楚国国君，六国结成合纵联盟，苏秦被任命为从约长（合纵联盟的联盟长），并且担任了六国的国相，同时佩六国相印。六国合纵联盟后，秦国不敢对函谷关以外的国家有所企图达十五年之久。

后来，秦国派使臣犀首欺骗齐国和魏国，和它们联合攻打赵国。齐国、魏国攻打赵国，合纵盟约便瓦解了。

反思与活用：外交攻势为何排在军事攻势之前？

战争是很复杂的事情，影响战争走向的因素很多，包括人心、外交、实力、谋略、天时地利、突发情况等等，所以善战的将帅都是知识广博、智慧超群、坚韧果敢的人。有人认为战争只是军事斗争上的胜负，这是很肤浅的看法。如果稍微看看中外战争史就会发现，在外交上、在国际上获得支持，是影响战争胜负的重大因素，有很多战争，就是因为盟国的支持和加入而获胜的。

随何劝说英布击楚 事见《史记》

英布是秦末汉初名将，早年犯法，处黥刑，故又名黥布。他曾跟随项梁、项羽反秦，项羽在秦亡后分封天下时，封英布为九江王。楚汉战争开始后，项羽和刘邦都想拉拢英布为自己所用。刘邦派出随何出使淮南游说英布。随何向英布分析局势，晓之以利害，以高超的口才说服了英布，英布暗中答应叛楚归汉，但没敢向外泄露此事。

这时，楚国的使者也在淮南，正迫不及待地催促英布出兵助楚。随何闯进去说："九江王已归附汉王，楚国凭什么让他出兵？"英布见此情状一脸愕（è）然。随何趁机劝英布说："事到如今，应杀死楚国的使者，不能让他回去，我们迅速向汉靠拢，协同作战。"英布便杀掉楚国使者，出兵攻打楚国。

⇑ 随何劝说英布。

北魏拓跋焘攻盱眙 事见《宋书》

南朝宋经过元嘉之治后，国力昌盛，450 年，宋文帝发兵北伐。刘宋前期进展顺利，但不久就被北魏太武帝拓跋焘的反攻所败，北魏军乘势长驱直入，纵深穿插，兵锋达到长江岸边。刘宋军队兵败如山倒，宋文帝刘义隆被迫遣使向北魏求和。451 年春，魏军回军途中攻到盱（xū）眙（yí）城，刘宋将官臧（zāng）质、沈璞（pú）等率众守城。

北魏军先以钩车攻城，试图钩毁城墙，反被守军用粗大的绳索拴住钩子，以致钩车无法后退。臧质趁夜用木桶将士兵缒到城外，截获钩子返回。北魏军次日用冲车猛撞城墙，但因盱眙城墙坚固，撞击无用。北魏军士卒又强行攀爬城墙，伤亡以万计，死尸枕藉，与城墙等高。就这样强攻了近三十天，死者过半，北魏军始终无法攻陷盱眙城，军中疾疫流行，死者甚众。拓跋焘担心久困坚城之下会被刘宋军截断归路，又听闻刘宋水军自海路来攻，于是撤围北退。

↑ 拓跋焘军攻盱眙，损失惨重。

故善用兵者，屈人之兵而非战也，拔人之城而非攻也，毁人之国而非久也。

陈泰的“不战而屈人之兵” 事见《资治通鉴》

249年秋，蜀汉姜维率军进攻雍州，依傍麴（qū）山建筑了两座城，派句安、李歆等人驻守，并聚集羌人、胡人侵逼魏国诸郡。魏国征西将军郭淮和雍州刺史陈泰进行抵御。

陈泰分析说：“麴城虽然坚固，但距离蜀国遥远，路途险阻，还必须远道运来粮食供应守军；羌人厌恶姜维强加的繁重劳役，并不愿意依附他。如今兵不血刃就可以夺取麴城，他们虽有救兵，但山道险阻，不是用兵之地。”郭淮就派陈泰率领讨蜀护军徐质、南安太守邓艾进兵包围了麴城，切断了通往麴城的运输道路和水源。句安等人出城挑战，陈泰却按兵不动。城内将士困窘不堪，饥渴难忍。

陈泰分析形势。

姜维率兵来救援，出了牛头山就与陈泰的军队相遇。陈泰说："用兵之道贵在不战而使人屈服（泰曰："兵法贵在不战而屈人"）。如今扼守牛头山，姜维没有了退路，就会成为我们的笼中之鸟了。"于是命令诸军各自坚守营垒，不与姜维交战，并请求郭淮快速向牛头山进军，截断姜维退路。郭淮采纳了陈泰的意见而进军。姜维害怕了，撤兵而走，句安等人孤立无援，只好投降。

陶侃不战而屈人 事见《资治通鉴》

东晋名将陶侃勇武刚毅，悟性很强，明达事理，善于权变和决断，他曾经受命平息杜弢（tāo）发动的叛乱，杜弢派王贡来应战，陶侃远远地对王贡说："杜弢是益州的小吏，盗用州库中的钱，他父亲死了也不去奔丧。你本来是好人，为什么要跟随他？天下难道有能够做到白头的贼寇吗？"王贡刚开始把脚横在马上，听了陶侃的话，面容变得严肃，把脚放下来，陶侃知道可以使王贡动心，就又派遣使者说服他，王贡便向陶侃投降了。杜弢的军队溃散逃走，杜弢自己也死在路上。

⇑ 陶侃阵前说服王贡。

故君之所以患于军者三：不知军之不可以进而谓之进，不知军之不可以退而谓之退，是谓縻军。不知三军之事而同三军之政者，则军士惑矣。不知三军之权而同三军之任，则军士疑矣。三军既惑且疑，则诸侯之难至矣，是谓乱军引胜。

“不知军之不可以进而谓之进”而导致的惨败 事见《资治通鉴》

天宝十四年（755），“安史之乱”爆发。天宝十五年（756），安禄山为加强政治感召力而称帝，国号大燕。然而整个局势对安禄山很是不利，名将郭子仪、李光弼在河北连连大败叛军，准备直捣其范阳老巢。名将哥舒翰采取坚守潼关不出的战术，使安禄山不能西进。安禄山进退两难，处境困迫。然而，求胜心切的唐玄宗遣使令哥舒翰出兵收复失地，哥舒翰上书认为，若出兵迎战叛军，正中其下怀，只要坚守潼关，叛军支撑不了多久。郭子仪、李光弼也上书，认为应坚守潼关，不可轻易出战。

⇒哥舒翰痛哭出潼关。

可是，唐玄宗听信了杨国忠的谗言，继续逼促哥舒翰出关与叛军作战。

哥舒翰没有办法，抚胸痛哭，率兵出关，在灵宝（今属河南）被叛军将领崔乾祐用计打得几乎全军覆没，他自己也成了战俘。

束缚前线将领的“阵图” 事见《宋史》《续资治通鉴长编》

北宋雍熙三年（986），为收复燕云十六州，宋太宗派遣二十万大军兵分三路伐辽，史称“雍熙北伐”，此次北伐以宋军惨败告终。

雍熙北伐是宋太宗亲自指挥的，他用“降诏”和授“阵图”的方式遥控指挥。阵图就是布阵之图，本是从古代的战争实践中总结提炼出来的。宋太宗自认为是军事天才，亲自设计阵图，而且他对武将的猜忌防范之心也颇为严重，把阵图视为控制前线将领的工具，军队出征前，太宗将预先设计好的阵图交给出征将帅，让他们遵照执行，以达到全面控制（“将从中御”）、维护专制皇权的目的。

太宗、真宗两朝阵图最为盛行，但也是对辽战争一败再败的年代。

战场形势瞬息万变，在当时通信条件下根本不可能及时反馈并进行

⇐ 北宋将领根据皇帝阵图指挥军队。

调整，将帅们严格遵照不知战场真实情况、纸上谈兵的皇帝下达的旨意和预先设定好的阵图来作战，不敢随机应变，遇事就要派人向相隔遥远的皇帝请旨，这实在是荒谬的。

端拱二年（989），时任知制诰的田锡便上奏称：“今委任将帅，而每事欲从中降诏，授以方略，或赐以阵图，依从则有未合宜，专断则是违上旨，以此制胜，未见其长。”“既得将帅，请委任责成，不必降以阵图，不须授之方略，自然因机设变，观衅制宜，无不成功，无不破敌矣。”诸如此类的大臣谏言并不鲜见。

但是宋太宗自以为是，更是因为宋朝“抑制武将”的祖宗家法，夹杂着全权控制的私心，此类谏言他并不怎么采纳。

满城之战

在雍熙北伐之前的宋辽满城之战中，宋太宗也授予了诸将阵图。在实际战事过程中，将领崔翰、赵延进、李继隆顶着违诏之罪，临阵应变，并未按照阵图行事，赵延进表示：“倘有丧败，延进独当其责！”李继隆也说：“兵贵适变，安可以预料为定！违诏之罪，继隆请独当之！”于是先派人向辽军诈降以麻痹辽军，而后部署军队前后夹击，大败辽军。

⇒满城之战赵延进、李继隆倡议临阵应变，不按阵图行事。

故知胜有五：知可以战与不可以战者胜；识众寡之用者胜；上下同欲者胜；以虞待不虞者胜；将能而君不御者胜。此五者，知胜之道也。

知用兵进退时机的贾诩 事见《资治通鉴》

建安三年（198），曹操与张绣、刘表联军交战得胜后北撤，张绣亲自率兵追击，贾诩劝阻说："不能去追，追则必败！"张绣不听，追击曹军，被亲自断后的曹操击败而回。贾诩登城对张绣说："赶快再追，一定会获胜。"张绣说："不听您的建议才落到这种地步，现在已经败了，为何要再追？"贾诩说："兵势变化无常，赶快追击！"张绣一向信服贾诩，就收拾残兵败将再去追击，果然得胜而归。

得胜后，张绣向贾诩请教是怎么回事，贾诩说："将军虽然擅长用兵，但不是曹操的对手。曹军刚开始撤退，曹操必然亲自率军断后，所以知道将军必败。曹操进攻将军，既没有失策之处，又不是力量用尽，却突然率军撤退，一定是他的后方发生了变故。他已击败将军的追兵，必然

⇐贾诩为张绣讲解用兵奥秘。

轻装速行，留下其他将领断后。其他将领虽然勇猛，却不是将军的对手，所以将军虽然率败兵去追击，也能战胜。”张绣大为敬服。

羊祜、杜预知吴可伐 事见《资治通鉴》

蜀汉灭亡以后，三国鼎立的局面变成了魏吴两国对峙的局面。265年，司马炎取代曹魏建立新政权，国号“晋”。司马炎即位之初，和东吴维持了大体的和平局面，但他有统一天下之心，一直在为攻打吴国做准备。晋朝采取军事上长期准备和在政治上怀柔互相结合的策略，大臣羊祜都督荆州诸军事、镇襄阳期间，屯田兴学，以德怀柔，深得军民之心，也得到吴人的倾慕，归顺依附的吴人甚多。羊祜同时也抓紧扩充军备，训练士兵，全力筹备攻吴事宜。王濬为益州刺史期间，受命在长江上游建造战船，训练水军，以便将来顺流而下攻吴。

咸宁四年（278），羊祜去世，他在去世前认为伐吴的条件和时机已经成熟，晋武帝司马炎虽然认同他的观点，但因为朝中不少大臣持反对意见，因此伐吴之事被搁置。羊祜去世以后，杜预继任征南大将军、都督荆州诸军事，他修缮兵器铠甲，加强部队训练，然后上书晋武帝，陈述时不我待、应立刻伐吴之事。

⇒司马炎看杜预奏章。

杜预的奏表送到时，晋武帝正与中书令张华下棋。张华立即推开棋盘拱手向武帝说："陛下圣明英武，国富兵强；吴主邪恶凶残，诛杀贤良有才能的人。现在就去讨伐，不费多大代价就可以平定吴国，希望您不要再犹豫了。"晋武帝听后，就批准了杜预的建议。

279 年，晋武帝发兵二十余万，兵分六路，水陆并进伐吴，一举攻灭了东吴。

用人不疑、大胆放权的宋太祖赵匡胤 事见《续资治通鉴长编》《归田录》

宋太祖赵匡胤是宋代皇帝中唯一的可称为军事家的皇帝，他用将"专而不疑"，只在出师前对将帅作简要的指示和告诫，然后大胆放权，用人不疑，所以太祖在世时，宋朝的对外战争胜多败少。

欧阳修《归田录》中记载，有人向宋太祖赵匡胤密报将领郭进暗地里和北汉帝刘继元有交往，将来可能造反。太祖听后大怒，认为告密者诬害忠良，下令将他绑起来交给郭进处置。郭进没有杀此人，对他说："如果你能帮我攻占河东刘继元的一城一寨，我不但赦免你的死罪，还能赏你一个官职。"这年末，这个人果然将刘继元的一个城诱降了过来。郭进向宋太祖奏报，赏了他一个官职。

⇐宋太祖赵匡胤大胆放权，用人不疑。

李弼知“众寡之用”，助胜沙苑之战 事见《资治通鉴》

537 年，东魏大丞相高欢亲率 20 万大军进犯西魏，驻扎在许原以西。西魏大丞相宇文泰率军抗击高欢军。宇文泰率军到达渭南，诸将都认为敌众我寡，难以打胜，应当等高欢继续西进，再看时机。宇文泰则认为，若东魏军进至长安，民心将会动荡不安，应趁其远来新至、立足未稳之际进行攻击。宇文泰率军进至沙苑，距高欢军仅六十余里。高欢闻讯立即率军赶来。

宇文泰召集众将商议对策，李弼说：“敌众我寡，我们不可以在平坦开阔之地布阵同敌交战。从这里向东十里有一个叫渭曲的地方，可以抢先占领该地以等待敌军。”宇文泰遂率军进至渭曲，背靠渭水列阵，以李弼所部为右翼，以赵贵所部为左翼，命令士兵都把武器隐蔽在芦苇丛中，约定听到鼓声响起之后立即奋起出击。

黄昏时分，高欢率军到达渭曲，看到西魏军少，东魏军争相前进，致使部队混乱而不成战斗队形。当两军即将交战之际，宇文泰突然擂响

⇑ 沙苑之战。

⇑ 项羽率军击破秦军。

战鼓，其部众闻声都骤然奋起出击。于谨等将率部直扑高欢军正面，赵贵、李弼率部从左、右两翼出击，横向打击敌军。东魏军被一分为二，首尾难以相顾，于是一败涂地。

项羽破釜沉舟战秦军 事见《史记》

在秦末战争中，秦将章邯大破赵国，率大军围攻赵王所在的钜鹿城。楚怀王熊心以宋义为上将军，项羽为次将，范增为末将，发兵救赵。项羽因见宋义观望不进军救赵，将其斩杀。

项羽杀了宋义之后，率领全军渡河，并且凿沉船只，砸破炊具，烧毁营舍，只携带三天口粮，用以表示将拼死决战，不战胜就不活着回来的决心。项羽率军与秦军作战，打了九仗，楚军战士无不以一当十，喊杀声震天，大破秦军。

上下同心的采石之战 事见《宋史》

绍兴三十一年（1161），金帝完颜亮发兵四路南征宋朝，完颜亮亲率金军主力进迫长江，前线宋军溃败，金军如入无人之境。

当时，中书舍人虞允文被派往长江南岸采石（在今安徽省马鞍山市）犒劳驻扎在那里的宋军，虞允文到采石后，见宋军萎靡不振，形势危急，于是亲自督师，召集军官问："若金军成功渡江，你们又能逃往哪里？现在我军控制着大江，地利在我，为何不能死里求生？何况朝廷养你们三十年，诸位为什么不能在此与敌一战以报效国家？敌人马上就要渡江，我当身先士卒，与诸君一起与敌决一死战！"宋军将士被虞允文的一番话激励感动，都说："愿决一死战！"

随后，宋军与气势汹汹的来犯金军战于采石矶，大败金军，阻止了金军渡江的预谋，赢得了著名的"采石大捷"。

西夏军"以虞待不虞"的好水川之战 事见《宋史》

康定二年（1041）二月，西夏国主李元昊率兵十万南下攻宋，直抵好水川地区。李元昊采用设伏的战法，将主力埋伏于好水川口，遣一部兵力攻打怀远城（在今宁夏西吉），诱宋军入伏。

韩琦听说西夏军来攻，命环庆路副都部署任福率兵数万，与将领桑怿（yì）、朱观、武英等，自镇戎军（治所在今宁夏固原）出击西夏，伺机破敌。任福率轻骑数千先发，奔赴怀远城。

任福军进至捺龙川（在今宁夏西吉），遇到镇戎军西路都巡检常鼎等正与西夏军战于张义堡以南，于是并力与西夏军交战，杀敌数百，西夏军丢弃马、羊、骆驼佯作败退，诱宋军追击。任福等不知是计，舍弃辎重，轻装尾随追击。黄昏，任福、桑怿军屯驻好水川，朱观、武英部屯驻笼洛川，两部隔山相距五里，相约次日会兵合击西夏军。负责侦察的军士说西夏军人马不多，所以任福等人有些轻敌，此时，宋军因为已追击出很远，粮草不继，人马已缺食三日，人困马乏。

次日，宋军继续追击，在距羊牧隆城（在今宁夏西吉）五里处，发现西夏大军以逸待劳，结阵以待，任福等方知中计。未等宋军列阵，西夏铁骑就发起冲击，双方战至中午。宋军向旁边的山丘移动，企图依山

⇈ 好水川之战。

而战，不料山上有西夏伏兵，居高临下冲击，宋军死伤甚众。桑怿等将领战死，任福身中十余箭，有小校劝任福逃走，任福说："我是大将，兵败，只有以死报国！"于是挥四刃铁简，挺身决斗，最终战死，宋军几乎全军覆没。

此战中，宋军轻敌冒进，粮草不继，在人马缺食三日、人困马乏的情况下依然追击。西夏伏兵"以虞待不虞"，以逸待劳，所以一举击溃宋军。

知彼知己者，百战不殆；不知彼而知己，一胜一负；不知彼，不知己，每战必殆。

韩信知己知彼，分析刘、项短长 事见《史记》

秦朝因为对天下百姓施加繁重的税赋劳役和严刑峻法而导致普遍的反抗，短短 14 年而亡。天下豪杰并起，群雄逐鹿，最终形成项羽、刘邦两大势力，史称“楚汉相争”。

项羽英雄少年，短短三年，引领各路诸侯一举灭秦，“分裂天下而封王侯，政由羽出，号为霸王”。刘邦在带兵打仗、英勇强悍方面不能与项羽相比，但他为人宽厚，善于用人，从善如流，有功必赏。

刘邦最终赢得楚汉战争，军事上主要是依靠韩信的战功。韩信以其杰出的军事才能横扫魏、赵、代、燕、齐诸国，在垓下之战中，作为主力击破项羽军，项羽在乌江边自刎。

群雄并起反秦时，韩信最初投奔的是项羽的叔叔项梁，项梁败死后，又追随项羽，项羽让他做郎中。韩信多次给项羽献计，项羽不予采纳。

汉王刘邦入蜀之时，韩信离楚投汉，在萧何的极力推荐下，最终为刘邦所重用，拜为大将。韩信继而为刘邦分析了楚、汉形势，见地十分精妙深刻。韩信所作对比如下：

1. 项王咆哮怒喝时，千百人都被吓呆，但他不能放手任用有才能的将领，这只不过是匹夫之勇罢了。

2. 项王待人恭敬慈爱，言语温和，看到自己人有疾病会难过流泪，将饮食分给他，然而当有人立下战功，该加官晋爵时，项王把刻好的印信拿在手里，棱角都磨平了还舍不得给人，这是妇人之仁。

汉王您如今如果真能够反项王之道而行：

1. 汉王您任用天下英勇善战的人才，有什么不可以被诛灭的呢？

2. 汉王您用天下的城邑分封给有功之臣，有什么人不心服口服呢？

3. 汉王您以正义之师，顺从将士东归的心愿，有什么样的敌人不会被击溃呢？

4. 项羽分封的三个王，原来都是秦朝的将领，率领秦地的子弟打了好几年仗，被杀死和逃跑的多到没法

⇐韩信为刘邦分析对比刘、项双方短长。

3. 项王虽然称霸天下，使诸侯臣服，但他放弃了关中的有利地形而建都彭城，又违背了与义帝的约定，将自己的亲信分封为王，诸侯们愤愤不平。诸侯们看到项王把义帝迁逐到江南僻远之地，也都回去占据了好地方，自立为王。

4. 项王军队所经过的地方，没有不横遭摧残毁灭的，天下的人多有怨恨，百姓不亲附，只不过迫于项王威势，勉强服从罢了。虽然名义上是霸主，实际上却失去了天下的民心。项王的优势很容易转化为劣势。

计算，又哄骗他们的部下向反秦诸侯投降。到达新安，项王坑杀已投降的秦军二十多万人，唯独章邯（hán）、司马欣和董翳（yì）得以留存，秦地的父老恨此三人入骨髓。而今项王凭恃着威势，强行封立这三个人为王，秦地百姓没人爱戴他们。汉王您进武关，秋毫无犯，废除了秦朝的严刑峻法，与秦地百姓约法三章，秦地百姓没有不想大王在秦地做王的。根据诸侯约定，先攻入关中的，就封在关中做王，大王您理当在关中做王，关中百姓都知道这件事。大王失掉了应得的爵位而被封到汉中做王，秦地百姓没有不遗憾的。

5. 汉王您举兵向东挺进，只要发一道文书，三秦之地就可平定了。

汉王听后很高兴，自认为得到韩信太晚了。他听从韩信的谋划，部署各路将领进军。

《谋攻篇》在其他领域的应用

提升自我，不战而胜的法宝

《孙子兵法·谋攻篇》中说："是故百战百胜，非善之善者也；不战而屈人之兵，善之善者也。"孙子认为最理想的形势是不通过战争就能让对手屈服。"不战而屈人"的形势在军事中常常是在实力对比悬殊的情况下出现，而在日常生活领域却很常见。

一个人希望得到别人的尊重，他不需要去压服谁，只要严格要求自己，使自己德才兼备，那么自然会得到人们的尊重。一位领导希望属下跟随和服从自己，那他必须以身作则，有高出众人的德行，那么自然会得到下属的尊重与跟随，所谓"其身正，不令而行；其身不正，虽令不从"。一个企业想赢得市场和客户的心，最重要的是把自己的产品和服务做好，把主要注意力放在如何提升自身的价值、做出好的创造上，这是不战而胜的法宝。如果自己的产品和服务做不好，不注重提升自身的价值，无所创造，却想要通过一些兵法和手段来击败对手，无异于痴人说梦，即便能得逞一时，也很快会被市场抛弃。

战略规划、先谋后行是商业竞争取胜的重点之一

在激烈的商业竞争中，通过有智慧的谋略、有远见的战略规划而取胜的案例非常多，在商业领域，先谋而后行是避免损失、取得优势的重点之一。

日本佳能公司在英国市场上与施乐公司竞争时，谋划了"先易后难、周围向中心渗透"的战略。他们先避开施乐公司占有率很大的伦敦市场，争夺相对容易占领的苏格兰市场，后又进军英国其他地区市场，最后才以优势力量对伦敦市场发起攻势，于 20 世纪 80 年代初几乎把施乐公司挤出整个英国市场。

决策者的失误是灾难

《孙子兵法·谋攻篇》中说，如果君主不知军事却胡乱插手军队的进退、政事、权谋等事，就会造成"三军既惑且疑"的情况，结果是灾

难性的。

在商业经营等领域也是如此，如果决策者、管理者因为能力和见识的不足而做出错误的决策，往往给企业带来严重的损失。

在20世纪80年代日本的本田与雅马哈两大企业在摩托车市场的竞争中，雅马哈由于决策者的冒进决策，在没有详细调查和考虑市场需求，自身创新力未有显著提升的情况下，盲目扩大产能，以致产品堆积，多达上百万辆的摩托车最后大幅降价处理，企业遭受了极大损失。

著名的营销学家菲利普·科特勒曾说："市场的胜利者是那些认真分析市场需求，辨别时机和为目标顾客制造超越竞争对手的富有价值的各种产品的人。"

"上下同欲者胜"，让员工与企业同心同德

一个集体、一家企业，如果能做到从上到下齐心协力，便是其竞争力的保障。许多国际知名企业都有自己的一套发挥凝聚力的企业文化。

以松下电器为例，这家在全世界设有众多分公司、员工几十万的跨国企业之所以能长久不衰，其中一个重要的原因就是集团"以人为本"的理念使员工结成"上下同欲"的共同体。

松下电器的创始人松下幸之助认为，企业的生存和发展离不开每个员工的同舟共济，他曾说："当我看见员工们同心协力地朝着目标奋进时，不禁感慨万分。"他曾亲自题写"荣辱与共"之勉励词赠给全球的松下电器分社社长。他提出了"松下七精神"，即：产业报国、光明正大、团结一致、奋发向上、礼貌谦让、顺应同化、感谢报恩。

松下幸之助还注重员工的薪资与福利，注重征求职工的建议，注重员工的教育与培养，等等。这些举措增强了松下电器的凝聚力。

让员工成为企业的主人

如果能使员工感到所工作的企业就是自己的企业，那么其工作的积极性是不言而喻的。让员工持股就是提高员工责任感、与企业同舟共济的方式之一。20世纪90年代，美国西北航空公司就曾经通过实行员工持股的方式，激发员工的积极性和责任感，实现了扭亏为盈的转变。

三分钟贯通中国战争史（三）

周代的战争

周武王伐纣灭商建立周朝。周武王去世后，嗣子成王年幼，周公辅政。周武王的弟弟管叔、蔡叔和霍叔不服，便与纣王之子武庚纠合，联络一批殷商贵族，并且煽动东夷部落，联合起兵叛乱，周公东征，平定了叛乱。

西周的战争主要是周朝征讨周边部族，如周康王征讨鬼方，周昭王南征，周穆王东征徐夷、北伐犬戎等。

东周前半期称为春秋时代，周王朝已无力控制诸侯，统治秩序逐渐瓦解，礼崩乐坏，诸侯国之间相互兼并，争战不已。著名的战役有长勺之战、泓水之战、鄢（yān）陵之战、城濮（pú）之战、崤（xiáo）之战、鞍之战、柏举之战等。

东周后半期称为战国时代，战争主要发生在齐、楚、燕、韩、赵、魏、秦之间，“争地以战，杀人盈野；争城以战，杀人盈城”，战争十分惨烈。著名的战役有桂陵之战、马陵之战、乐毅破齐之战、长平之战等。

↑ 战国时期，诸侯国间攻伐不断，战火不熄，战争非常惨烈。

历代武备（三）

周代的武备

春秋时期诸国林立，各国所使用的兵器不尽相同，主要种类有弓、弩、戈、刀、剑、矛、斧、戟、棍、盾等，其中最主要使用的兵器是戈、戟、矛、剑、弓、弩，材质基本以青铜为主。

春秋时期士兵的甲胄主要由皮革制成，犀、兕等坚硬的兽皮是首选。一套制作精良的甲胄，要经过近百套模具进行加工才能完成。除皮质甲胄外，春秋时期也使用青铜甲胄，但数量相对较少。

周代步兵。

战国时期，皮甲依然是主流防具，青铜兵器发展至鼎盛，钢铁兵器悄然崛起。战国时期的兵器制作工艺更加成熟，杀伤力更大。

商周时期，车战是战争中决定胜负的主要作战形式。车战的主要方式，是在开阔地带正面会战，“约地定日，各据一面，鸣鼓而攻”。春秋时期著名的战争，如城濮之战、鞍之战、繻葛之战、邲之战、鄢陵之战等，都是兵车会战。

战车作战具有“陷坚阵，要强敌，遮走北”（《六韬》）的重大作用。但是战车比较笨重，易受地形条件的限制，作战方式也比较呆板。随着社会生产力的发展和战法、战术的进步，自春秋后期起，车战逐步让位于以步兵为主的车、步、骑协同作战。秦汉以后，车战作为战场主角的历史身份失落了。

周代的车战很讲究编制，每辆战车为一“乘”，包括车上的甲士和附属的徒兵。作战时要掌握合理的编队，车与车之间要保持合理的距离，以使己方战车既不互相干扰，又不留下可能被敌人穿插破阵的空隙，这就要求驾驭者要有娴熟的技术。

战车每车载甲士 3 名，按左、中、右排列。左方甲士持弓，主射，是一车之首，称“车左”，又称“甲首”；右方甲士执戈（或矛），主击刺，并有为战车排除障碍之责，称“车右”，又称“参乘”；居中的是驾驭战车的御者，只随身佩带卫体兵器短剑。

辒辒车

辒辒车，最早记载见于《孙子兵法·谋攻篇》，是一种攻城作业车，车上设一屋顶形木架，蒙有生牛皮，可保护士兵抵达城下，进行挖地道、毁城墙等攻城作业。

战国秦军弩手。

巢车

巢车，最早见于《左传》中记载的公元前 575 年的鄢（yān）陵之战。巢车设有望楼，是用以登高观察敌情的车辆。

形篇

本篇阐述军事活动中的不可战胜的态势，即“形”。这种态势的宗旨是“先为不可胜，以待敌之可胜”，即先求能守以自保，次求能攻以取胜，所谓“自保而全胜”。

孙子认为，善战者善于发现对方的弱点、失误和可乘之机，从这些方面下手，就是“胜于易胜”，不用承担多大损失就能取得胜利，所以“无智名，无勇功”。他还说，战胜的人往往在战斗前就已经有了战胜的把握。

《形篇》全文通读

孙子曰：昔之善战者，先为不可胜，以待敌之可胜。不可胜在己，可胜在敌。故善战者，能为不可胜，不能使敌之可胜。故曰：胜可知而不可为。

不可胜者，守也；可胜者，攻也。守则不足，攻则有余。善守者，藏于九地之下；善攻者，动于九天之上，故能自保而全胜也。

见胜不过众人之所知，非善之善者也；战胜而天下曰善，非善之善者也。故举秋毫不为多力，见日月不为明目，闻雷霆不为聪耳。古之所谓善战者，胜于易胜者也。故善战者之胜也，无智名，无勇功。故其战胜不忒，不忒者，其所措必胜，胜已败者也。故善战者，立于不败之地，而不失敌之败也。是故胜兵先胜而后求战，败兵先战而后求胜。善用兵者，修道而保法，故能为胜败之政。

兵法：一曰度，二曰量，三曰数，四曰称，五曰胜。地生度，度生量，量生数，数生称，称生胜。故胜兵若以镒（yì）称铢（zhū），败兵若以铢称镒。胜者之战民也，若决积水于千仞（rèn）之谿（xī）者，形也。

⇒先为不可胜，以待敌之可胜。

《形篇》详解

原文

孙子曰：昔之善战者，先为不可胜，以待敌之可胜。不可胜在己，可胜在敌。故善战者，能为不可胜，不能使敌之可胜。故曰：胜可知而不可为。

不可胜者，守也；可胜者，攻也。守则不足，攻则有余。善守者，藏于九地之下；善攻者，动于九天之上[1]，故能自保而全胜也。

译文

孙子说：从前善于用兵的人，先使自己不会被敌人战胜，然后等待可以战胜敌人的时机。使自己不被敌人战胜，这完全取决于自己的准备和部署；能够战胜敌人，取决于敌人是否有隙可乘。所以，善于用兵的人，能使自己不可战胜，而不能保证敌人一定会被我战胜。所以说，胜利可以预见而不能强求。

不能战胜敌人的时候，就要加强防守；能战胜敌人的时候，就应该发起进攻。防守是因为取胜条件不足，进攻是因为取胜条件有余。善于防守的人，就像深藏于地下（而使敌人无从下手）；善于进攻的人，就像从九天之上发动攻击（而使敌人无从逃避）。如此，就能自我保全，取得全胜。

注释

1. 九地、九天：九地极言深不可测，九天极言高不可测。

中国相关名言

- 唐·杜牧：“自整军事，长有待敌之备；闭迹藏形，使敌人不能测度，因伺敌人有可乘之便，然后出而攻之。”
- 清·胡林翼：“待其守定而攻之，则旷日持久；乘其惊惧而取之，则事半功倍。”

外国相关名言

- （普鲁士）克劳塞维茨《战争论》：“数量上的优势，不论在战术上还是战略上都是最普遍的制胜因素。”
- （英）利德尔·哈特《战略论》：“当敌人有戒备时，绝不要以你的全力去实行进攻。”

尖头木驴车

轒辒车后来又发展出等腰三角形车顶，称为“尖头木驴车”，可以更有效地避免敌人滚木礌石的破坏。

原文

见胜不过众人之所知[2]，非善之善者也；战胜而天下曰善，非善之善者也。故举秋毫不为多力[3]，见日月不为明目，闻雷霆不为聪耳[4]。古之所谓善战者，胜于易胜者也。故善战者之胜也，无智名，无勇功。故其战胜不忒[5]，不忒者，其所措必胜[6]，胜已败者也。故善战者，立于不败之地，而不失敌之败也。是故胜兵先胜而后求战，败兵先战而后求胜。善用兵者，修道而保法，故能为胜败之政[7]。

兵法：一曰度[8]，二曰量[9]，三曰数[10]，四曰称[11]，五曰胜。地生度，度生量，量生数，数生称，称生胜。故胜兵若以镒称铢[12]，败兵若以铢称镒。胜者之战民也，若决积水于千仞之谿者[13]，形也。

译文

对胜利的预见不能超过一般人的见识，不是高明中的高明；经过激烈战斗取胜而被天下人称道，也不是高明中的高明。这就像能举起秋毫算不得力大，能看见日月算不得眼明，能听到雷声算不得耳聪一样。古时所说的善战的人，都是在容易取胜的形势下战胜敌人的。所以那些善战的人即使取得了胜利，也不会留下有智谋的名声，不会表现为勇武的战功，因为他们的取胜是毫无疑问的。之所以毫无疑问，是由于他们的方略和部署是一定能够取得胜利的，他们战胜的是已经处于失败形势的敌人。所以善战的人，总是使自己立于不败之地，而又不放过任何可以击败敌人的机会。因此，常胜的军队总是先有了得胜的把握后再与敌交战，常败的军队总是先与敌交战，然后才考虑如何取胜。善于用兵的人，能够研究用兵之道，确保制度与军法的施行，所以能掌握胜败的决定权。

兵法上需要注意五个方面：一是距离、幅员及地理情况（度），二是人力、物力、财力（量），三是各种因素的数量（数），四是敌我力量对比（称），五是对于胜负的判断（胜）。由距离、幅员及地理情况能推出我方所用人力、物力、财力的规模，由我方所用人力、物力、财力的规模能推出各种因素的具体数量，由各种因素的具体数量能对比出敌我双方军事实力的强弱，通过比较双方军事实力强弱，能对战争胜负有所预判。所以，常胜的军队对常败的军队，就好比以镒称铢那样占有优势；常败的军队对常胜的军队，就好像以铢称镒那样居于劣势。常胜者在指挥军队作战时，就像决开了千仞之上的溪中积水，势不可当，这就是所讲的“形”。

注释

2. 见：预见。知：认识。3. 秋毫：秋天鸟兽身上新长出的细毛，比喻最细微的事物。4. 聪：指听觉灵敏。5. 不忒（tè）：无疑误，确有把握。忒，失误，差错。6. 措：

⇐善于用兵的人，能够研究用兵之道，确保制度与军法的施行。

安排，部署。7. 政：主其事叫作“政”，这里指决定、主宰。8. 度：距离、幅员及地理情况。 9. 量:指人力、物力、财力的规模。10. 数:数量。11. 称:权衡，对比。12. 镒（yì）、铢（zhū）:镒、铢都是古代的重量单位。一镒为二十四两，一两为二十四铢。这里用来比喻两军实力的悬殊。13. 谿：通“溪”。

中国相关名言

- 唐·杜牧：“道者，仁义也；法者，法制也。善用兵者，先修仁义，保守法制，自为不可胜之政。伺敌有可败之隙，则攻能胜之。”
- 清·胡林翼：“兵事不在性急于一时，惟在审察乎全局，全局得势，譬之破竹，数节之后，迎刃而解。”

外国相关名言

- （普鲁士）克劳塞维茨《战争论》:“即使不能取得绝对优势，也要巧妙地使用军队，以便在决定性地点上造成相对的优势。”
- （英）利德尔·哈特《战略论》:“不仅是一条原则，而且可以说所有的战争原则，都可以用一个名词来表达，这就是‘集中’。但是，说得更准确些，还是要把它的范围稍微扩大一点，就叫作‘集中自己的力量对付敌人的弱点’。”

《形篇》概要

（一）昔之善战者，先为不可胜，以待敌之可胜。不可胜在己，可胜在敌。故善战者，能为不可胜，不能使敌之可胜。故曰：胜可知而不可为。

（二）不可胜者，守也；可胜者，攻也。守则不足，攻则有余。

（三）故善战者，立于不败之地，而不失敌之败也。是故胜兵先胜而后求战，败兵先战而后求胜。

（四）胜者之战民也，若决积水于千仞之谿者，形也。

⇑ 古代城制。

瓮听是战争中用于侦听地下远处声音的军用器具。在城内墙下挖井，把用薄牛皮封好口的瓮放置在井里，令听觉灵敏的人伏耳于薄牛皮上，就可以听到从地下远处传来的音响。这种装置主要用来防止敌人在攻城时挖掘地道。

重点句例解

昔之善战者，先为不可胜，以待敌之可胜。不可胜在己，可胜在敌。故善战者，能为不可胜，不能使敌之可胜。故曰：胜可知而不可为。

周亚夫“先为不可胜”平定七国之乱 事见《史记》

“七国之乱”是发生在西汉景帝时期的一次诸侯国叛乱。汉景帝即位后，御史大夫晁错提议削弱诸侯王势力、加强中央集权，景帝削夺了楚、赵等诸侯国的封地，造成诸侯王们的不安。吴王刘濞（bì）联合楚王刘戊、赵王刘遂、胶西王刘印（áng）、胶东王刘雄渠、济南王刘辟光等刘姓宗室诸侯王，以“清君侧”为名发动叛乱。景帝派太尉周亚夫率军平叛。

太尉周亚夫把各路军队会合到荥阳之后，吴国叛军正在进攻梁国，梁国形势危急，请求援救。而周亚夫却深沟高垒，坚守不出，不肯去救。梁国上书报告景帝，景帝诏令太尉救梁，周亚夫不遵从皇帝诏令，仍坚守营垒不出兵，任吴军挑战，暗中派遣轻骑兵去断绝吴、楚叛军后方粮道。

⇐ 周亚夫深沟高垒严密防守以待敌之可胜。

⇒周亚夫之军击破吴军。

吴军粮道被断，缺乏粮食，士兵饥饿，急欲求战而不能。后来，吴军朝汉军军营东南角奔来，周亚夫让将士注意防备西北，吴国精兵果然奔袭西北，但不能攻入。吴军饥饿疲惫不堪，只好撤退。周亚夫派精兵追击，大败吴军。吴王濞抛弃了他的大军，与几千名精壮士卒逃往江南。汉军乘胜追击，又悬赏千金买吴王之头。过了一个多月，就有越人斩了吴王的头来献。双方攻守一共只有三个月，吴、楚叛乱就被平定了。

不可胜者，守也；可胜者，攻也。

以寡敌众的雍丘守卫战 事见《资治通鉴》

唐“安史之乱”爆发后，叛将令狐潮于天宝十五年（756）率兵进攻雍丘，唐朝官员张巡率众力战，击退叛军。不久，令狐潮又与叛将李怀仙、杨朝宗、谢元同等率兵四万余人围攻雍丘。而张巡的守城部队只有两三千人。张巡派一千人登城防守，自率另一千人，分数队，突然出城直冲叛军阵营，叛军惊骇后撤。

次日，叛军又来攻城，环城架设了石炮，向城头发射，城楼和女墙

⇐ 张巡指挥军队守城。

都被摧毁，张巡随即在城上架立木栅抵御叛军的进攻。叛军蜂拥缘城攀登，张巡让士兵将蒿草束灌上油脂，点燃后向敌军投掷，叛军被烧得焦头烂额，无法登城。张巡又乘叛军疏忽松懈之机，突然出兵袭击，或趁夜晚，从城头用绳子把士兵放下城，夜袭敌营。

张巡率军坚守六十多天，经大小三百余战，他连吃饭时也不解甲胄，负伤后还继续作战。叛军不能攻克，只好退兵。张巡又乘胜追击，俘虏胡兵二千多人而回，军势大振。

于谦保卫北京城 事见《明史》

正统十四年（1449）八月，明军主力在土木堡（今河北怀来东南）被蒙古瓦剌军围攻，几乎全军覆没，官员及将士伤亡数十万人，明英宗也被俘。消息传到京城，皇宫上下惊慌一片，皇太后命郕王朱祁钰监国应对，于谦临危受命，任兵部尚书，调集军队守卫京师。九月初六，朱祁钰即皇帝位，遥尊英宗为太上皇。

瓦剌首领也先挟持英宗要挟明廷，没有得逞，遂于十月率大军进犯北京，于谦、石亨率军与瓦剌军战于德胜门外，瓦剌军大败。瓦剌军随

⇑ 北京保卫战。

后转至西直门进攻，也被明军击退。瓦剌军不甘失败，又转至彰义门组织进攻，仍未得逞。

双方相持了五天，也先邀谈不成，作战又失利，知道不可能达到目的，又听说各地勤王的部队将陆续开到，恐怕被截断归路，于是撤退。于谦调各将领率军追击，直到居庸关才回兵。

宁远之战 事见《明史》

天启六年（1626），努尔哈赤率领大军来攻宁远（在今辽宁省兴城市），袁崇焕得知消息，写下血书，以激励将士的忠义之气，将士们都表示愿以死守城。袁崇焕一面坚壁清野，一面部署盘查奸细、守护粮草等事宜。

努尔哈赤将抓到的明朝百姓放回宁远，并让其劝袁崇焕投降，但遭到袁崇焕的拒绝。努尔哈赤遂举大军进攻宁远城。袁崇焕让罗立等人指

⇑ 宁远之战。

挥西洋巨炮炮轰后金军，后金军在巨炮的攻击下溃不成军，连续攻城两天，损失惨重，努尔哈赤于是下令退军。此战史称“宁远大捷”。

这是努尔哈赤生平第一次遭受挫败。事后，他深感愤懑，于这一年的八月去世，享年六十八岁。

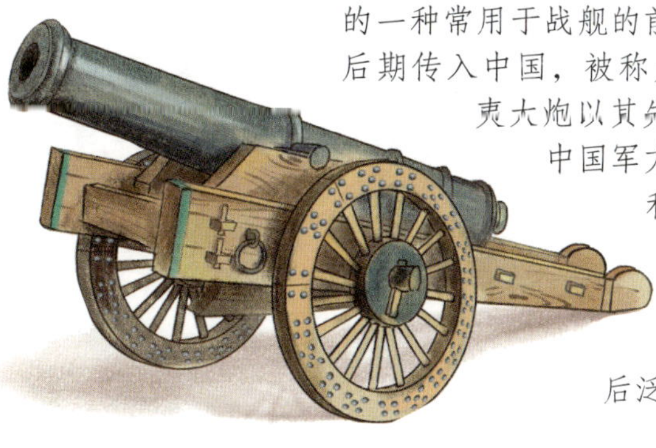

红夷大炮

红夷大炮本是16世纪中后期发明于欧洲的一种常用于战舰的前膛加农炮，在明代后期传入中国，被称为“红夷大炮”。红夷大炮以其先进的性能得到当时中国军方的青睐，不断仿制和改进。所谓“红夷”，即红毛夷人，明代时用以称呼荷兰人、葡萄牙人，后泛指欧洲人。

故善战者，立于不败之地，而不失敌之败也。是故胜兵先胜而后求战，败兵先战而后求胜。

李严分析前蜀唾手可得 事见《资治通鉴》

后唐庄宗李存勖有意攻伐前蜀，他派李严出使前蜀，李严回到后唐后对庄宗说："蜀主王衍像小孩子一样沉迷于游乐，荒诞放纵，不亲自处理政事，疏远排斥故旧老臣，亲近小人。他用的那些掌权的大臣如王宗弼、宋光嗣等，靠阿谀奉承君主而专横放肆、贪得无厌，使得贤愚颠倒，刑赏混乱，君臣上下都崇尚奢侈荒淫。依臣来看，大兵一到，他们就会土崩瓦解，我们可以在很短的时间内拿下蜀国。"后唐帝认为他讲得对。

同光三年（925），李存勖以长子李继岌为都统，郭崇韬为招讨使，派兵六万讨伐前蜀，仅用了70天时间便攻灭前蜀，俘获王衍君臣。

前蜀主王衍穷奢极欲、荒淫无道，不修内政，委政于宦官、佞臣、小人，人民怨恨。后唐伐前蜀，就是"先胜而后求战"。

↑ 李严为后唐庄宗李存勖分析蜀可伐。

⇑ 晋朝发兵伐吴。

胜者之战民也，若决积水于千仞之谿者，形也。

晋军势如破竹灭东吴　事见《资治通鉴》

咸宁五年（279）十一月，晋武帝发兵二十余万，分六路进军攻打东吴。镇军将军、琅琊王司马伷（zhòu）从涂中出兵，安东将军王浑从江西出兵，建威将军王戎出武昌，平南将军胡奋出夏口，镇南大将军杜预出江陵，龙骧（xiāng）将军王濬（jùn）和巴东监军唐彬从巴、蜀进军，

次年二月，晋军攻克丹阳后，继而攻克江陵、公安等地。杜预与众将领议事，有人说："百年的寇贼，不可能一下子彻底消灭，现在正是春季，有雨水，军队难以长时间驻扎，最好等到冬季再大举发兵。"杜预说："目前我军兵威已振，这就好比破竹，破开数节之后，就都迎刃而解了，不会再有吃力的地方。"于是部署进军方略，攻向建业。

当时的吴主孙皓淫暴无道，臣民离心，所以晋军伐吴的进展较为顺利。东吴丞相张悌率领三万军队迎战，被晋军击败，张悌殉国。

王濬从武昌顺着长江向建业（今江苏南京）进逼，吴主派游击将军张象率领舟师一万人迎战。张象的部下一望见王濬的旌旗就投降了。当时，江中满是站在战船上的王濬甲兵，旌旗映照天空，气势威猛盛大，吴人异常恐惧。

孙皓授予陶濬符节斧钺，原定第二天出兵迎击晋军，但当天夜里，陶濬召集的士兵就全都跑光了。

王濬统率八万全副武装的士兵，乘着相连百里的战船，擂鼓呐喊攻进吴国都城建业。吴主孙皓反绑双手、拉着棺木，前往王濬军门投降。至此，晋军连克东吴四州、四十三郡，东吴政权灭亡，三国长期分裂的局面随之结束。

势不可当的隋灭陈之战 事见《资治通鉴》

隋文帝取代北周建立隋朝以后，北方有突厥，南方有陈朝与隋朝并立。隋文帝在北方边境尚未安定之前，对陈朝采取的是较为友善的策略。隋文帝励精图治，使隋朝的政治、军事和经济力量日益壮大，并且通过一系列策略和计谋，分化和削弱了北方突厥的势力。突厥沙钵略可汗向隋朝求和，隋朝的后顾之忧得以缓解，南下攻陈的计划就纳入了隋文帝的日程。

当时陈朝是陈后主在位，他沉湎酒色，奢侈享乐，不理朝政，任用小人，身边的宦官与亲信朋比为奸，横行不法，朝政昏乱。

隋文帝采用了高颎的计谋，每到收获季节，隋朝便调兵集结于长江沿岸，佯作过江攻陈的态势。陈朝每次都紧急征调人马，被迫放弃田里的农活儿，影响了收成。几次三番后，陈朝对此习以为常，放松了戒备。江南的粮仓多用竹木搭成，隋朝就派间谍潜入陈国，因风纵火，屡屡烧毁陈国的粮仓。这样几年下来，陈朝疲惫不堪。

隋文帝命令整军备战，大造战船。开皇八年（588），隋文帝下诏，历数陈后主二十条罪状，并抄写了三十万份诏书，向江南地区散发，以争取人心，而后，任命晋王杨广、秦王杨俊、清河公杨素三人为行军元帅，率五十一万八千名士兵南征。

开皇九年（589）大年初一，隋朝大将贺若弼率领隋军渡江，陈朝守军竟没有发觉。隋朝大将韩擒虎也率领将士五百人从横江浦夜渡采石，陈朝守军全都喝醉了酒，隋军轻而易举就攻下了采石。隋军渡江后，所到之处，陈朝军队望风溃败。贺若弼和韩擒虎率军夹攻建康（今江苏省南京市），贺若弼在钟山南麓击溃陈朝迎战军队。韩擒虎军在陈朝降将任忠的引领下入建康城朱雀门，在陈朝皇宫的景阳殿的井中搜出并俘虏藏匿其中的陈后主，陈朝灭亡。

⇑ 隋朝发兵伐陈。

隋代五牙战船

隋攻陈前，杨素率军在永安，建造大船，名叫“五牙”。在船上建五层楼，高一百余尺；又在船的左右前后设置了六根拍竿，都高五十尺，可乘载战士八百人。

《形篇》在其他领域的应用

先为不可胜，让产品自己说话

《孙子兵法·形篇》中说："先为不可胜，以待敌之可胜。"在生产经营领域，产品的创新、是否符合消费者的需求、产品的质量是一个企业重点要花时间、心思和投入的方面。可以说，能够在这三个方面取得优势，就是"先为不可胜"了。只要宣传和营销到位，迟早能在市场中脱颖而出，并不是非要进行商战的。在这三个方面中，产品质量又是重中之重。这里说一个日本西铁城手表的例子。

西铁城是生产手表等计时产品的公司，1956 年，西铁城推出日本最早的防震手表。西铁城手表进军澳大利亚市场时，想出来一个绝妙的宣传方法。他们大做广告，广告内容是某天某时在某地，将从直升飞机上扔下去一些西铁城手表，谁捡到就归谁。这一下就吸引了大众的视线，到那天，来了非常多的好奇、看热闹的人，这时候真的飞来了一架直升机，悬停在七八层楼的高度，一些手表被扔了出来。人们拾起掉落在地上的手表，惊奇地发现，这些手表除了一些外壳轻微损伤外，居然都运行正常。这样，西铁城品牌一下打响了，很快得到澳大利亚市场的认可。

1959 年，西铁城研制出日本最早的防水手表，在进行了不少时日的精细策划与准备后，西铁城公司又在各种媒体上大做广告。他们把一些西铁城手表放进玻璃瓶，然后在各路媒体见证下，扔进大海，根据推算洋流的走向，预计能漂流到美国。后来，在美国海岸还真有人捡到了这些漂流瓶，发现里面的手表都在正常工作。西铁城公司还在众多媒体的见证下，把一些防水手表不加任何防护，直接沉到海里，一年以后，再在大家的见证下捞出来，发现虽然表带破烂，表壳有所腐蚀，但手表却依然运行正常。西铁城的这一系列质量试验，深深地打动了消费者，西铁城手表因此在人们脑海中树立起了高质量的印象。

世界上的知名品牌，很多都是百年企业，德国的西门子、奔驰、宝马、欧宝，日本的川崎重工、三菱重工、东芝、松下，美国的通用电气、波音、福特、凯迪拉克、宝洁，法国的标致、意大利的菲亚特等，这些企业之所以能长久地立于不败之地，就是因为它们一直着眼于消费者的需求，坚持高品质，坚持创新。

投其所好，胜于易胜者也

孙子说:“古之所谓善战者，胜于易胜者也。”我们在商场、在人际、在外交等领域，如果能找到容易赢得人心的方面，就可以“胜于易胜”。容易赢得人心的方面，常常在于投其所好。《庄子》中说：“是故非以其所好笼之而可得者，无有也。”（所以，不用其所好来笼络人心而可以成功的，从不曾有过。）

《史记》中说， 商代的伊尹想求见商王成汤而没有门路，于是就去给有莘氏做随嫁的臣仆，他背着饭锅砧（zhēn）板，借着谈论烹调滋味的机会向成汤进言，劝说他实行王道。伊尹被后人奉为厨祖，他借谈论如何做出美味而阐发仁义之道，就是投人之所好而发表观点。其言论见于《吕氏春秋·孝行览·本味》。

我们在前面说过张仪欺楚的事，后来，秦国提出割让汉中一带土地和楚国讲和，但楚怀王说：“我不希望得到土地，只想得到张仪。”张仪听到这话，说：“用我一个张仪就能抵汉中之地，我请求到楚国去。”张仪到楚国之后，送厚礼给楚国掌权的大臣靳（jìn）尚，用花言巧语使楚怀王的宠姬郑袖为自己说话，怀王听信了郑袖的话，就把张仪放跑了。张仪之所以能屡屡欺骗楚王成功，就是因为他看到了楚王的贪心，并预先对楚王心腹和宠爱之人做工作，这就是在投其所好上用功。

当我们想要赢得某人的好感，除了以良好的品行建立信任外，能注意到对方的喜好和所亲近的人，从这些方面增加对方对自己的好感，往往可以取得良好的效果。

美国著名社会心理学家马斯洛有个“七层需求”理论，将人类的需求从下到上总结为：生理需求、安全需求、社交需求、尊重需求、认知需求、审美需求、自我实现的需求。他认为，越是处于低层的需求，需求程度越强烈。由此，我们可以看出通常的投其所好的方向。生产产品，自然是选择需求程度强烈的刚性需求更容易赢利。

注:1. 生理需求:如衣食住行、传宗接代。2. 安全需求:安全、保障等。3. 社交需求：归属与爱的需求。4. 尊重需求：受到尊重与肯定。5. 认知需求:对于知识和认知新事物的需求。6. 审美需求:对于美的需求。7. 自我实现的需求：竭尽所能，使自己趋于完美，实现理想和目标。

三分钟贯通中国战争史（四）

西汉的战争

汉朝开国皇帝刘邦从秦末大起义中崛起，与天下豪杰、诸侯灭亡秦朝，后又与项羽争夺天下，在楚汉战争中战胜项羽，建立汉朝。而后，刘邦又进行了消灭韩王信、英布等异姓诸侯王的战争以及对匈奴的战争。

刘邦之后，西汉经历了文景之治，国泰民安，但在景帝朝，同姓诸侯王反叛作乱，史称“七国之乱”。汉景帝任用周亚夫平定了叛乱。

汉武帝即位时国力富足，武帝开始了对匈奴和西域长达四十余年的用兵，对南越、西羌、卫氏朝鲜等国家和民族用兵，大大拓展了版图，但也给国内人民造成了沉重的负担，加上汉武帝穷奢极欲、繁刑重敛，造成了海内虚耗，人民困苦，人口减半，关东流民二百万的危险局面。

汉宣帝击败西羌，羌人归顺；南匈奴亦在汉宣帝时降汉。汉元帝建昭三年（前 36），将领陈汤攻灭北匈奴郅支单于，此后数十年，西域维持着和平状态，丝绸之路也畅通无阻。

王莽时期，对匈奴用兵，造成边境战乱不绝，人民怨声载道。

⇑ 西汉时期的战争。

历代武备（四）

西汉的武备

战国晚期，钢铁兵器已有所发展，至汉代，由于淬火、铸铁脱碳等冶炼技术的普及和发展，钢铁兵器得到越来越广泛地应用。汉代军队的格斗兵器主要有戟、矛、刀等，远射兵器主要是弩和弓，防护装备主要是铠甲和盾牌。

铍（pī）在作战时主要用于直刺和砍杀，铩（shā）由铍演变而成，两边多了格架功能的镡（xín），铍和铩在秦汉时是常见的兵器，西汉后期逐渐退出历史舞台。

⇒西汉弩兵。

弩是利用扳机发箭的弓，主要由弩臂、弩弓、弓弦和弩机等部分组成。虽然弩的装填时间比弓长很多，但是它比弓的射程更远，杀伤力更强，可以稳定地瞄准，命中率更高，上手比较简单，对使用者的要求较低。弩非常适合步兵野战布阵、设伏和守城作战，在战国和秦代就已大量装备军队，到汉代，成为比弓更广泛使用的主力远射武器。

⇐西汉骑兵。

汉初，匈奴不断对汉朝边境进行侵扰劫掠，汉朝皇帝意识到，必须组建强大的骑兵。要想组建强大的骑兵就需要有为数众多的良马，于是从高帝、文帝、景帝到武帝，不断增强对养马业的重视与投入，不但官方大力发展养马机构，还通过鼓励民间养马、引进良马品种等方式全方位提升马的数量与品质。到汉武帝时，才能发动一次就用十四万马匹的对匈奴的主动作战。卫青、霍去病带领西汉强大的骑兵，把匈奴打得远远逃避。

势篇

《势篇》强调对敌人造成突然、迅猛、出其不意的压倒性的有利态势，这种态势具有强大的冲击力。为了造就这种态势，本篇中主要提出了如下三个军事原则：

一、"奇""正"相生，变化无穷：即常规战术与出奇制胜组合使用，神妙莫测，使敌人无法应对。"奇正"是古代兵家最重要的用兵要点之一。

二、势险节短：善战的将帅指挥作战，其态势如高山滚下巨石，凶猛快速，势大力沉，不可阻挡。

三、择人任势：造就有利战势的关键在于善于用人和利用各种条件。

《势篇》全文通读

孙子曰：凡治众如治寡，分数是也；斗众如斗寡，形名是也；三军之众，可使必受敌而无败者，奇正是也；兵之所加，如以碫投卵者，虚实是也。

凡战者，以正合，以奇胜。故善出奇者，无穷如天地，不竭如江河。终而复始，日月是也。死而复生，四时是也。声不过五，五声之变，不可胜听也。色不过五，五色之变，不可胜观也。味不过五，五味之变，不可胜尝也。战势不过奇正，奇正之变，不可胜穷也。奇正相生，如循环之无端，孰能穷之？

激水之疾，至于漂石者，势也；鸷鸟之疾，至于毁折者，节也。是故善战者，其势险，其节短。势如彍（guō）弩，节如发机。

纷纷纭纭，斗乱而不可乱也；浑浑沌沌，形圆而不可败也。乱生于治，怯生于勇，弱生于强。治乱，数也；勇怯，势也；强弱，形也。故善动敌者，形之，敌必从之；予之，敌必取之。以利动之，以卒待之。

故善战者，求之于势，不责于人，故能择人而任势。任势者，其战人也，如转木石。木石之性，安则静，危则动，方则止，圆则行。故善战人之势，如转圆石于千仞之山者，势也。

⇈ 激水之疾，至于漂石者，势也；鸷鸟之疾，至于毁折者，节也。

《势篇》详解

原文

孙子曰：凡治众如治寡[1]，分数是也[2]；斗众如斗寡[3]，形名是也[4]；三军之众，可使必受敌而无败者[5]，奇正是也[6]；兵之所加，如以碫投卵者[7]，虚实是也。

凡战者，以正合[8]，以奇胜。故善出奇者，无穷如天地，不竭如江河。终而复始，日月是也。死而复生，四时是也。声不过五，五声之变[9]，不可胜听也。色不过五，五色之变[10]，不可胜观也。味不过五，五味之变[11]，不可胜尝也。战势不过奇正，奇正之变，不可胜穷也。奇正相生[12]，如循环之无端[13]，孰能穷之？

译文

孙子说：要想做到管理人数众多的军队像管理人数少的军队一样，靠的是好的组织编制；要想做到指挥人数众多的军队作战如同指挥人数少的军队作战一样，靠的是有效的指挥号令；要想使三军将士，即使四面受敌攻击也不会溃败，要靠"奇""正"运用得当；要想使军队进攻敌人如同以石击卵一般，靠的是灵活运用虚实之法。

大凡作战，都是以正兵当敌，以奇兵取胜。所以，善于出奇制胜的人，其战法如天地那样变化无穷，如江河那样流动不竭。终而复始，就像日月此起彼落；死而复生，就像四季交替更迭。基本的音阶不过是宫、商、角、徵、羽五个，然而这五个音阶的组合变化，却产生了听不尽的音调；基本的颜色不过是青、赤、黄、白、黑五种，然而这五种颜色的配合变化，却产生了看不尽的色彩；基本的味道不过是酸、甜、苦、辣、咸五种，然而五种味道的调配变化，却产生了尝不尽的味道。战势，不过奇、正两种，然而奇与正的变化无穷无尽。奇、正的变化，就像顺着圆环行走，没有起点和终点，谁能穷尽呢？

注释

1. 治：治理，管理。2. 分数：此指军队的组织编制。3. 斗众：指挥人数众多的军队作战。4. 形名：指古时军队使用的旌旗、金鼓等指挥工具，这里引申为指挥。5. 必：通"毕"，全部。6. 奇正：含义甚广，简单来说，是指常规战术和灵活变换的战术。常法为"正"，变法为"奇"。7. 碫（duàn）：磨刀石，泛指石块。8. 合：会合，交战。9. 五声：我国古代将宫、商、角、徵、羽五个基本音阶称为五声。10. 五色：我国古代以青、赤、黄、白、黑五种颜色为正色。11. 五味：指甜、酸、苦、辣、咸五种味道。12. 奇正相生：奇正之间相互依存、转化。13. 循环之无端：指奇正变化转换，循环不止，永无尽头。循，顺着。环，圆环。无端，无始无终。

中国相关名言

- 五代·敬翔："兵者，应变出奇以取胜。"
- 唐·李靖："善用兵者，奇正在人而已。变而神之，所以推乎天也。"
- 唐·李筌："奇正相依而生，如环团圆，不可穷端倪也。"

外国相关名言

- （德）曼施坦因："对作战的指导是必须经常地保有弹性和机智。"
- （美）巴顿："要从敌人背后开火，你就必须用正面的火力吸引住敌人，再从敌侧翼迅速绕到它的背后。要尽量避免从正面进攻有准备的阵地。"
- （美）麦克阿瑟："出奇制胜是战争中取得胜利的极端重要的因素。"

原文

激水之疾，至于漂石者，势也；鸷鸟之疾[14]，至于毁折者，节也。是故善战者，其势险，其节短，势如彍弩[15]，节如发机[16]。

纷纷纭纭，斗乱而不可乱也[17]；浑浑沌沌，形圆而不可败也[18]。乱生于治，怯生于勇，弱生于强。治乱，数也[19]；勇怯，势也；强弱，形也。故善动敌者，形之[20]，敌必从之；予之，敌必取之。以利动之，以卒待之。

故善战者，求之于势，不责于人，故能择人而任势。任势者，其战人也[21]，如转木石。木石之性，安则静[22]，危则动[23]，方则止，圆则行。故善战人之势，如转圆石于千仞之山者，势也。

译文

湍急的流水急速流淌，以致能把石块漂移，这是由于它强大的水势；猛禽从空中突然疾速俯冲下来，以致能使目标毁折，这是由于它节奏的迅猛。因此，善于用兵的人，他所造成的态势是险峻的，他发动攻势的节奏是短促的，其态势就像拉满弦的弓弩，其节奏就像扣发了弩机。

旌旗纷乱，人马混杂，在混乱的情形下作战，要能使自己的军队不乱；在战局混沌不明的情况下作战，要部署周密而能应付四面八方的情况，保持态势让自己立于不败之地。在一定条件下，严整可以转化为混乱，勇敢可以转化为怯懦，强大可以转化为弱小。严整或混乱，是由组织编制决定的；勇敢或怯懦，是由所处的态势决定的；强大或弱小，是由实力决定的。所以，善于调动敌人的人，制造假象来迷惑敌人，敌人就一定会被调动；给敌人一些小利，敌人就一定会来夺取。用利益来引诱调动敌人，再埋伏士兵伺机打击它。

所以，善于用兵的人，所寻求的是可以利用的"势"，而不会苛求部下，因而能选到合适的人去利用有利的形势。能够利用有利形势的人，他指挥将士作战，就像转动木头和石头那样。木头和石头的本性，放在安稳平坦的地方就静止，放在高峻的地方就滚动；方形的木石就容易静止不动，圆形的木石就容易滚动。所以善于用兵的人所造成的态势，就像从千仞高的山上滚下圆石来，这就是所谓的“势”。

注释

14. 鸷（zhì）鸟：凶猛的鸟，如鹰、雕等。15. 彍（guō）弩：张满待发的弓弩。彍，把弓弩张满。16. 发机：触发弩机，将弩箭射出。机，弩机，古代弩的机件，类似于今天枪上的扳机。17. 斗乱：指在混乱的状态下作战。18. 形圆：摆成圆阵，形容保持态势，部署周密，使敌人无机可乘。19. 数：指军队的组织编制，即前面所说的“分数”。20. 形：即示形，将假象展示给敌人。21. 战人：指挥将士作战。22. 安：此指地势平坦。23. 危：此指地势高峻陡峭。

中国相关名言

- 唐·李靖：“兵有三势：将轻敌，士乐战，志励青云，气等飘风，谓之气势；关山狭路，羊肠狗门，一夫守之，千人不过，谓之地势；因敌怠慢，劳役饥渴，前营未舍，后军半济，谓之因势。故用兵任势，如峻坂走丸，用力至微，而成功甚博也。”
- 宋·朱熹：“敌势缓，则自家当劲直以冲突之；敌势急，则自家当委曲以缠绕之。”
- 清·胡林翼：“兵贵因机，事贵乘势。”

外国相关名言

- （普鲁士）克劳塞维茨：“进攻应该像一支用强大的力量射出去的箭。”
- （英）利德尔·哈特：“突然性是战略的本质。”
- （德）隆美尔：“只要有可能，就要采取欺骗措施。”
- （美）史密斯：“最初的奋力一击，是战争成功的分水岭。”

《势篇》概要

（一）凡治众如治寡，分数是也；斗众如斗寡，形名是也；三军之众，可使必受敌而无败者，奇正是也；兵之所加，如以碫投卵者，虚实是也。

（二）凡战者，以正合，以奇胜。

（三）是故善战者，其势险，其节短。势如彍弩，节如发机。

（四）乱生于治，怯生于勇，弱生于强。

（五）故善动敌者，形之，敌必从之；予之，敌必取之。以利动之，以卒待之。

（六）故善战者，求之于势，不责于人，故能择人而任势。

（七）故善战人之势，如转圆石于千仞之山者，势也。

重点句例解

三军之众，可使必受敌而无败者，奇正是也；兵之所加，如以碫投卵者，虚实是也。

孙策乘虚而入破刘勋 事见《资治通鉴》

东汉末年，会稽太守孙策对兵强马壮的庐江太守刘勋有所忌惮，就故作谦卑顺服地对刘勋说："上缭的宗党民众屡次欺负本郡，我打算进攻他们，但路途不便。上缭很富庶，希望您进兵讨伐，我愿出兵作为外援。"并用珠宝财物贿赂刘勋。刘勋大喜，但当时跟从刘勋的刘晔（yè）不以为然。刘勋问他原因，刘晔说："上缭虽小，但城坚池深，易守难攻。如果我们的大军被困在坚城之下而后方空虚，孙策乘虚袭夺我们的后方，则将军进不能攻陷敌城，退又无家可归。因此，如果将军一定要出兵，灾祸很快就会到来。"刘勋不听，出兵讨伐上缭。

刘勋大军到达海昏县，上缭宗党首领听到风声，都逃走了，只留下空城，刘勋什么也没有得到。这时，孙策听说刘勋在海昏，就与周瑜率军袭击刘勋的根据地皖城，攻克了该城，俘虏了袁术与刘勋的家眷以及部曲三万余人。刘勋率军返回，途中受到孙策军截击，大败。

⇒ 刘晔劝谏刘勋。

⇐丁奉率军冒雪奇袭魏军。

冒雪奇袭的东兴之战 事见《资治通鉴》

252年，魏国派诸葛诞、胡遵率七万大军进攻吴国东兴，吴国太傅诸葛恪率兵四万，日夜兼程，救援东兴，以丁奉、吕据、留赞等将领为前锋。丁奉对将领们说："现在各部队行动迟缓，如果魏兵占据有利地形，就难以与其争锋了，我请求快速进击。"于是让各路军马从道路上避开，丁奉亲自率领属下三千人快速突进。

丁奉军扬帆行船两天就到达了东兴，当时漫天飘雪，十分寒冷，胡遵等人正在聚会饮酒。丁奉见魏军前部兵力稀少，就对手下人说："求取封侯赏爵，正在今天。"于是让士兵们都脱下铠甲，丢掉长矛大戟，只戴头盔，拿着刀和盾牌，裸身爬上堤堰。魏兵看见他们，都大笑，并未立即严阵以待。吴兵爬上堤堰后，立即大声喊杀，击破魏军前部营垒，魏军惊恐，四散奔逃，争相抢过浮桥。浮桥断裂，魏兵落水而互相践踏。

此战魏军死者数万人，吴军凯旋，缴获魏军的车辆、牛马、骡驴等都数以千计，资材器物堆积如山。

丁奉凭借其过人的胆识快速发动奇袭，是此战获胜的关键。

⇒李存勖与李嗣源等将领商议作战计划。

李嗣源避实击虚，直取梁都 事见《资治通鉴》

923 年，李存勖在魏州称帝，沿用“唐”为国号，史称“后唐”，年号“同光”。后唐的统治疆域与后梁接壤，两国为争夺地盘发生过多次战争。

同光元年（923）七月，后梁大将王彦章攻杨刘（在今山东东阿县北），被后唐军击败，丧师甚众。八月，后梁末帝朱友贞部署四路反击，命段凝攻澶州，董璋攻太原，霍彦威攻镇州，王彦章攻郓（yùn）州，此举造成都城开封防守空虚。

十月，李存勖自杨刘渡河，进抵郓州，并以李嗣源为前锋，攻破中都，俘杀王彦章。中都之捷后，李存勖与诸将商议下一步的进军方向，诸将多认为应先攻占兖（yǎn）州等地，徐图进取。唯有李嗣源认为应趁虚袭取开封。李存勖赞许李嗣源的计划，于是命李嗣源率军昼夜兼程袭取开封。十月初九，李嗣源抵达开封，挥军攻城，眼见城破，朱友贞不愿投降，命亲信皇甫麟将他杀死。梁将王瓒（zàn）开城投降。李存勖于同日抵达，进入开封，后梁灭亡。

凡战者，以正合，以奇胜……战势不过奇正，奇正之变，不可胜穷也。

耿弇屡施奇计破张步 事见《资治通鉴》

东汉建武五年（29），大将耿弇（yǎn）奉光武帝刘秀之命率军讨伐齐地割据势力张步。张步听说耿弇将要到达，命大将军费邑驻屯历下（今属山东济南市），又派军队驻屯祝阿县，还在泰山、钟城排列数十个营垒，等待耿弇军。耿弇渡过黄河，先攻打祝阿，从早晨开始攻城，还没到中午就将之攻陷。耿弇故意打开一个缺口，让城里的残兵得以跑出，投奔钟城。钟城的军队听说祝阿已经陷落，非常恐慌，于是弃城逃走。

费邑派遣弟弟费敢据守巨里（今属山东济南市）。耿弇进兵先威胁巨里，严令军队立即准备攻城工具，通告全军，三天后将要全力进攻巨里城，又暗中使几名俘虏得以逃回，把行动日期传给费邑。三天后，费邑果然亲自率领三万余精兵前来援救。耿弇非常高兴，对将领们说："我准备攻城工具的目的，就是要引诱费邑前来。不攻打他们的野战部队，要城干什么！"于是马上分兵三千人守着巨里，耿弇自己统率精兵登上山坡，占据高地和费邑军交战，大破敌军并阵斩费邑。费敢得知，率部众逃奔张步。耿弇收取费敢留下的粮草，派兵攻取那些未归附的营寨，扫平四十余营垒，平定了济南。

⇐耿弇故意放走敌人残余之兵。

⇒耿弇为部将讲解局势。

当时张步据守剧县（在今山东寿光市南），派遣其弟张蓝率领精锐部队二万人坚守西安城（在今淄博市临淄区），并令其所辖诸郡太守集中兵力万余人驻守临淄，临淄、西安两城相距四十余里。

耿弇率军进至位于西安与临淄二城之间的画中邑，他通过侦察得知西安城小而坚固，且有张蓝精锐部队防守，临淄城虽大却容易攻取，于是向诸将领宣布五天后进攻西安。张蓝获此消息后，昼夜严加戒备。

到了第五天，耿弇命令全军将士半夜起床吃饱饭，天亮时候进至临淄城下。这时，护军荀梁等人提出了不同意见，他们认为应当攻打西安。耿弇说："不能先打西安。西安的守敌听说我军要进攻他们，已经昼夜加紧守备；我们现在进攻临淄乃是出其不意，必使该城守敌惊慌失措，猛攻一天就可破城。攻克临淄，张蓝与张步之间的交通被我们切断，西安就陷入孤立无援的境地，守敌必然弃城逃跑。这就是通常所说的一箭双雕的战法。如果先攻西安，不能很快攻克，顿兵于坚城之下，伤亡一定很多。纵然能够攻破西安，张蓝率兵逃往临淄，与该城守军合兵协力，便可寻机向我发动进攻。我们已深入敌境，缺乏运输供应，即便不打仗，不过十天半月也会困顿不堪。"于是进攻临淄，半天时间就攻下了城池。据守西安的张蓝听说，果然带兵弃城而逃。

⇐李愬雪夜奇袭蔡州。

李愬雪夜奇袭蔡州 事见《资治通鉴》

唐宪宗元和十二年（817），朝廷派遣唐邓节度使李愬（sù）率军讨伐割据淮西的吴元济。李愬与属下将领周密谋划，制订了奇袭吴元济所在的蔡州城（今属河南汝南）的计划。

十月初十，李愬命李祐和李忠义率训练有素的敢死队三千人为前锋，自己与监军率三千人为中军，命李进诚率三千人为后军，于夜间进军。

当时，天正下着鹅毛大雪，凛冽刺骨的寒风刮得军旗破碎，冻死的人马随处可见，唐军都暗自认为此番必死无疑。到了半夜，雪下得更大，唐军进至蔡州城下时，蔡州守军并没有戒备。李祐等率军首先登上城墙，杀死了守卫城门的敌兵，然后打开城门，让唐军全部进入城中。到鸡鸣天亮之时，雪停了，李愬军活捉了吴元济，并用囚车将之押往京师长安。

故善战者，其势险，其节短。势如彍弩，节如发机。

高欢军“势如彍弩，节如发机”，以少胜多 事见《资治通鉴》

北魏节闵帝普泰元年（531），权臣高欢进攻邺地，孝武帝永熙元年（532）春季，攻下邺城。这时，与高欢争权的尔朱氏集团开始行动，尔朱光率军自长安出发，尔朱兆率军自晋阳出发，尔朱度律率军自洛阳出发，尔朱仲远率军自东郡出发，共有兵力二十万人，企图四路会师于邺城地区围攻高欢军。高欢领兵自邺城南下进驻紫陌，其部队骑兵不足二千人，步兵不满三万人，双方兵力悬殊。

高欢将其部队于韩陵一带布列成环形阵地，又把牛驴连缀一起，堵塞了部队的退路。将士看见这种情况，都有拼死决战之心。

战斗开始后，高欢挑选精锐步骑兵从阵地中突然冲出，四面袭击围攻之敌，打垮了尔朱光、尔朱兆等军的包围。于是两军便大战起来。高欢统率中军，高敖曹统率左军，高欢的堂弟高岳统率右军。高欢的部队

⇑ 高欢军以寡敌众，在没有退路的情况下迅猛向敌冲击。

作战不力，尔朱兆等乘机进攻高军。高岳率五百名骑兵从正面冲击尔朱兆军，斛律敦将失散了的士卒聚集起来，从后面打击尔朱兆军，高敖曹则率一千骑兵横击尔朱军。高欢军虽然人数远不如尔朱军，但攻势迅猛，最终大败尔朱军。尔朱氏集团从此走向没落。

拼死力战而以少胜多的后周高平之战 事见《资治通鉴》

954 年，北汉、契丹联军与后周在泽州高平县南的巴公原（今属山西省晋城市泽州县）进行了一次关键性战役，史称“高平之战”。

周世宗亲自参加了此次战斗，在形势危急时，他冒着流矢飞石督战。赵匡胤当时任后周警卫将领，对同伴说：“主上如此危险，我等怎么能不拼出性命！”后周将士齐心协力，拼死战斗，无不以一当百，最终击溃了北汉、契丹联军。

在战场上，全体官兵高涨的士气、将领的勇气和活力，能造就“势如彍弩，节如发机”的态势，对战争的走向有着重大的影响。

⇑ 高平之战。

乱生于治，怯生于勇，弱生于强。治乱，数也；勇怯，势也；强弱，形也。

张辽之勇，令敌胆怯 事见《资治通鉴》

建安二十年（215），孙权趁曹操用兵汉中之际，亲率十万兵马攻向合肥。此时，曹军将领张辽、李典、乐进率七千士卒在合肥驻守。

曹操出征汉中时，给驻守合肥的护军薛悌写了封信，封面题写道："敌人来到时方可拆看。"不久，孙权率领大军前来围攻合肥，薛悌与张辽等将领打开这封信，上面写道："如果孙权领兵来进攻，张、李二将军出战，乐将军守城，护军薛悌不要参战。"诸将对此指示感到迷惑不解。但张辽却心领神会地说："曹公亲率大军远征在外，等他派救兵到这里，敌军必定已经把我们击破了。所以曹公指示我们，趁敌军对我尚未形成合围态势之前就迎头攻击，摧折敌军锋芒，安定我军军心，然后才可能拒守。今日成败的关键，全在此一举。"李典虽然平时与张辽有所不和，但大敌当前，以大义为重，愿随张辽出战。

张辽奋勇拼杀，使吴军胆寒。

张辽当夜招募了八百名敢死之士，杀牛犒劳。第二天清晨，张辽身披铠甲率兵出战，身先士卒，冲锋陷阵，杀死数十名敌军兵将。他高喊"我是张辽"，猛打猛冲，直冲到孙权大旗下。孙权大吃一惊，慌忙跑上一座高土丘，用长戟护卫自己。孙权望见张辽所率部众不多，调集大军将张辽所部重重包围。张辽奋力拼杀，带领数十名勇士冲出包围，其余尚未冲出包围的部众大声呼喊道："将军是要丢弃我们吗？"张辽听到呼喊声，返身冲入包围，将受困的其余部众都救出来，孙权军竟然没有敢于阻挡的。

这一战从黎明持续到中午，吴军士气衰竭。张辽得胜回城，加修守备工事，军心更加稳定，诸将对张辽心悦诚服。

孙权率军围攻合肥十多天，不能攻克城池，不得不撤围退军。张辽乘机率军追击，差一点活捉孙权。

孙权以绝对优势的兵力攻打合肥，其初到时是有信心和勇气的，然而张辽智勇双全，以他更大的信心和勇猛以少胜多，使得孙权方面的信心和勇气转变为丧失信心和胆怯，正所谓"怯生于勇，弱生于强"。

战后，张辽威震江东。江东小儿如啼哭不止，其父母就以张辽之名吓唬，能使之停止啼哭。

从踌躇满志到"草木皆兵""风声鹤唳" 事见《资治通鉴》

在东晋与前秦的淝水决战前，东晋将领刘牢之率劲卒五千，夜袭前秦名将梁成营垒，攻克营垒并斩杀梁成、王咏等十将，前秦死亡的士兵有一万五千人。

东晋将领谢石等各路军队，从水路、陆路相继进发迎战。前秦王苻坚与阳平公苻融登上寿阳城观望，只见东晋的军队布阵严整，又望见了八公山上的草木，也以为都是东晋的士兵，苻坚掉头对苻融说："这也是强敌,怎么能说他软弱呢！"说罢茫然若失,脸上开始有了恐惧的神色。

东晋军在淝水之战中大败前秦军后，前秦军在败逃中自相践踏而死的人满山遍野，逃跑的前秦军听到刮风的声音和鹤的鸣叫声，都以为是东晋的军队追来，拼命逃跑，昼夜不敢停歇。

前秦军在攻晋前踌躇满志，志在必得，到后来"草木皆兵""风声鹤唳"，诠释了"怯生于勇，弱生于强"的含义。

故善动敌者，形之，敌必从之；予之，敌必取之。以利动之，以卒待之。

李牧破匈奴 事见《史记》

李牧是战国后期赵国的良将，他长年驻扎在代地雁门郡防御匈奴。他每天宰杀几头牛犒劳士兵，训练士兵骑马射箭。他命人谨慎地看守烽火台，多设置侦察谍报人员，给作战的士卒优厚待遇。他规定："匈奴如果侵入边境抢掠，应赶快退入营垒坚守，有胆敢擅自捕捉敌人的斩首。"匈奴每次入侵，赵国的烽火台就举烽火报警，士卒们便立即退入营垒防守，不应战。像这样过了好几年，没有什么伤亡和损失，但匈奴却认为李牧胆小，就连赵国守边的官兵也认为李牧胆小怯战。赵王责备李牧，李牧却一如既往。赵王发怒，将李牧召回，另派他人前往领兵。

此后一年多，匈奴每次来侵犯，赵军就出兵交战，屡次失利，损失伤亡很多，边境附近无法耕田和放牧。赵王只好再请李牧负责守边，李牧托病不出。赵王一再强行起用李牧复出领兵。李牧说："大王一定要

⇑ 李牧故意让民众到处放牧，并假装无力保护，以引诱匈奴。

⇑ 李牧指挥军队破匈奴。

用我，我还是像以前那样做才敢奉命。”赵王答应了他的要求。

李牧来到边境，还是按原来的军规号令办事。匈奴好几年都一无所获，但始终认为李牧胆怯。边境的官兵每天得到赏赐而无用武之地，都想打一仗。李牧看时机已成熟，就准备了精选的战车一千三百辆，精选的战马一万三千匹，敢于冲锋陷阵的勇士五万人，善射者十万人，全部组织起来训练作战。同时让大批牲畜到处放牧，放牧的百姓满山遍野。匈奴小股人马入侵，李牧就假装失败，故意把几千人丢弃给匈奴。单于听到这种情况，就率领大批人马入侵。李牧布下许多奇兵，张开左右两翼包抄反击敌军，大败匈奴，杀死十多万人马。李牧灭了襜（chān）褴（lán），打败了东胡，收降了林胡，逼得单于逃跑。此后十多年，匈奴不敢接近赵国边境城镇。

李牧示匈奴以假象，使得匈奴麻痹轻敌，又利诱匈奴，使其贪婪冒进，而后用训练有素、渴望战斗的士卒与匈奴作战，并设奇兵攻击敌军，将“善动敌者，形之，敌必从之；予之，敌必取之。以利动之，以卒待之”诠释得淋漓尽致。

诱敌、奇袭、分割包围、断粮道的长平之战 事见《史记》

赵奢是战国后期赵国的名将，曾在阏（yù）与之战中大败秦军。赵奢去世后，赵国任用了其子赵括，并用赵括取代了统兵在长平与秦对抗的老将廉颇。赵括熟读兵书，但缺乏战场经验，不懂得灵活应变，只是“纸上谈兵”。他一到任，就一反廉颇以坚守为主的策略，改守为攻，发兵进击秦军。

当时的秦军主帅、一代名将白起听到这些情况，便设奇兵。他让秦军假装战败而逃，赵军乘胜追击，追到秦军营垒。但秦军营垒防守严密坚固，赵军不能攻入，而秦军的一支两万五千人的奇袭部队已经切断了赵军的后路，另一支五千人的骑兵快速揳（xiē）入赵军，把赵军分割成两个孤立的部分，运粮通道也被堵住。秦军又派出轻装精兵实施攻击，赵军交战失利，就构筑壁垒固守，等待援兵。秦昭襄王得知赵国运粮通道已被截断，亲自到河内，赐百姓爵位一级，征调十五岁以上的青壮年全部前往长平战场，拦截赵国救兵，断绝赵军粮食。

赵国士兵断绝口粮四十六天，士兵们暗中杀人吃肉充饥。困厄已极的赵军向秦军营垒发动攻击，企图突围，轮番进攻了四五次，不能冲出。

⇒赵军被秦军围困，绝粮四十六天，困厄已极。

⇑ 赵括突围被杀，赵军随之崩溃。

赵括亲自带着精锐士卒上阵与秦军搏杀，被秦军射死。赵括的部队大败，四十万赵军向秦军投降。秦军坑杀了这些赵军。秦军在此战中杀死赵兵四十五万人，赵国上下震恐。

秦将白起在此战中以佯败引诱赵军追击，正面固守，而后出奇兵分割赵军并断其粮道，是谋略上有奇有正、以形诱敌的经典战例。

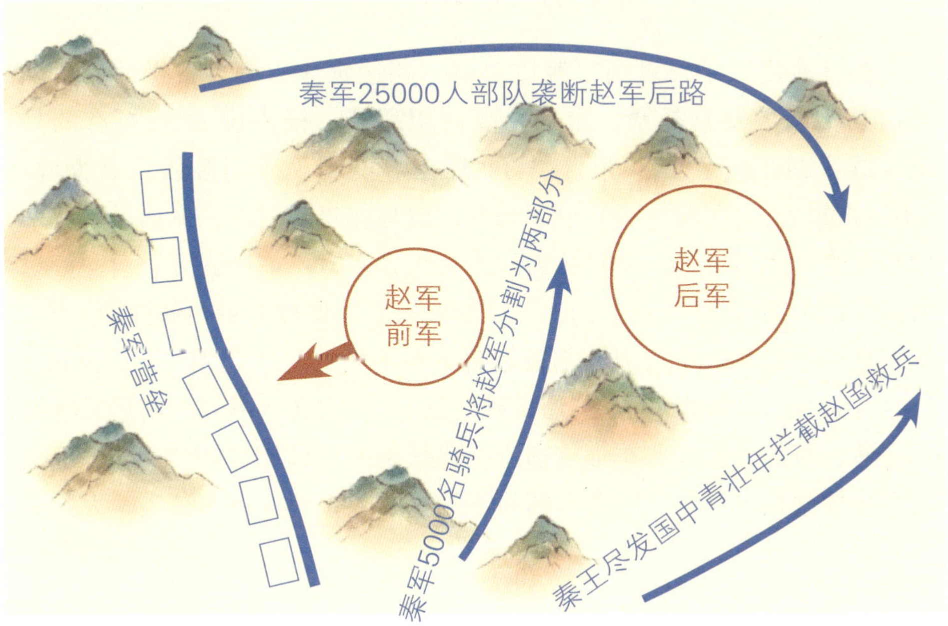

⇐ 长平之战示意图。

⇑ 延津之战。

诱敌而破敌的延津之战 事见《资治通鉴》

在官渡之战中，袁绍军渡过黄河，到达延津以南，曹操部署军队在白马山南坡安营扎寨，派人登高察望敌情，报告说："袁军有骑兵五六百。"过了一会儿，又报告："骑兵还在增多，步兵不可胜数。"曹操说："不要再报告了。"命令骑兵解下马鞍，放马休息。这时，从白马缴获来的辎重物资满道皆是。众将认为敌人骑兵太多，不如回去守卫营垒。只有荀攸说："这正是诱敌上钩，怎么能离去？"曹操看着荀攸微微一笑。

袁绍的骑兵大将文丑与刘备带着五六千骑兵先后赶到。众将又说："可以出兵了。"曹操却说："还没到时候。"一会儿，袁军的骑兵又增加了一些，有的去抢夺曹军辎重物资。曹操说："可以上马出击了。"于是曹军全体骑兵上马。当时曹军骑兵不到六百人，曹操挥军猛击，大破袁军，斩杀文丑。

虞诩增灶示强，迷惑敌军 事见《资治通鉴》

东汉安帝时，地处西北的羌族举兵反叛，万余羌兵寇掠武都郡。邓太后听说虞诩有将帅的韬略，将他任命为武都郡太守。

数千羌兵在虞诩前往赴任要经过的陈仓崤（xiáo）谷集结，准备拦截虞诩，虞诩得知后，立即下令部队停止前进，宣称："我已上书请求援兵，等援兵到后，再动身出发。"羌兵听说以后，便分头前往邻县劫掠。虞诩乘羌兵兵力分散的机会，日夜兼程行进了一百余里。他让官兵每人各做两个灶，以后每日增加一倍，羌兵不敢逼近。有人问虞诩："以前孙膑使用过减灶的计策，而您却增加灶的数量；兵法说，每日行军不超过三十里，以防不测，而您如今却每天行军二百里，这是什么道理？"虞诩说："敌军兵多，我军兵少，走慢了容易被追上，全速行进，对方便不能推测我军的底细。敌军见我军的灶数日益增多，必定以为援兵已来接应。我军人数既多，行动又快，敌军必然不敢追赶。孙膑有意向敌人示弱，我现在有意向敌人示强，这是由于形势不同啊。"

⇈ 虞诩增灶示强，迷惑敌军。

⇑ 虞诩小弩示弱，重创敌军。

虞诩小弩示弱，重创敌军　事见《资治通鉴》

虞诩到达武都郡府以后，兵员不足三千，而羌兵有一万余人，围攻赤亭数十日。虞诩便向部队下令，不许使用强弩射箭，只许使用些小弩。羌人误认为汉军弓弩力量微弱，射不到自己，便集中兵力猛烈进攻。虞诩这时命令每二十只强弩集中射一个敌人，射无不中。羌兵大为震恐，纷纷退下。虞诩乘胜出城奋战，杀伤甚多。次日，他集合全部兵众，命令他们先从东门出城，再从北门入城，然后改换服装，往复循环多次。羌人不知城中有多少汉军，于是更加惶恐不安。虞诩估计羌军将要撤走，便秘密派遣五百余人在河道浅水处设伏，等待羌兵。羌军果然途经此处而逃，汉军乘机突袭，大败羌兵，斩获甚多，羌兵从此败散。

虞诩主政武都郡期间，召回流亡的百姓，赈济贫民，开通水路运输。他刚到任时，谷价每石一千钱，盐价每石八千钱，户口一万三千户，在任三年之后，米价每石八十钱，盐价每石四百钱，居民增加到四万多户，家给人足，一郡平安。

故善战者，求之于势，不责于人，故能择人而任势。

燕昭王择人任势打败强齐 事见《史记》

乐毅是战国后期杰出的军事家、战略家，他曾为魏王出使燕国，燕昭王对他十分礼遇，乐毅受到感动，做了燕昭王的臣下。

当时，齐滑王很强大，击败过楚国、魏国、赵国、宋国等国，滑王骄横自大，百姓离心，诸侯不满，燕昭王认为攻打齐国的机会来了，就向乐毅询问有关攻打齐国的事情。乐毅建议联合赵、楚、魏等国一起攻击齐国。燕昭王就派乐毅去与诸侯相约攻齐。诸侯们认为齐滑王骄横暴虐，都争着跟燕国联合共同讨伐齐国。

燕昭王动员了全国的兵力，任命乐毅为上将军，统一指挥赵、楚、韩、魏、燕五国的军队去攻打齐国，在济水西大败齐军。这时各路诸侯的军队都停止了攻击，撤回本国，燕国军队则在乐毅指挥下，一直攻到齐国都城临淄并将之攻陷。乐毅拿下临淄后，把齐国的珍宝财物以及宗庙祭

乐毅率军伐齐。

器都夺取到燕国去。燕昭王大喜，亲自赶到济水岸上慰劳军队，奖赏犒劳军队将士，把昌国封给乐毅，封号“昌国君”。

乐毅曾在赵国、魏国，但都没有得到应有的重用，而燕昭王慧眼识人，“能择人而任势”，所以成就了辉煌的功业。

汉武帝重用青年英豪，建不世功勋 事见《史记》

西汉名将霍去病是汉武帝皇后卫子夫和大司马大将军卫青的外甥，也是大司马大将军霍光的同父异母兄长。霍去病少年时善骑射，虽然最初因为是外戚而受到汉武帝的眷顾，但他十八岁就跟从大将军卫青出击匈奴并有所斩获，确实是有军事天赋的。

汉武帝使用人才能够不拘一格，当他看出霍去病的军事才能后，并不因为他年轻就不重用，在元狩二年（前 121），武帝任命二十岁的霍去病为骠骑将军，于春、夏两次率兵出击河西（今河西走廊及湟水流域）地区，沉重地打击了匈奴势力。元狩四年（前 119），霍去病与卫青率军深入漠北，霍去病大破匈奴军，至狼居胥山（今蒙古国境内），在狼居胥山举行了祭天封礼（祭天称“封”），在姑衍山（今

⇑ 霍去病在狼居胥山祭天。

蒙古国肯特山以北）举行了祭地禅礼，兵锋到达瀚海（今俄罗斯贝加尔湖）而还。此战使“匈奴远遁，漠南无王庭”。

故善战人之势，如转圆石于千仞之山者，势也。

势不可当的火牛阵 事见《史记》

前文所讲的乐毅率领五国军队大败齐国之后，燕军围攻齐国的即墨城，城中军民共推田单为将。田单先用反间计，派人到燕国扬言说：“乐毅是以攻打齐国为名，实际上是想在齐国称王。如果燕国派遣其他将领来，那么即墨城就必破无疑了。”燕王中计，派将领骑劫取代了乐毅。

田单又派人施反间计说：“我很害怕燕国人挖了我们城外的祖坟，侮辱我们的祖先，这可真是让人寒心的事。”燕军听说之后，把城外齐国人的坟墓全部挖掘，焚烧尸体。即墨人从城上看到此情此景，人人痛哭流涕，十分激愤，都请求出城拼杀。

田单进而麻痹燕军，命精壮甲士潜伏城内，用老弱、妇女登城守望。

燕军在即墨城外挖掘齐国人坟墓，焚烧尸体。

⫛ 火牛攻击燕军营地。

又派使者到燕军的营地和燕军约定投降事宜，让即墨富豪持重金贿赂燕国将军，假称即墨就要投降，希望保全妻小。燕军将士见此情况，都松懈下来。

田单见反攻时机成熟，便集中千余头牛，将绛色缯衣披于牛身，上绘五彩龙纹，在牛角上绑好锋利的刀子，把浸满油脂的芦苇绑在牛尾上。在一天夜里，田单下令点燃牛尾芦苇，将牛从预先凿好的数十个城墙孔洞中放出，牛负痛狂奔向燕营，五千精壮勇士紧随于后进行攻击，城内军民擂鼓击器，呐喊助威。火牛所触之处，燕军非死即伤，齐人喊杀声惊天动地，燕军惊慌失措，齐军勇士乘势冲杀。燕军溃散逃命，骑劫在混乱中被杀。田单率军乘胜追击，所经过的齐国城镇都背叛燕军，归顺田单，就这样，原来沦陷的七十多座城池又被齐国收复。

《势篇》在其他领域的应用

管理之道：分数与形名

孙子说："凡治众如治寡，分数是也；斗众如斗寡，形名是也。"分数，是指军队的组织编制方面；形名，是指古时军队使用的旌旗、金鼓等指挥工具。这句话的意思是说，要做到治理人数众多的军队像治理人数少的军队一样，这是组织编制的问题；要做到指挥人数多的军队像指挥人数少的军队一样，这是通信、指挥的问题。孙子的这段话，对于现代企业管理仍具有重要的指导意义。

1. 设计科学合理的组织编制体系

在企业管理中，科学、合理地设计出具有一个自上而下指挥统一、层次分明的纵向管理系统，以及一个职能划分清晰、保证各部门相互配合默契的横向体系，将使企业成为有机整体，能促进各项任务顺利完成。

2. 注重和借助现代科学技术辅助管理和信息的采集与传递

掌握真实、准确、第一手的信息，采用快捷、高效、沟通充分的管理手段，对于企业的经营与管理至关重要。企业的决策与管理者，应注重和借助现代科学技术所提供的种种便利和手段（如数字化、信息化、电子化）辅助管理和信息的采集与传递。

3. 制定并严格实行规章制度

企业的决策者、管理者应制定科学、合理、人性化，对提高企业效率和凝聚力有促进作用的规章制度，赏罚分明，执行公正，同时要对员工给予关怀，从职业道德、企业文化等方面引导员工树立正确的工作态度。

举例来说，麦当劳快餐店从最初的一家餐厅发展为覆盖全球 110 多个国家，拥有约 30000 多间分店的大型连锁企业，有赖于其一直坚持的 QSC 管理方针，即质量（Quality）、服务（Service）和清洁（Cleanliness），这是麦当劳公司的核心管理理念，也是麦当劳餐厅成功的基础。

1. 麦当劳餐厅重视产品质量，并不因为快速服务而对食品粗制滥造，在服务上敷衍了事。

2. 麦当劳餐厅要求员工对顾客提供周到便捷的服务。

3. 麦当劳餐厅把保持场地清洁作为重要的经营原则。

为人与做事中的“奇正”

孙子在《势篇》中提出了“奇正”的概念，“正”是指作战的常法，“奇”是指作战的变法。应用在社会生活中，“正”就是指为人做事的一般性原则，“奇”就是为人做事的灵活变通的策略。

一个人做人、做事业，必须以“正”为根基，否则不但不能长远，还可能因为唯利是图而陷入灾祸。我们应该坚持如讲信用、不坑害人、有良知等基本道德底线，在此基础上，可以应用灵活变通的策略与方法，如果突破了基本道德底线，以坑人害人、邪门歪道来获得利益，那么结局是可想而知的。

前文中提到的西铁城公司的案例，西铁城公司先把产品做好，追求创新，追求质量，这就是“正”。而后以出奇的测试质量的活动作为广告宣传并大获成功，这就是“奇”。

汉高帝刘邦被人称为“宽大长者”，待人较为宽厚，这是他的“正”。刘邦善于随机应变，用人御下有其手段，这是他的“奇”。

韩国三星集团在总体发展战略上亦有“正”“奇”两方面。

三星集团的“正”：

1. 三星集团极为重视产品的创新与质量，在 1986 年成立的三星经济研究院（SERI），以及在 1987 年成立的三星综合技术研究院等研发机构，保证了三星的不断创新能力。三星集团将产品质量与客户满意度视为企业生命，在服务与质量管理方面采取了全面的管理措施。

2. 三星集团倡导诚心经营、共存哲学，把和谐、信任、共存、共赢作为企业文化与理念，将为人类社会作贡献作为企业宗旨。

3. 三星广泛开展了社会公益事业。

三星集团的“奇”：

1. 勇于变革

伴随着三星集团经营业务的快速拓展，公司也出现“大企业病”，如运作效率下降、创新能力下降等问题。三星集团第二任会长李健熙上任后，发动了一系列变革运动，包括变革思想观念，建立危机意识，变革组织结构，更新工作观念等内容。李健熙提出“除了老婆孩子，其他都要换掉”的口号。“求新求变”的思想为三星注入了新动力。

2. 多样而新奇的营销方式

三星集团采用多种多样的营销策略和方式来吸引顾客。他们不但在电视广告、广告牌、海报和社交媒体广告等视觉形式上进行了大量投资和宣传，以推广其产品，同时请各类明星代言，还进行各种促销活动，有奖促销、折扣促销等不一而足。此外，三星广泛地参与慈善和公益活动，赞助重大活动和节日（如世界杯、奥运会）。多样而新奇的营销活动，大幅提升了三星的销售额。

学会任势与择人

孙子说："故善战者，求之于势，不责于人，故能择人而任势。"意思是说，善于用兵的将帅，把注意力放在"任势"上，而不苛求部下，他因此而常常能选到适当的人才，利用形势。

在每一个时代，都有其浪潮和趋势，能够抓住时代的机遇的人，能够乘势而为的人，往往能够事半功倍。孟子说："虽有聪明，不如乘势。"司马迁在《史记》中写道："顺风而呼，声非加疾，其势激也。"比如在20世纪四五十年代开始的第三次科技革命（以原子能、电子计算机、空间技术和生物工程的发明和应用为主要标志）中，在20世纪90年代开始的互联网高速发展时期，都诞生了不少乘势而起的时代骄子。

大约在20世纪70年代以后，日本家用彩电业的技术和成本控制已超越欧美，日本彩电的低价、优质、更高的清晰度、更大的尺寸、更鲜艳明亮的色彩和更小的体积，符合时代的趋势和人们的需求，在国际市场上极具竞争力。1976年前后，日本彩电一度占据30%左右的美国彩电市场，达到巅峰状态，也因此引发了美国对本国电子产品的贸易保护。

日本松下电器就是20世纪日本电子产品占领国际市场的参与者和受益者。松下电器的创始人松下幸之助对70分的中上等人才较为偏好，他认为，适合的就是好的，招募人才，有些人虽说是70分，常常反而比90分的人适用。他认为，用人要看品质，不能只重视学历一类的标签。人只要有一些长处就行，不必是全才。经营者要善用人才，创造让员工能施展所长的环境，就可以使人尽其用，最大限度发挥其才能。

三分钟贯通中国战争史（五）

东汉的战争

西汉末年，社会矛盾激化。王莽代汉建新朝之后，其一系列举措加深了民众的负担，使社会更加不稳定。新莽天凤年间，爆发了绿林、赤眉起义。一时间，四方响应，天下大乱。刘秀欲复兴汉室而起兵，南征北战，先后削平张步、隗嚣、公孙述等割据势力，统一全国。东汉初年的战争，主要是刘秀平定天下的战争。

平定天下以后，刘秀采取与民休养生息、偃武修文的策略，所以除与少数民族部族有一些冲突外，总体上战事不多。但北部边境常为北匈奴所侵袭。当时匈奴分南北两部，南匈奴亲汉，北匈奴反汉。随着政治稳定和经济发展，国力增强，东汉开始了征伐北匈奴的战争。

东汉永元元年（89），窦宪、耿秉与南匈奴军出击北匈奴，在稽落山（在今蒙古国境内）大败北匈奴。窦宪、耿秉登燕然山（今蒙古国杭爱山），命中护军班固刻石建立功碑，记录汉朝的国威和恩德，然后班师。永元三年，东汉军在金微山击败北匈奴军，北匈奴被迫西迁。

东汉末年，政治黑暗，民不聊生，黄巾起义，其后群雄相互攻杀。

⇒窦宪、耿秉勒石燕然。

历代武备（五）

东汉的武备

在东汉，剑的装备量不断下降，刀是军队装备的主流短兵器。

东汉武器装备的种类比西汉有所精简，主要有矛、戟、刀、弩、弓、盾、铠甲等。钢铁冶炼技术在东汉有进一步的发展，经过淬火等工序制成的钢铁武器比青铜武器具有更好的硬度、韧性，更为轻便和锋利，钢铁武器在东汉基本取代青铜武器。

虚实篇

本篇论述在军事活动中的虚实、致人而不致于人等问题，主张示敌假象以欺骗、调动敌人，弱化敌人，而后避实而击虚，从打击其虚弱部分入手。据此，孙子提出了以下军事原则：

一、应“先处战地而待敌”，以逸待劳，并且善于调动敌人。

二、在兵力运用上，力求做到“我专而敌分”，隐蔽我方兵力的集中和主要进攻方向，通过“示形”等办法巧妙地伪装和欺骗敌人，使之分散兵力，而后集中兵力，避实击虚，以多胜少。

三、“兵无常势，水无常形”，作战应根据实际情况的变化，采取相应的对策和战术，才能取得胜利。

《虚实篇》全文通读

孙子曰：凡先处战地而待敌者佚，后处战地而趋战者劳。故善战者，致人而不致于人。能使敌人自至者，利之也；能使敌人不得至者，害之也。故敌佚能劳之，饱能饥之，安能动之。

出其所不趋，趋其所不意。行千里而不劳者，行于无人之地也。攻而必取者，攻其所不守也；守而必固者，守其所不攻也。故善攻者，敌不知其所守；善守者，敌不知其所攻。微乎微乎，至于无形，神乎神乎，至于无声，故能为敌之司命。

进而不可御者，冲其虚也；退而不可追者，速而不可及也。故我欲战，敌虽高垒深沟，不得不与我战者，攻其所必救也；我不欲战，画地而守之，敌不得与我战者，乖其所之也。

故形人而我无形，则我专而敌分；我专为一，敌分为十，是以十攻其一也，则我众而敌寡；能以众击寡者，则吾之所与战者约矣。吾所与战之地不可知，不可知，则敌所备者多；敌所备者多，则吾所与战者寡矣。故备前则后寡，备后则前寡，备左则右寡，备右则左寡，无所不备，则无所不寡。寡者，备人者也；众者，使人备己者也。

故知战之地，知战之日，则可千里而会战。不知战地，不知战日，则左不能救右，右不能救左，前不能救后，后不能救前，而况远者数十里，近者数里乎？以吾度之，越人之兵虽多，亦奚益于胜败哉？故曰：胜可为也。敌虽众，可使无斗。

故策之而知得失之计，作之而知动静之理，形之而知死生之地，角之而知有余不足之处。故形兵之极，至于无形；无形，则深间不能窥，智者不能谋。因形而错胜于众，众不能知；人皆知我所以胜之形，而莫知吾所以制胜之形。故其战胜不复，而应形于无穷。

夫兵形象水，水之形，避高而趋下；兵之形，避实而击虚。水因地而制流，兵因敌而制胜。故兵无常势，水无常形，能因敌变化而取胜者，谓之神。故五行无常胜，四时无常位，日有短长，月有死生。

《虚实篇》详解

原文

孙子曰：凡先处战地而待敌者佚[1]，后处战地而趋战者劳。故善战者，致人而不致于人。能使敌人自至者，利之也；能使敌人不得至者，害之也。故敌佚能劳之，饱能饥之，安能动之。

出其所不趋，趋其所不意。行千里而不劳者，行于无人之地也。攻而必取者，攻其所不守也；守而必固者，守其所不攻也。故善攻者，敌不知其所守；善守者，敌不知其所攻。微乎微乎，至于无形，神乎神乎，至于无声，故能为敌之司命。

译文

孙子说：凡是先占据战地而等待敌人前来的就从容主动，后到达战地而且仓促应战的就疲劳被动。所以，善于用兵的人，能调动敌人而不为敌人所调动。能使敌人自投罗网的，是用利益引诱它的结果；能使敌人不肯前来的，是因为让它感受到了威胁。所以，敌人休整得好，就要使它疲劳；敌人粮草充足，就要使它饥饿；敌军驻扎安稳，就要使它移动。

出兵要指向敌人无法救援的地方，从敌人意料不到的方向进攻。部队行军千里而不觉得劳顿，是因为行进在没有敌人防守的区域。只要发起进攻就必然能够夺取，是因为攻击的是敌人没有防守的地方；只要防守就必然固若金汤，是因为防守的是敌人不敢进攻或不宜进攻的地方。所以，善于进攻的人，能使敌人不知道该怎样防守；善于防守的人，能使敌人不知道该如何进攻。微妙啊，微妙啊，微妙到看不出一点形迹；神奇啊，神奇啊，神奇到听不见一点声息。因此能成为敌人命运的主宰。

注释

1. 佚：通“逸”，安逸、从容。

中国相关名言

- 三国·曹操：“攻其所必爱，出其所必趋，则使敌不得不相救也。”
- 唐·李靖：“千章万句，不出乎致人而不致于人。”
- 唐·杜牧：“警其东，击其西，诱其前，袭其后。”

外国相关名言

- （古罗马）恺撒：“战争中最有效的事就是出其不意。”
- （普鲁士）腓特烈二世：“对于会战有一条定理，那就是强迫敌人做他本来不想做的事情，也就是你所最希望他做的。”
- （普鲁士）克劳塞维茨：“一切行动都是或多或少地以出敌不意为基础的。”
- （德）古德里安：“永远要左右敌人。”

原文

进而不可御者，冲其虚也；退而不可追者，速而不可及也。故我欲战，敌虽高垒深沟，不得不与我战者，攻其所必救也；我不欲战，画地而守之，敌不得与我战者，乖其所之也[2]。

故形人而我无形，则我专而敌分；我专为一，敌分为十，是以十攻其一也，则我众而敌寡；能以众击寡者，则吾之所与战者约矣[3]。吾所与战之地不可知，不可知，则敌所备者多；敌所备者多，则吾所与战者寡矣。故备前则后寡，备后则前寡，备左则右寡，备右则左寡，无所不备，则无所不寡。寡者，备人者也；众者，使人备己者也。

译文

想要进攻，敌人就无法抵御，因为攻击的是敌人防备虚弱的地方；想要撤退，敌人就无法追击，因为行动速度让敌人追赶不及。所以，我如果想交战，敌人即使据守深沟高垒，也不得不出来与我交战，这是因为我攻击的是敌人必须援救的地方；我如果不想交战，即使只是在地上画个界线进行防守，敌人也无法与我交战，这是因为我使敌人背离了进攻方向。

所以，要设法使敌人暴露形迹而我军不露痕迹，那么我就可以集中兵力，而敌人不得不分散兵力处处防备。我将力量集中于一处，敌人的力量却要分散于十处，这样，就相当于我以十倍的力量去攻击它，从而造成我众而敌寡的局面。能做到以众击寡，与我交战的敌人就相对少而弱。我所要进攻的地方敌人无法得知，无法得知，敌人需要防备的地方就多，敌人需要防备的地方多，与我交战的敌兵就少了。所以，着重防备前面，后面的兵力就薄弱；着重防备后面，前面的兵力就薄弱；着重防备左边，右边的兵力就薄弱；着重防备右边，左边的兵力就薄弱；处处防备，就会处处兵力薄弱。兵力之所以处处薄弱，是由于处处防备；兵力之所以强大，是因为迫使敌人分兵多处防备我们。

注释

2. 乖：违背、背离，这里有改变、调动的意思。之：往，去。3. 约：少而弱。

中国相关名言

- 宋·辛弃疾："不恃敌之不敢攻，而恃吾能攻彼之所必救也。"
- 宋·何去非："法有定论，而兵无常形。一日之内，一阵之间，离合取舍，其变无穷，一移踵瞬目，而兵形易矣。"

外国相关名言

- （英）蒙哥马利："在战斗打响之前，指挥官必须决定仗该怎么打，接着他得决定如何使用所带领的兵力，迫使战斗按自己的意愿进行，必须使敌人从一开始就按他的曲调跳舞，而不是跟着敌人转。"

⫛ 进而不可御者，冲其虚也。

原文

故知战之地，知战之日，则可千里而会战。不知战地，不知战日，则左不能救右，右不能救左，前不能救后，后不能救前，而况远者数十里，近者数里乎？以吾度之[4]，越人之兵虽多，亦奚益于胜败哉[5]？故曰：胜可为也。敌虽众，可使无斗。

故策之而知得失之计[6]，作之而知动静之理[7]，形之而知死生之地，角之而知有余不足之处[8]。故形兵之极，至于无形；无形，则深间不能窥，智者不能谋。因形而错胜于众[9]，众不能知；人皆知我所以胜之形[10]，而莫知吾所以制胜之形。故其战胜不复，而应形于无穷。

夫兵形象水，水之形，避高而趋下；兵之形，避实而击虚。水因地而制流，兵因敌而制胜。故兵无常势，水无常形，能因敌变化而取胜者，谓之神。故五行无常胜[11]，四时无常位[12]，日有短长，月有死生[13]。

译文

所以，能够预知交战的地点，能够预知交战的日期，那么即使行军千里也可以前去与敌人交战。如果不能预知交战的地点，不能预知交战的日期，就会导致左军救不了右军，右军救不了左军，前军救不了后军，后军救不了前军，何况远的多达几十里，近的也相隔几里呢！据我分析，越国的士兵虽多，可对战争的胜败又有什么帮助呢？所以说，胜利是可以争取的。敌人虽然众多，但可以使它无法与我战斗。

所以，要通过分析筹算来推知敌人作战计划的优劣长短，要通过诱使敌人行动来了解敌人的行动规律，要通过佯动示形的方式来探明敌人生死命脉所在，要通过试探性的进攻来掌握敌人兵力的虚实强弱情况。所以，佯动示形以诱敌的战术运用到极致，就进入“无形”的境界。没有了形迹，即使有深藏的间谍，也无法窥知我方的真实动向；即使是老谋深算的敌人，也想不出对付我方的计策。把根据敌情变化而灵活运用战术所取得的胜利摆在众人面前，众人还是看不出其中的奥妙所在。人们都知道我军取胜的战略战术，却不知道我军是怎样运用这些战略战术克敌制胜的。因为每一次取胜所采用的方法都不重复，而是针对不同情况灵活运用，变化无穷。

用兵的形势应该如水一样，水流动的规律，是避开高处而流向低处；用兵的形势，应避开敌人坚实之处而攻击其虚弱之处。水根据地势的变化而不断改变流向，用兵要根据敌情来制定不同的取胜方法。所以，用兵没有固定不变的方式方法，就像水流没有一成不变的形态一样。能够根据敌情的变化而随机应变取胜的，就可以叫作“用兵如神”了。五行相生相克，没有一个是常胜的；四季交替更迭，没有哪个季节固定不变；白昼有短有长，月亮有缺有圆（用兵之道和自然现象一样，永远处于变化之中）。

注释

4. 度（duó）：忖度，推测，推断。5. 奚：疑问词，何，岂。益：补益，帮助。6. 策：筹算，策度。7. 作：此指挑动、诱使敌人行动。8. 角：较量。9. 错胜于众：指将胜利摆在众人面前。错，同“措”，放置。10. 形：这里指作战的方式方法。11. 五行无常胜：是说金、木、水、火、土五种元素相生相克，没有哪种元素是常胜的。古人认为，金、木、水、火、土是构成万物的基本元素，它们彼此间是“相生相胜”的关系。所谓“相生”，即木生火，火生土，土生金，金生水，水生木。所谓“相胜”，又叫“相克”，指金克木，木克土，土克水，水克火，火克金。12. 四时无常位：是说春、夏、秋、冬四季依次更替，没有哪个季节固定不变。13. 死生：这里指盈亏晦明的月相变化。

中国相关名言

- 三国·曹操：“兵无常势，盈缩随敌。”
- 宋·王皙：“兵有常理，而无常势；水有常性，而无常形。兵有常理者，击虚是也；无常势者，因敌以应之也。”

兵形象水，水之形，避高而趋下；兵之形，避实而击虚。

外国相关名言

- （俄）苏沃洛夫："打仗不是靠数量，而是靠技巧。"
- （苏）伏龙芝："指挥员的本领就是善于从他所掌握的五花八门的手段中，采用当时当地收效最大的手段。"

《虚实篇》概要

（一）凡先处战地而待敌者佚，后处战地而趋战者劳。故善战者，致人而不致于人。

（二）出其所不趋，趋其所不意。行千里而不劳者，行于无人之地也。攻而必取者，攻其所不守也。

（三）微乎微乎，至于无形，神乎神乎，至于无声，故能为敌之司命。

（四）进而不可御者，冲其虚也；退而不可追者，速而不可及也。故我欲战，敌虽高垒深沟，不得不与我战者，攻其所必救也；我不欲战，画地而守之，敌不得与我战者，乖其所之也。

（五）故形人而我无形，则我专而敌分；我专为一，敌分为十，是以十攻其一也，则我众而敌寡；能以众击寡者，则吾之所与战者约矣。

（六）故形兵之极，至于无形；无形，则深间不能窥，智者不能谋。

（七）夫兵形象水，水之形，避高而趋下；兵之形，避实而击虚。水因地而制流，兵因敌而制胜。故兵无常势，水无常形，能因敌变化而取胜者，谓之神。

重点句例解

凡先处战地而待敌者佚，后处战地而趋战者劳。故善战者，致人而不致于人。能使敌人自至者，利之也；能使敌人不得至者，害之也。故敌佚能劳之，饱能饥之，安能动之。

赵奢先占有利地势胜秦兵 事见《史记》

公元前270年，秦国进攻韩国，军队驻扎在阏（yù）与。赵惠文王赵何召见廉颇问道："可以去援救吗？"廉颇回答说："道路远，而且又艰险又狭窄，很难援救。"又召见乐乘问这件事，乐乘的回答和廉颇一样。又召见赵奢来问，赵奢回答说："道路远且险狭，就譬如两只老鼠在洞里争斗，哪个勇猛哪个得胜。"赵王便派赵奢领兵去救援。

赵奢率军队离开邯郸三十里就停止前进，赵军增修营垒，停留二十八天不行动，秦将得知后大喜，说："军队离开国都三十里就不前进了，而且还增修营垒，阏与不是赵国的用兵之地。"

⇒秦军与赵军争夺北山，但攻不上去。

赵奢看时机差不多了，命令士兵卸下铁甲，快速向阏与进发。两天一夜就到达前线，下令善射的骑兵离阏与五十里扎营。秦军得知这一情况，立即全军赶来。

赵奢派出一万人迅速奔上北面山头。秦兵后到，与赵军争夺北山但攻不上去，赵奢乘势居高临下，猛击秦军。阏与守军也出城配合夹击秦军。秦军不支，死伤逃散过半，大败而归，阏与之围遂解。

“佚能劳之，饱能饥之，安能动之”的嘉山之战 事见《资治通鉴》

在“安史之乱”中，名将郭子仪、李光弼在河北与叛军战斗，天宝十五年（756）五月，郭子仪、李光弼率军抵达恒阳（今河北曲阳），史思明也率兵而来。郭子仪依靠深沟高垒，以逸待劳，叛军来攻就固守，撤兵就追击，白天耀兵扬威，夜晚偷袭贼营，使叛军不得安宁，人困马乏。这样持续了数天，郭子仪与李光弼商议说：“叛军已经疲劳，可以出战了。”五月二十九日，郭子仪、李光弼率军出城，与史思明军大战于嘉山。唐军大获全胜，杀敌四万多人，俘虏一千多人。史思明从马上跌落下来，发髻散乱，赤脚步行而逃，到了晚上，拄着折断的长枪回到军营，然后

⇐唐军夜晚偷袭叛军营地。

又逃奔博陵。李光弼乘胜追击，进围博陵，军势大振，河北地区被叛军占据的十多个州郡都杀了叛军的守将而归顺朝廷。

岐沟关之战 事见《辽史》

统和元年（983），辽圣宗即位，太后萧绰临朝称制，令名将耶律休哥总理南面军务，便宜从事。耶律休哥劝课农桑，修治武备，边境大治。

统和四年（986），宋朝三路大军伐辽（雍熙北伐），初时进展顺利，名将曹彬率领东路军一路北攻，攻下了涿州。

耶律休哥在援军未到之前，避免与宋军正面接战，他就在白天以精锐士兵虚张声势，夜晚则派出轻骑，杀伤宋军单弱者。如此一来，宋军忙于防御，人马疲累。耶律休哥又在林间草野设埋伏，截断宋军粮道。曹彬等因粮运不继，退守白沟。

一个多月后，曹彬又再次率部前来，耶律休哥以轻捷之兵攻击宋军离群单出者。宋军自救不暇，结为方阵，一边行军，一边在两边挖掘壕堑以防敌骑侵袭，将士疲惫不堪。宋军到达涿州，曹彬发现承天萧太后已率援兵到来，连忙决定退兵。这时耶律休哥已补充了精锐的援军，全

⇒岐沟关之战以辽军击破宋军告终。

力追击宋军，两军激战于岐沟关。

宋军以粮车环绕自卫，被辽军包围。到夜里，曹彬、米信率数骑逃走，其余宋军人马全部溃逃。辽军追到易州东，打听到宋军还有几万人，正在沙河边上做饭，急忙率兵前往攻击。宋军望风而逃，从岸上跌入水中以及互相践踏而死者过半，沙河为之不流。此战，宋军死亡数万人 。

在岐沟关之战中，耶律休哥运用灵活的战术，不断袭扰宋军，使宋军疲于应对，士卒饥乏，最终被击败，正合于孙子所说的“故敌佚能劳之，饱能饥之，安能动之”。

出其所不趋，趋其所不意。行千里而不劳者，行于无人之地也。攻而必取者，攻其所不守也；守而必固者，守其所不攻也。

尉迟迥伐蜀 事见《周书》《资治通鉴》

南朝梁元帝年间，梁元帝之弟武陵王萧纪在蜀地自立为帝，率军东下，准备进攻江陵。梁元帝十分害怕，就写信向西魏求助，又请求征伐蜀地。当时在西魏主政的宇文泰看到信后说：“蜀地可以图谋了。谋取蜀地，制服梁国，在此一举。”于是与群臣开会商议，将领们意见不一。尉迟迥认为，萧纪既然出动全部精锐东下，蜀地必然空虚，西魏大军开到，可以不战而平定蜀地。宇文泰赞同他的看法，对尉迟迥说：“伐蜀之事，全部委托给你，你有什么计策？”尉迟迥答道：“蜀地与中原隔绝一百余年，倚仗其山川险阻，不会想到我军会前去。我们应当用精锐部队，昼夜兼程前往袭取，出其不意，直捣要害。蜀人将会震惊于我军突至，必然毫不抵抗就放弃防守。”

宇文泰于是命令尉迟迥督率六军甲士一万二千人、战马一万匹前往伐蜀。一路上，西魏军并未遇到阻拦和抵抗，前军顺利抵达剑阁。萧纪的安州刺史乐广、镇守潼州的杨乾运举州投降，益州刺史萧㧑（huī）据城自守，被尉迟迥进兵包围，萧㧑多次出城迎战失利，也请求投降，蜀地被尉迟迥平定。尉迟迥的这次率军伐蜀，正应了孙子所说的“出其所不趋，趋其所不意。行千里而不劳者，行于无人之地也”。

参合陂之战 事见《资治通鉴》

395年，后燕国主慕容垂派遣太子慕容宝、辽西王慕容农、赵王慕容麟统领八万人，从五原出发讨伐北魏，范阳王慕容德、陈留王慕容绍另外带领步、骑兵一万八千人作为后继部队。散骑常侍高湖劝谏说：“魏与我们燕国结成友好关系已经很久了。中间虽然出现过波折，但主要起因和错误在于我们，怎么好突然调动军队进攻他们呢？何况拓跋珪沉稳勇武，富有谋略，从小就经历过许多艰难困苦，现在又兵强马壮，不应该轻视。皇太子年轻气盛，现在把征伐的指挥大权完全交给他，他一定会轻视魏而简单对付他们。万一事情的发展不像我们希望的那样，则太子既损伤了威望，同时又坏了大事，请陛下三思！”高湖的言辞也有些激切，慕容垂听了恼怒，当即罢免了高湖的官职。

北魏长史张兖听说燕国大军即将到来，对魏王拓跋珪说：“燕国被滑台、长子两次战役的胜利冲昏了头脑，这次进攻我们，对我们有所轻视，我们应该表现得疲惫孱弱，以使他们更加骄纵，这样就可以战胜他们。”拓跋珪听从了他的建议，命令把所有部落的牲畜资产全部迁到黄河以西一千多里的地方去躲避。燕军来到五原，收降了北魏其他部落的居民三万多户，收割杂粮一百多万斛，在那里设置了黑城，然后把大军开进到黄河边，造船准备渡河。

八月，拓跋珪在黄河南岸整顿自己的队伍。九月，把部队开到黄河边。慕容宝排开部队，正要渡河与北魏接战，突然狂风大作，把他们的几十艘战船刮到黄河南岸，船上的三百多全副武装的士兵都被北魏军俘虏，北魏把他们全都释放遣送回去。

慕容宝出征时，慕容垂已经患有疾病。燕军与北魏军对阵僵持了二十多天，因有传言说慕容垂已去世，燕军军心不安。入冬以后，燕军焚烧战船，撤退回国。这时黄河上的冰还没有冻住，慕容宝以为北魏的部队必定不能渡过黄河追击，就没有派出侦察部队。然而过了不久，黄河上的冰冻实，拓跋珪带兵过河，挑选了二万多精锐骑兵，火速追赶燕军。

燕军走到参合陂（今内蒙古凉城东的岱海）时，佛教高僧支昙

⇑ 北魏军追上并出其不意攻击撤军途中的后燕军。

猛建议慕容宝应防备北魏军追击，慕容宝认为离开北魏军已经很远，不足为虑，一笑置之。支昙猛坚持请求不停，哭着说：“前秦苻氏拥有百万雄师，但却在淮南遭到惨败，正是因为他们倚仗自己人多势众，轻视敌人，不信天道啊！”司徒慕容德劝慕容宝采纳支昙猛的建议，慕容宝才派慕容麟率领三万骑兵走在大军的最后，以防备非常事件的发生。慕容宝派骑兵去打探北魏军队的动静，这些骑兵也只是走出十几里地，便停下来睡觉了。

北魏军队昼夜兼程追击，十一月初九的黄昏，追到了参合陂西边。这时，燕军在陂东，扎营在蟠羊山南面的河旁。拓跋珪连夜部署诸将偷袭，让士卒悄悄接近后燕军。初十清晨，北魏军登上山头，向下俯视燕军营地。燕军向东进发时，回头发现北魏人马，惊慌失措，引发了混乱。拓跋珪趁势纵兵攻击，燕军奔跑落水、相互践踏而死者数以万计，四五万燕兵放下武器束手就擒，逃出去的也不过几千人。太子慕容宝等人都是单人匹马逃出。北魏军缴获兵刃、衣甲、粮草、辎重等不可胜数。拓跋珪下令把所俘的后燕将士全部坑杀。

在参合陂之战中，慕容宝轻敌而疏于防备，拓跋珪出其不意追击奇袭，双方的胜负，在最终的拼杀之前就已显现。

北周武帝指挥军队攻打北齐在汾水弯曲处的城垒。

周武帝谋攻河阳 事见《北史》

北周建德四年（575），周武帝宇文邕准备进攻北齐的河阳，他与臣下谋划时，宇文弼献策说："今天我们对齐作战，必须选择合适的进攻目标。河阳地处军事要冲，那里驻扎了北齐的精锐部队，我们即使是尽力去围攻，也很难攻破。依臣的看法，敌方的汾水弯曲之处，戍卫的城垒较小，山势平缓，很容易攻下，用武之地，莫过于此，愿陛下详察。"周武帝并没有采用这个建议，出兵后无功而还。

建德五年，周武帝亲率大军进攻北齐，采用了宇文弼的计策。建德六年，北周灭亡了北齐。

孙子说："攻而必取者，攻其所不守也。"在一些情况下，打攻坚战是必需的，但如果能找到节省气力和损耗，又事关全局的关键点，那是再好不过的。

进而不可御者，冲其虚也；退而不可追者，速而不可及也。

吕蒙乘虚，奇谋夺南郡 事见《资治通鉴》

建安二十四年（219），关羽与曹军战于樊城一带，东吴孙权势力便图谋夺取刘备势力所占的南郡（南郡当时由关羽负责守卫）。

吴将吕蒙把精锐士卒都埋伏在船中，让百姓摇橹，穿商人的衣服，昼夜兼程，出其不意，将关羽设置在江边守望的官兵全都抓了起来，关羽对吕蒙的行动一无所知。

刘备方面的将领糜芳、傅士仁一直不满关羽轻视自己，而且关羽率兵在外，糜芳、傅士仁供应军用物资不能全部送到，关羽说："回去后，要治罪。"糜芳、傅士仁感到恐惧，在东吴方面的诱降下，先后献城投降。吕蒙到达江陵，释放了被囚的于禁，对关羽将士们的家属，都给以抚慰，下令军士不得骚扰百姓、向百姓索取财物。吕蒙帐下有一亲兵，从百姓家中取用了一个斗笠，吕蒙流泪将这个亲兵处斩了，全军为之震恐，军士从此道不拾遗。吕蒙还在早晨和晚间派亲信去慰问和抚恤老人，询问他们生活有什么困难，给病人送去医药，给饥寒者衣服和粮食。南郡不但失守，而且人心亦归向东吴。

吴军奇袭南郡。

故我欲战，敌虽高垒深沟，不得不与我战者，攻其所必救也；我不欲战，画地而守之，敌不得与我战者，乖其所之也。

司马懿攻其必救，直取襄平 事见《资治通鉴》

景初元年（237），原魏辽东太守公孙渊背叛魏国，自立为燕王，置列百官，定都襄平（今辽宁辽阳）。公孙渊遣使诱招鲜卑侵扰曹魏北方。

景初二年，司马懿受命，率兵四万讨伐公孙渊，从京师出发，六月，进至辽水。公孙渊命大将军卑衍、杨祚（zuò）统率步、骑兵数万人驻扎在辽隧（在今辽宁海城一带），围城挖掘了长达二十余里的壕沟。魏军将领们想要攻城，司马懿说："敌人所以坚守壁垒不肯决战，是打算把我军拖垮在这里，现在攻打他们，正中其计。敌人主力在此，他们的老巢必定空虚，我军直指襄平，必能攻破。"

司马懿率军渡过辽河，向北挺进，直扑襄平。卑衍等大为惊恐，率军连夜回撤。魏各路大军进抵首山，公孙渊命卑衍等迎战魏军。司马懿

⇒司马懿不与敌迎击部队纠缠，直取襄平。

发动攻击，大败卑衍，继而进军包围襄平。当时天气连降大雨，一个多月不停，平地积水很深，魏军将士想要迁移营垒，司马懿下令军中："有敢说迁营者斩！"司马陈珪问道："从前攻打上庸，八支部队同时进发，日夜不停，十六天时间攻下坚城，斩杀孟达。这次远征而来，反而安闲迟缓，这是为什么呢？"司马懿说："孟达兵少，但存粮可支撑一年，我军将士人数是孟达的四倍，但粮食不能支持一个月。以四个兵士攻击一个敌人，即使损失一半而能够攻克，都应当去做。所以不顾死伤地强攻，是与粮食竞争啊！如今敌众我寡，敌饥我饱，但雨水如此之大，功力不能施展，虽然应当速战速决，又能做什么呢？用兵是一种诡诈的行为，要善于随机应变。"

大雨停止后，司马懿随即合拢包围圈，用土山、地道、各种攻城器具日夜攻城。公孙渊方粮食已尽，窘迫危急，以致人相食，死亡极多，其部将杨祚等投降。不久，公孙渊全军溃败，他与儿子公孙修带着数百骑兵向东南突围而逃，被魏军追上斩杀，司马懿进入襄平城，辽东、带方、乐浪、玄菟四郡全部平定。

> 故形人而我无形，则我专而敌分；我专为一，敌分为十，是以十攻其一也，则我众而敌寡；能以众击寡者，则吾之所与战者约矣。

孙膑"增兵减灶"诈庞涓 事见《史记》

战国时的军事家孙膑是"兵圣"孙武的后代，他曾经和庞涓一道学习兵法。后来，庞涓当上了魏惠王的将军，他知道自己的才能比不上孙膑，就秘密地把孙膑找来，假借罪名砍掉孙膑双脚，并且在他脸上刺了字，想让孙膑从此不能抛头露面。孙膑以犯人的身份秘密地会见了齐国的使臣，齐使臣认为孙膑是难得的人才，就偷偷地用车把他载回齐国。

公元前341年（一说公元前343年），魏国和赵国联合攻打韩国，韩国向齐国告急。齐王派田忌率军前去救援，直接进军魏国都城大梁。魏将庞涓听到消息，率师撤离韩国回魏。孙膑对田忌说："魏军向来凶悍勇猛，看不起齐兵，认为齐兵胆小怯懦。善于指挥作战的将领，能够

⇑ 庞涓被孙膑“减灶”示形所骗。

因势利导。兵法上说：‘急行军百里和敌人争利的，会折损上将军；急行军五十里和敌人争利的，会有一半士兵掉队。’齐军进入魏境后，第一天，请您命令砌十万人做饭的灶，第二天砌五万人做饭的灶，第三天砌三万人做饭的灶。”庞涓追赶齐军三日，看到齐军遗留的灶数的情况大喜，说：“我本来就知道齐军胆怯，进入我国境才三天，开小差的就超过半数了！”于是丢下步兵，只带着轻装精锐的部队，日夜兼程追击齐军。

孙膑估计庞涓的行程，当晚可以赶到马陵。马陵的道路狭窄，两旁又多是峻隘险阻，适合埋伏军队。孙膑就叫人砍去树皮，露出白木，写上“庞涓死于此树之下”。命令一万名善射的齐兵，潜伏在马陵道两边，约定说：“傍晚时看见树下火光亮起，就万箭齐发。”

庞涓当晚果然追至砍去树皮的大树下，看见白木上写着字，就点火照亮观看，还没读完，齐军伏兵万箭齐发，魏军大乱。庞涓自知智穷兵败，就拔剑自刎了，临死说：“倒成就了这小子（指孙膑）的名声！”

齐军乘胜追击，大破魏军，孙膑因此名扬天下。

敌所备者多，则吾所与战者寡矣。故备前则后寡，备后则前寡，备左则右寡，备右则左寡，无所不备，则无所不寡。寡者，备人者也；众者，使人备己者也。

李元昊时期主动的西夏军与被动的宋军 事见《宋史》

北宋仁宗景祐五年（1038），北宋的藩属党项政权首领李元昊脱宋自立，自称皇帝。宋仁宗宝元二年（1039），长达三年之久的第一次宋夏战争全面爆发。北宋与西夏之间发生了三川口、好水川、定川寨等三次大规模战役，均遭伏击，都以宋军失败而告终。

范仲淹曾分析说："陕西四路之兵，总数近三十万，并不是不多，但是各部队分守城寨，而西夏势力则不然，他们的部落分散居住，衣食自足，受到召集就能十余万人迅速聚集，专攻我方一处，以我方分散之兵拒敌专一之势，众寡不敌，所以遭到失败。"

范仲淹所说只是宋军屡败于西夏军的原因之一，其意与孙子所说"敌所备者多，则吾所与战者寡矣……备人者也；众者，使人备己者也"相通。

⇒ 李元昊（1003—1048），西夏王朝开国皇帝。1038 年，李元昊称帝，定都兴庆（今宁夏银川），称帝后，西夏与宋朝的关系彻底破裂。李元昊指挥的西夏军在三川口之战、好水川之战、定川寨之战等战役中，屡屡击败宋军，后与宋达成和议（《庆历和议》）。李元昊奠定了宋、辽、西夏鼎立的格局。

萨尔浒之战 事见《明史》《清史稿》

↑萨尔浒之战。

明万历四十七年（1619），明朝调集二十余万大军征伐后金，努尔哈赤率部在萨尔浒（今辽宁抚顺东大伙房水库附近）及萨尔浒附近地区迎战明军，这是明朝与后金的一次具有战略意义的决战。

明军分四路进军，其中还有女真叶赫部和朝鲜军队助战，第一路由杜松带领，第二路由马林带领，第三路由刘綎（tǐng）带领，第四路由李如柏带领。后金方面，努尔哈赤采取“凭尔几路来，我只一路去”的战略，集中兵力进攻一路，以消灭敌人有生力量为宗旨。

后金军先集中力量击溃杜松部队，而后击溃马林军，而后击溃刘綎军，在五天之内连破三路明军，明朝方面见大势已去，将李如柏一路调回。

萨尔浒大战以后金全胜、明军大败而告终。此战之后，明朝失去大部分辽东领土。

因形而错胜于众，众不能知；人皆知我所以胜之形，而莫知吾所以制胜之形。故其战胜不复，而应形于无穷。

曹操渭南之战 事见《资治通鉴》

在前面讲到过的“渭南之战”中，建安十六年（211）八月，曹操来到潼关，面对潼关扎营。曹操表面上对马超施加压力，暗中则派遣徐晃、朱灵率领步、骑兵四千人渡过黄河，到黄河以西扎营。九月，曹操进军至渭水南岸，大破马超联军。马超、韩遂败走凉州，杨秋逃奔安定，曹军阵斩成宜和李堪等将，平定了关中。

将领们就这一次的战事问曹操说：“开始，敌军主力据守潼关，渭水以北的道路都空虚无备。但您不从河东进军关中，反而屯兵在潼关之下，过了些日子再北渡黄河，是为什么？”曹操说：“敌军据守潼关，如果我军进入河东，敌军就会分兵把守各处渡口，我们便不能渡过黄河到河西。我故意以重兵集中在潼关，敌军就集中力量防守潼关，河西的戒备空虚，所以徐晃、朱灵两位将军能轻易取得河西。然后，我率大军北渡黄河，再到河西。敌军无法与我争夺河西的原因，就在于两位将军

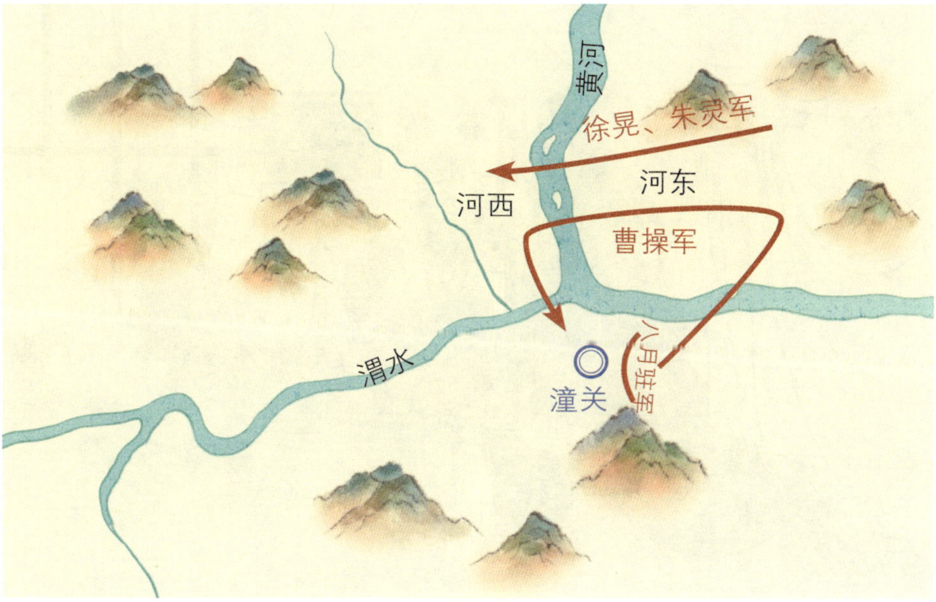

曹操渭南之战示意图。

已先驻军在那里了。我军渡过渭水后修筑营垒，敌人挑战而坚守不出，是使敌军骄傲自大，放松防备。我们养精蓄锐，而后发起攻击，好比是迅雷不及掩耳。”众将这才明白曹操的谋略，都十分佩服。

夫兵形象水，水之形，避高而趋下；兵之形，避实而击虚。水因地而制流，兵因敌而制胜。故兵无常势，水无常形，能因敌变化而取胜者，谓之神。

孙膑避实击虚，“围魏救赵” 事见《史记》

公元前 353 年，魏国攻打赵国，围困赵国首都邯郸，赵国形势危急，向齐国求救。齐威王任命田忌做主将，孙膑做军师，发兵救赵。田忌和孙膑一起谋划，田忌想要率军直接救赵，孙膑说：“如今魏国、赵国相互攻打，魏国的精锐部队必定都在国外作战，国内都是老弱残兵。你不如率领军队火速向魏国首都大梁挺进，占据它的交通要道，冲击它空虚的地方，魏国肯定会放弃赵国而回兵自救。这样，我们不但解了赵国之围，

⇒孙膑出谋划策。

又可坐收挫败魏国的效果。”田忌听从了孙膑的意见。魏军果然放弃邯郸回师，在桂陵与齐军交战，被齐军打得大败。

官渡之战 事见《资治通鉴》

建安元年（196），曹操迎汉献帝，迁都许县，从此挟天子以令诸侯。他先后击败吕布、袁术，占据了兖州、徐州以及部分豫州、司隶。

建安四年（199），袁绍战胜公孙瓒，据幽州、冀州、青州、并州，尽有河北之地，地广人众，兵粮优足，意欲南向以争天下。这样，曹操集团与袁绍集团之间的争斗在所难免。

袁绍想进攻许都，谋士田丰建议说：“曹操善于用兵，兵马虽少却不可轻视。现在，不如按兵不动，与他相持。将军据守山川险固，拥有四州的民众，对外结交英雄，对内抓紧农耕，加强战备。然后，挑选精锐之士，组成若干队奇兵，频繁攻击曹操薄弱之处，扰乱其地。曹军救右，我军就击其左；曹军救左，我军就击其右，使曹军疲于奔命，百姓无法安心生产，我们没有劳苦，而曹军已经陷入困境，不出三年，就可坐等胜利。现在放弃庙胜之策，而要以一战来决定成败，万一不能如愿，后悔就来不及了。”袁绍没有采纳田丰的建议。田丰竭力劝谏，袁绍认为他扰乱军心，给他戴上刑具，关押起来。

建安五年（200）二月，袁绍进军黎阳（今属河南省鹤壁市），当时曹操驻军官渡，官渡之战拉开序幕。

在曹操与袁绍对峙互攻期间，曹操兵少粮尽，士兵疲惫不堪，百姓因沉重的赋税而困苦，很多人背叛而降附袁绍。曹操深为忧虑，给荀彧写信，说准备退回许都，引诱袁军深入。荀彧回信说：“袁绍聚集全部军队到官渡，打算与您一决胜负。您以弱抗强，如果不能制敌，就将为敌所制。袁绍只是布衣中的英雄罢了，能把人才招集在自己身边，却不能任用。以您的神武明智，加上尊奉天子、名正言顺，何往而不利！您坚守不动，扼住袁军的咽喉，使袁军无法前进已长达半年，情势马上就要发生变化，这正是出奇制胜的时机，一定不能放弃。”曹操听从荀彧的劝告，于是坚守营垒，与袁绍相持。

袁、曹相持到冬季，袁绍派大批车辆运粮草，让大将淳于琼等率领一万余人护送。沮授劝袁绍再派遣一支军队，在运粮队外围巡逻，以防曹操派军袭击。袁绍不听。许攸说：“曹操兵少，集中全力来抵抗我军，许都的防备一定空虚，如果派一支队伍轻装前进，连夜奔袭，可以攻陷许都。占领许都后，就奉迎天

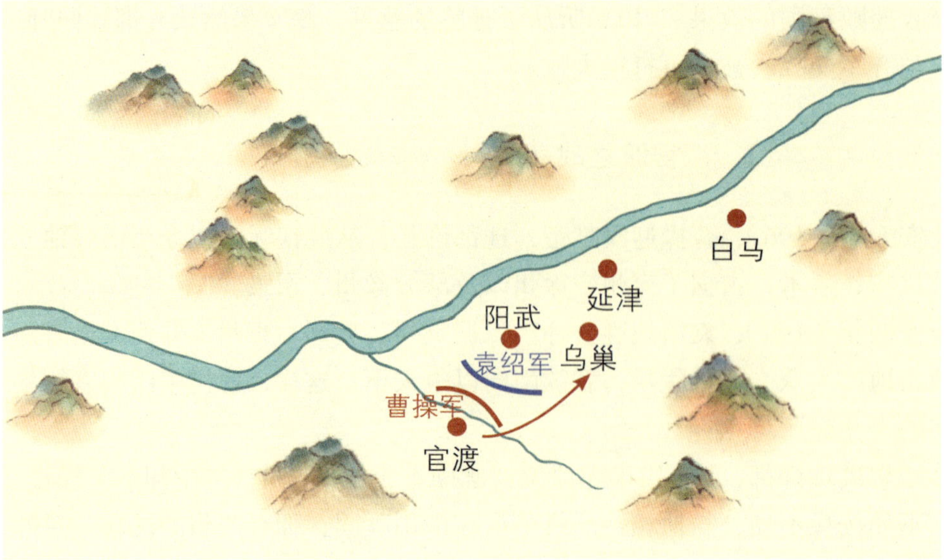

⇒官渡之战示意图。

子以讨伐曹操，必能捉住曹操。即使他未立刻溃散，也能使他首尾不能兼顾，疲于奔命，一定可将他击败。”袁绍不同意。（袁绍不能采纳别人的正确意见，刚愎自用，这是他最后输掉官渡之战的重要原因。《后汉书》的作者范晔评价他“性矜愎自高，短于从善，故至于败”。）

后来，许攸投奔曹操，曹操听说许攸前来，等不及穿鞋，光着脚出来迎接他，拍手笑着说：“许子卿，你远道而来，我的大事可以成功了！”入座以后，许攸对曹操说：“袁军势大，您有什么办法对付他？现在还有多少粮草？”曹操说：“还可以支撑一年。”许攸说：“没有那么多，再说一次。”曹操又说：“可以支撑半年。”许攸说：“您不想击破袁绍吗？为什么不说实话呢！”曹操说：“刚才只是开玩笑罢了，其实只能支撑一个月了，怎么办呢？”许攸说：“您孤军独守，外无救援，而粮草已尽，这是危急的关头。袁绍有一万多辆辎重车，在故市、乌巢，守军戒备不严密，如果派轻装部队出其不意袭击，焚毁他们的粮草与物资，不出三天，袁绍大军就会自行溃散。”

曹操大喜，留下曹洪、荀攸防守大营，亲自率领五千名步、骑兵出击。军队一律用袁军旗号，兵士嘴里衔着小木棍，把马嘴绑上，夜里悄然从小道出发，每人抱一捆柴草。路上遇到有人问，就回答说：“袁公恐怕曹操袭击后方辎重，派兵去加强守备。”听的人信以为真，不加戒备。

曹军到达乌巢后，围住袁军粮草辎重，四面放火，袁军营中大乱。

⇑火烧乌巢。

负责守护的淳于琼军抵挡不住曹军进攻。

袁绍听到曹操袭击乌巢的消息，说："就算曹操攻破淳于琼，我去攻破他的大营，让他无处可归。"大将张郃说："曹操亲率精兵前去袭击，必能攻破淳于琼等，他们一败，粮草辎重被毁，则大事去矣！请先去救援淳于琼。"袁绍不听，只派轻骑兵去援救淳于琼，而派重兵进攻曹军大营，未能攻下。

袁绍增援的骑兵到达乌巢，曹操左右的人说："敌人的骑兵靠近了，请分兵抵抗。"曹操怒喝道："敌人到我身后再来报告！"曹军士兵都拼死作战，大破袁军，斩杀淳于琼等，烧毁袁军全部粮草。袁军惊恐，全面崩溃。袁绍与袁谭等仅带着八百名骑兵渡过黄河而逃。袁军残部投降，全部被曹操坑杀，袁军先后被杀死的有七万余人。

官渡之战是中国历史上著名的以少胜多、以劣势胜优势的战役，曹操善于采纳正确的建议，能避实击虚，奇袭对方要害，所以赢得了胜利。

↑ 笠泽之战。

笠泽之战，勾践因敌制胜 事见《左传》

春秋时期，越国攻打吴国，吴王夫差出兵于笠泽迎击，与越军隔笠泽水对阵相抗。越军在三军之外另出左右两军，虚张声势，乘夜色擂鼓呼号而进，以吸引吴军注意力。吴军分兵进行抵御。越王勾践亲率三军偷偷从中央渡过笠泽水，至吴军中军处，突然击鼓而袭之，吴军大乱而溃，被越军击败。

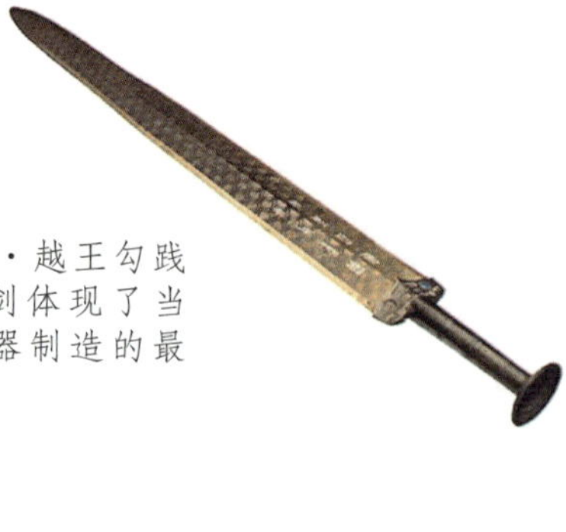

↗ 春秋·越王勾践剑。此剑体现了当时短兵器制造的最高水平。

《虚实篇》在其他领域的应用

致人而不致于人

孙子说："致人而不致于人。"意思是调动敌人而不被敌人所调动，就是俗话说的，不被人牵着鼻子走，你打你的，我打我的。《道德经》中所讲的"善胜敌者不与"也是这个意思。

兵法，谈论的是你死我活，要分生死，但在我们的日常生活中，乃至商业、外交领域，通常以共赢为最佳局面，不至于到你死我活的程度。有些人奉行"走自己的路，让别人无路可走"，这是居心不良，最后只会落得自己无路可走。

在日常生活中，想要做到"致人而不致于人"，其实只需要做好自己、提高自己。学生学习好，其他学生就会对其抱有敬意；做工作、做事业能勤勤恳恳、兢兢业业，他人就会对其抱有敬意；为人处事讲道德，有操守，他人就会抱有敬意，产生信任感；自身的修养好，才能多，他人就会抱有敬意，对其有所青睐。凡事先从自身下功夫，不用天天盯着别人，琢磨怎么能"致人而不致于人"。

世界500强企业本田技研工业株式会社（简称"本田"）的创办人本田宗一郎曾评论20世纪五六十年代的日本技术发展说："日本的生产技术，起码比欧美落后十年，如果采用类似欧美的机械设备，一年后必可迎头赶上，可当我们赶上时，他们又已经往前跨出一大步。假如我们尽是跟在别人后面学习，模仿，怎么会有前途呢？"

本田宗一郎不愿模仿别人，立志创造出别人从没有过的高质量产品，正是这样不懈的努力，才使本田公司走上了汽车产业的巅峰。

本田宗一郎致力于研发与创新，从一开始就选择了艰苦奋斗、自主研发的道路，所以先苦后甜。抄袭、模仿可能能在一时进速较快，但终究是受制于人，随时可能被人家扼制，做不到"致人而不致于人"。

我们虽然应该注意市场的潮流与动向，但也应该知道，很多时候，市场的风潮是被创造出来的，就像乔布斯推出iPhone，并未追随当时主流移动通信电子产品的风潮，却创造了最大的风潮，深刻地改变了现代通信、娱乐乃至生活的方式。消费者需求不但是"满足"出来的，更是"创造"出来的。创新，决定了你是领袖还是跟随者。

集中精力，金石为开

孙子说："我专为一，敌分为十，是以十攻其一也，则我众而敌寡。"意思是说，我的兵力集中而敌人的兵力分散，相对于分散为十处的敌人兵力，我集中兵力对付其一处，相当于以十倍兵力对付它。如果把这句话应用于社会生活中，这里的敌人，可以理解为各种困难、阻碍。

在日常生活中，很多人平庸，实际上是因为人生目标不明确，精力分散，不能专心而有毅力地去向一个方向努力。三天打鱼两天晒网的、处处涉及却处处浅尝辄止的、半途而废的、今天朝东明天朝西的人比比皆是。西方有名言说："只要专注于某一项事业，就一定会做出使自己感到吃惊的成绩。""失败与成功的最后一位裁判，往往由毅力来充当。"只要树立了良好的人生观与人生目标，持续向一个方向努力，取得成功是早晚的事情。

俗话说："不怕千招会，就怕一招精。"《史记·货殖列传》中举了很多例子：种田务农是笨重的行业，而秦扬却靠它成为一州的首富。行走叫卖是士大夫轻视的行业，而雍乐成却靠它发财。贩卖油脂是不起眼的行当，而雍伯靠它挣到了千金。卖水浆本是小本生意，而张氏靠它赚了一千万钱。磨刀是小手艺，而郅（zhì）氏靠它富到列鼎而食。卖羊肚儿

⇒ 郅氏靠磨刀富到列鼎而食。

本是微不足道的事，而浊氏靠它富至车马成行。给马治病是浅薄的小术，而张里靠它富到击钟佐食。这些人都是由于心志专一而致富的。

在企业经营领域，我们可以看到很多当初因为专精于一业而崛起的企业，也看到不少企业在壮大以后，盲目扩张规模和业务，涉足各种自己所不熟悉的行业，甚至忽视忘记本业，最后倒闭破产。人心不足蛇吞象，人到成功易忘本。无论是创业也好，发展也好，坚持专精之路，是不会出大差错的。

随机应变取胜

孙子说："水因地而制流，兵因敌而制胜。故兵无常势，水无常形，能因敌变化而取胜者，谓之神。"这段话不难理解，就是要求人随机应变，因敌制胜。

在商战中，对于竞争对手可以根据其情况而采取相应策略应对。

如果竞争对手实力雄厚，技术先进，规模庞大，就要考虑不能与之生产同质产品，要创制独辟蹊径、超出对手的产品。

如果竞争对手和我方实力相当，我方可以联合其他力量，与其展开激烈的竞争。

如果竞争对手实力较弱，资金不足，我方可通过扩大规模、摊低成本、发挥价格优势、广作宣传、高信用等方式取胜。

诸如此类的应变方式还有很多，但要注意，防人不等于害人。主动害人，在兵法上都是要避免的。

反思与活用：随机应变与以不变应万变

随机应变与以不变应万变应该是相辅相成的，一成不变应对不了瞬息万变的世界，总因情况而变化则会自作困扰，无法稳健地成长与发展。就好像宇宙之中有一些恒常的规律，亦有各种我们所意料不到或者不知的变化与突变。《易经》讲"三易"，简易（化繁为简）、不易（恒常规律）和变易（万物变化）。

一个人做人和做事，有些东西是不能变的，比如基本道德、勤劳、毅力、创造等，但也要有足够的智慧随机应变。

三分钟贯通中国战争史（六）

三国时期的战争

东汉末年，由于政治黑暗腐败，人民生活困苦，爆发了声势浩大的“黄巾起义”。朝廷令各州郡自行募兵镇压起义，虽镇压了黄巾起义，但却使地方州郡长官拥兵自重，纷纷割据，军阀四起，天下大乱。曹操先后击败吕布、袁术、袁绍等势力，基本上统一了北方。208 年发生赤壁之战，曹操被孙刘联军击败，刘备随后攻取益州，三国鼎立的局面形成。

从东汉末年到三国形成之间的战争，主要是各割据势力之间相互攻伐和吞并的战争（也有与少数民族部族的战争，如曹操攻乌桓之战），三国开始以后，战争则主要是魏、蜀、吴三国之间的战争。

263 年，魏国权臣司马昭发动魏灭蜀之战，蜀汉灭亡。266 年，魏国权臣司马炎迫使魏元帝曹奂（huàn）禅让帝位，称帝建国，国号“晋”，史称“西晋”。279 年，晋武帝司马炎大举伐吴，孙皓投降，吴国灭亡，晋朝统一全国。

官渡之战。

历代武备（六）

三国时期的武备

霹雳车

据史书记载，在官渡之战中，袁绍军中制造高楼，堆起土山，居高临下地向曹营射箭，曹军在营中行走，都要用盾牌遮挡飞箭。曹操制成霹雳车，发射石块，将袁绍的高楼全都击毁。

三国步兵。

筒袖铠

筒袖铠是肩部有短筒袖的铁甲，防护能力更强。《南史·殷孝祖传》中说这种铠甲“二十五石弩射之不能入”。

三国时期的兵器装备主要为刀、矛、戟、弓、弩、铠甲、盾牌等，《三国演义》中讲的“青龙偃月刀”“方天画戟”等兵器是小说虚构的，“青龙偃月刀”“方天画戟”到宋代才进入兵器谱。三国时期已装备“筒袖铠”，提高了将士的防护能力，亦出现了诸如“霹雳车”等攻守器械。

中华文明文化丛书·国风新绘

孙子兵法

下　册

任犀然　编著

人民东方出版传媒
People's Oriental Publishing & Media
東方出版社
The Oriental Press

目录

孙子生平…………………………………………………………… 3
《孙子兵法》概述………………………………………………… 5
计篇………………………………………………………………… 7
多才多艺、不识干戈的亡国之君 ……………………………18
“民无叛意”的晋阳保卫战 …………………………………19
不合天时，未战先衰；顺天之利，如虎添翼……………21
胡柳陂之战……………………………………………………22
“仁、智、信、勇、严”的岳飞……………………………23
司马穰苴治军执法严明、恩威兼备………………………26
李勣的为将之道 ……………………………………………28
戚继光的治军之道……………………………………………29
荀彧、郭嘉以十胜十败分析曹操、袁绍之局势…………30
白起设疑兵，出其不意战伊阙………………………………32
韩信示敌假象，渡河破魏……………………………………33
井陉之战………………………………………………………34
不入虎穴，焉得虎子…………………………………………37
曹操巧施“亲而离之”之计…………………………………38
戚城之战………………………………………………………39
任圜伏兵奇袭李绍琛…………………………………………39
狄青示敌假象、麻痹敌军，奇袭昆仑关……………………40
曲靖之战………………………………………………………41
薛公“庙算”战事走向………………………………………42
马援堆米为山谷分析形势，助刘秀获胜……………………43
未出茅庐而知三分天下的“隆中对” ………………………44
李世民以谋退突厥……………………………………………46
宋太祖雪夜访普，庙算南伐…………………………………47
“治生之祖”白圭的“智、勇、仁、强”之道……………48
日常生活中的道、天、地、将、法…………………………49
企业经营管理中的道、天、地、将、法……………………50
用“七计”判断一个企业是否有发展………………………50
“庙算”是生产经营活动的必要前提………………………51
原始时代的战争………………………………………………52

原始时代的武备……53
作战篇……55
司马懿八日行军千里擒杀孟达……63
令东魏权臣高欢钝兵挫锐、饮恨而终的玉壁之战……64
白起论伐赵……65
刘邦纳谏“因粮于敌”……66
李密“因粮于敌”的建议……67
郭崇韬“因粮于敌”伐蜀……68
善于“因粮于敌”的蒙古军队……68
隋炀帝三征高句丽，“劳师远输”……69
吴汉带伤激励将士……70
周德威以利相诱激励士气……71
曹刿论“一鼓作气”……72
速战而胜的皖城之战……73
自除良将，自毁长城……74
一代名将耶律休哥……75
如何降低“远输”成本是商家一直关注的问题……76
如何激励企业员工的士气……76
“拙速”抓机遇……77
商代的战争……78
商代的武备……79
谋攻篇……81
韩信“全国为上”降服燕国……91
司马错谋伐蜀……92
王朴的全盘谋划……93
李密的智者之失……94
张仪欺楚……95
苏秦游说六国联合拒秦……96
随何劝说英布击楚……98
北魏拓跋焘攻盱眙……99
陈泰的“不战而屈人之兵”……100
陶侃不战而屈人……101
“不知军之不可以进而谓之进”而导致的惨败……102
束缚前线将领的“阵图”……103
知用兵进退时机的贾诩……105
羊祜、杜预知吴可伐……106
用人不疑、大胆放权的宋太祖赵匡胤……107

李弼知“众寡之用”，助胜沙苑之战…… 108
项羽破釜沉舟战秦军…… 109
上下同心的采石之战…… 110
西夏军“以虞待不虞”的好水川之战…… 110
韩信知己知彼，分析刘、项短长…… 112
提升自我，不战而胜的法宝…… 114
战略规划、先谋后行是商业竞争取胜的重点之一…… 114
决策者的失误是灾难…… 114
“上下同欲者胜”，让员工与企业同心同德…… 115
让员工成为企业的主人…… 115
周代的战争…… 116
周代的武备…… 117
形篇…… 121
周亚夫“先为不可胜”平定七国之乱…… 127
以寡敌众的雍丘守卫战…… 128
于谦保卫北京城…… 129
宁远之战…… 130
李严分析前蜀唾手可得…… 132
晋军势如破竹灭东吴…… 133
势不可当的隋灭陈之战…… 134
先为不可胜，让产品自己说话…… 136
投其所好，胜于易胜者也…… 137
西汉的战争…… 138
西汉的武备…… 139
势篇…… 143
孙策乘虚而入破刘勋…… 148
冒雪奇袭的东兴之战…… 149
李嗣源避实击虚，直取梁都…… 150
耿弇屡施奇计破张步…… 151
李愬雪夜奇袭蔡州…… 153
高欢军“势如𢐀弩，节如发机”，以少胜多…… 154
拼死力战而以少胜多的后周高平之战…… 155
张辽之勇，令敌胆怯…… 156
从踌躇满志到“草木皆兵”“风声鹤唳”…… 157
李牧破匈奴…… 158
诱敌、奇袭、分割包围、断粮道的长平之战…… 160
诱敌而破敌的延津之战…… 162

虞诩增灶示强，迷惑敌军…… 163
虞诩小弩示弱，重创敌军…… 164
燕昭王择人任势打败强齐…… 165
汉武帝重用青年英豪，建不世功勋…… 166
势不可当的火牛阵…… 167
管理之道：分数与形名…… 169
为人与做事中的“奇正”…… 170
学会任势与择人…… 171
东汉的战争…… 172
东汉的武备…… 173
虚实篇…… 175
赵奢先占有利地势胜秦兵 …… 182
“佚能劳之，饱能饥之，安能动之”的嘉山之战…… 183
岐沟关之战 …… 184
尉迟迥伐蜀…… 185
参合陂之战 …… 186
周武帝谋攻河阳 …… 188
吕蒙乘虚，奇谋夺南郡 …… 189
司马懿攻其必救，直取襄平…… 190
孙膑“增兵减灶”诈庞涓 …… 191
李元昊时期主动的西夏军与被动的宋军 …… 193
萨尔浒之战 …… 194
曹操渭南之战 …… 195
孙膑避实击虚，“围魏救赵” …… 196
官渡之战…… 197
笠泽之战，勾践因敌制胜…… 200
致人而不致于人…… 201
集中精力，金石为开…… 202
随机应变取胜…… 203
三国时期的战争…… 204
三国时期的武备…… 205
军争篇…… 207
公子小白变惊险为有利，先到为君…… 212
智谋之将的失败军争…… 213
四面楚歌…… 214
唐太宗单骑退突厥…… 216
王翦灭楚…… 217

柏乡之战…… 218
兵贵神速、击其惰归的刘秀军灭公孙述之战…… 220
以治待乱，以静待哗…… 221
刘秀以近待远，以逸待劳，以饱待饥击赤眉…… 221
朱儁的围师而阙…… 222
张元徽佯败破周军…… 222
曹操饵兵取胜，据“归师勿遏、死地后生”而知胜…… 222
皇甫嵩避其锐，击其疲…… 223
赵充国缓追穷寇…… 224
以迂为直，以患为利…… 225
为人处世留余地…… 226
两晋南北朝时期的战争（一）…… 227
晋代的武备…… 228
九变篇…… 231
沈攸之攻小城而失大局…… 236
赵充国不受君命…… 237
张方“因败为成”…… 238
烛之武以利害得失说服秦穆公…… 239
姚襄易怒被利用，兵败身死…… 241
因仁善爱民而兵败身死的刘虞…… 242
范文虎贪生怕死坏大计…… 243
有所不攻才有所取，有舍才有得…… 244
在顺境中谦虚谨慎，在逆境中怀抱希望，坚持前行…… 244
两晋南北朝时期的战争（二）…… 246
南北朝时期的武备…… 248
行军篇…… 251
韩信潍水击龙且…… 260
钟繇破郭援…… 262
洺水之战…… 262
曹军错驻地，关羽借水攻…… 264
石岭关之战…… 264
马援占据水草以逸待劳破羌兵…… 265
淮西之役…… 266
赵涉的救命提醒…… 266
博望坡之战…… 267
曹咎被挑战辱骂激怒失成皋，兵败身死…… 268
卢水胡中挑战之计遭受惨败…… 269

李从厚倾尽府库犒赏，将士依然离心离德…………………… 269
安禄山之死…………………………………………………… 270
史思明之死…………………………………………………… 271
昆阳之战……………………………………………………… 272
淝水之战……………………………………………………… 274
高梁河之战…………………………………………………… 276
李光弼以少胜多战常山……………………………………… 278
岳飞严而善抚，士卒用命…………………………………… 279
不可轻忽冒进………………………………………………… 280
制度管理与文化、价值观引导并行………………………… 280
隋唐时期的战争……………………………………………… 281
隋唐时期的武备……………………………………………… 282
地形篇……………………………………………………… 285
虎牢关之战…………………………………………………… 292
木门之战……………………………………………………… 293
曹操利用地形击吕布………………………………………… 294
岳飞知兵知地破李成………………………………………… 294
钓鱼城之战…………………………………………………… 296
李靖“自作主张”奔袭突厥………………………………… 298
为士卒吮疽的名将吴起……………………………………… 299
越王勾践苦心经营，等待时机向吴复仇…………………… 300
丰田公司的管理之道………………………………………… 302
日本汽车企业应对美国限制………………………………… 303
五代时期的战争……………………………………………… 304
五代时期的武备……………………………………………… 305
九地篇……………………………………………………… 307
冯异急行军抢占栒邑………………………………………… 319
王基论“争地”而占之……………………………………… 320
张仁愿争地修筑受降城……………………………………… 321
死地求生的白团卫村之战…………………………………… 322
兵贵神速、以少胜多、长途奇袭的彭城之战……………… 323
兵贵神速、以少胜多的曹操征乌桓之战 ………………… 324
邓艾偷渡阴平，“出其不意”攻灭蜀国 ………………… 325
刘裕攻灭南燕之战…………………………………………… 326
韩璞以诚感动鼓舞士卒……………………………………… 328
陈霸先论以“常山之蛇”之策击侯景……………………… 329
河阳之战……………………………………………………… 330

王镇恶激励将士在死地奋发战斗…… 332
李靖顺详敌意，并敌一向，千里杀将…… 333
曹操临阵，始如处女，后如脱兔…… 334
让自己变得不可或缺…… 335
努力发现并填补市场空白…… 335
多重支撑，留有后手…… 335
宋代的战争…… 336
宋代的武备…… 338
火攻篇…… 343
赤壁之战…… 348
唐岛之战…… 350
鄱阳湖之战…… 351
夷陵之战…… 352
不可意气用事…… 354
明代的战争…… 355
明代的武备…… 356
用间篇…… 359
秦国施用离间、反间之计除信陵君…… 365
赵王中反间计杀良将李牧…… 366
陈平离间楚君臣…… 367
韦孝宽离间段琛、牛道恒…… 368
岳飞善用反间计…… 368
皇太极计除袁崇焕…… 370
清朝用明朝重臣打天下…… 371
尽可能多地获取有用信息…… 372
内部崩溃…… 372
清代的战争…… 373
清代的武备…… 374
附录 三十六计 …… 377
《三十六计》概述…… 379
第一计 瞒天过海…… 380
刘邦荥阳脱困 …… 380
第二计 围魏救赵…… 381
陶侃“围魏救赵”破苏峻 …… 381
第三计 借刀杀人…… 382
刘备“借刀杀人”除吕布 …… 382

第四计　以逸待劳 …… 383
班超以逸待劳退月氏 …… 383
第五计　趁火打劫 …… 384
楚将趁火打劫取利 …… 384
第六计　声东击西 …… 385
曹操声东击西解白马之围 …… 385
第七计　无中生有 …… 386
韦孝宽无中生有构害斛律光 …… 386
第八计　暗度陈仓 …… 387
邓艾识破姜维“暗度陈仓”之计 …… 387
第九计　隔岸观火 …… 388
曹操“隔岸观火”灭袁氏 …… 388
第十计　笑里藏刀 …… 389
卫鞅阴谋败魏军 …… 389
第十一计　李代桃僵 …… 390
赵氏孤儿 …… 390
第十二计　顺手牵羊 …… 391
宋太祖顺手牵羊灭荆南 …… 391
第十三计　打草惊蛇 …… 392
商臣打草惊蛇得实情 …… 392
第十四计　借尸还魂 …… 393
元末起义多借“宋尸”还“己魂” …… 393
第十五计　调虎离山 …… 394
周勃“调虎离山”灭诸吕 …… 394
第十六计　欲擒故纵 …… 395
楚国“欲擒故纵”灭庸国 …… 395
第十七计　抛砖引玉 …… 396
楚军“抛砖引玉”败绞军 …… 396
第十八计　擒贼擒王 …… 397
张巡“擒贼擒王”箭射尹子奇 …… 397
第十九计　釜底抽薪 …… 398
薛长孺“釜底抽薪”散叛兵 …… 398
第二十计　混水摸鱼 …… 399
曹操迎献帝 …… 399
第二十一计　金蝉脱壳 …… 400
毕再遇悬羊击鼓，“金蝉脱壳” …… 400

第二十二计 关门捉贼 …… 401

陈奇瑜车厢峡关门捉贼 …… 401

第二十三计 远交近攻 …… 402

范雎的“远交近攻”之策 …… 402

第二十四计 假道伐虢 …… 403

假途灭虢 …… 403

第二十五计 偷梁换柱 …… 404

萧道成“偷梁换柱” …… 404

第二十六计 指桑骂槐 …… 405

淳于髡的旁敲侧击 …… 405

第二十七计 假痴不癫 …… 406

假痴不癫以避祸，韬光养晦以待时 …… 406

第二十八计 上屋抽梯 …… 407

上屋抽梯，迫不得已 …… 407

第二十九计 树上开花 …… 408

刘备“树上开花”联吴抗曹 …… 408

第三十计 反客为主 …… 409

刘备“反客为主”夺益州 …… 409

第三十一计 美人计 …… 410

王逵用“美人计”擒杀何敬真 …… 410

第三十二计 空城计 …… 411

张守珪“空城计”退吐蕃军 …… 411

第三十三计 反间计 …… 412

李煜中反间计毒杀林仁肇 …… 412

第三十四计 苦肉计 …… 413

要离以苦肉计刺杀庆忌 …… 413

第三十五计 连环计 …… 414

毕再遇施连环计破金军 …… 414

第三十六计 走为上 …… 415

当退避则退避，保存实力 …… 415

军争篇

军争就是两军争夺制胜条件，本篇论述军争的利弊、原则和方法，提出了以下军事原则：

一、“以迂为直，以患为利”，通过引诱和调动敌人做到后发先至。

二、军争时要多方面考虑可行性，不能因为求争利而不顾及物资保障、军队状态、诸侯态度等问题，造成争小利而遭大害的情况。

三、“兵以诈立，以利动，以分合为变”。指挥作战，奇诈多变才能成功，有利才可以采取行动，分散或集中使用兵力要随情况而变。

四、将帅应使用“四治战法”（治气、治心、治力、治变）调节士兵的精神状态，在战机的把握上不可违背“用兵八戒”。

《军争篇》全文通读

孙子曰：凡用兵之法，将受命于君，合军聚众，交和而舍，莫难于军争。军争之难者，以迂为直，以患为利。

故迂其途，而诱之以利，后人发，先人至，此知迂直之计者也。

故军争为利，军争为危。举军而争利，则不及；委军而争利，则辎重捐。是故卷甲而趋，日夜不处，倍道兼行，百里而争利，则擒三将军。劲者先，疲者后，其法十一而至。五十里而争利，则蹶上将军，其法半至。三十里而争利，则三分之二至。是故军无辎重则亡，无粮食则亡，无委积则亡。故不知诸侯之谋者，不能豫交；不知山林、险阻、沮泽之形者，不能行军；不用乡导者，不能得地利。故兵以诈立，以利动，以分合为变者也。故其疾如风，其徐如林，侵掠如火，不动如山，难知如阴，动如雷震。掠乡分众，廓地分利，悬权而动。先知迂直之计者胜。此军争之法也。

《军政》曰："言不相闻，故为金鼓；视不相见，故为旌旗。"夫金鼓旌旗者，所以一人之耳目也。人既专一，则勇者不得独进，怯者不得独退，此用众之法也。故夜战多火鼓，昼战多旌旗，所以变人之耳目也。

故三军可夺气，将军可夺心。是故朝气锐，昼气惰，暮气归。故善用兵者，避其锐气，击其惰归，此治气者也。以治待乱，以静待哗，此治心者也。以近待远，以佚待劳，以饱待饥，此治力者也。无邀正正之旗，勿击堂堂之陈，此治变者也。

故用兵之法，高陵勿向，背丘勿逆，佯北勿从，锐卒勿攻，饵兵勿食，归师勿遏，围师必阙，穷寇勿迫，此用兵之法也。

《军争篇》详解

原文

孙子曰：凡用兵之法，将受命于君，合军聚众，交和而舍[1]，莫难于军争。军争之难者，以迂为直，以患为利。故迂其途，而诱之以利，后人发，先人至，此知迂直之计者也。

故军争为利，军争为危。举军而争利，则不及；委军而争利[2]，则辎重捐[3]。是故卷甲而趋[4]，日夜不处，倍道兼行[5]，百里而争利，则擒三将军[6]。劲者先，疲者后，其法十一而至。五十里而争利，则蹶上将军[7]。其法半至；三十里而争利，则三分之二至。是故军无辎重则亡，无粮食则亡，无委积则亡[8]。

译文

孙子说：大凡用兵的法则，将帅接受国君的命令，从征集民众组编军队，到开赴前线与敌人对阵，这期间最困难的事情莫过于与敌人争夺制胜的条件。争夺制胜条件最困难的地方，又在于如何以迂回曲折的方法达到近直的目的，如何化不利因素为有利因素。所以，采取迂曲的途径，用利益引诱敌人，这样，比敌人后出发，却能先敌人到达。如此就算是掌握“迂”“直”的道理的人。

所以，争夺制胜条件是为了使形势对自己有利，但争夺制胜条件的过程也有危险。全军带着应备的物资辎重去争利，往往因为行动迟缓而赶不上；如果舍弃物资辎重去争利，那么这些东西就白白地损失了。因此，卷起铠甲急速行进，日夜不停，速度加倍地连续行军，赶到百里以外去与敌人争利，三军将帅很可能为敌人所擒。强健的士兵跑在前面，疲弱的士兵落在后面，这样的做法常常导致只有十分之一的兵力能够如期到达。奔行五十里去与敌人争利，前锋部队的将领很可能遭受挫败，这样的做法常常导致只有半数的兵力能够如期到达。奔行三十里去与敌人争利，只有三分之二的兵力能够如期到达。须知军队没有辎重就会遭受失败，没有粮食就不能生存，没有物资储备就无以为继。

注释

1. 交和而舍：指两军剑拔弩张对垒而处。交，接，接触。和，即“和门”，指军门。2. 委军：指丢弃笨重物资器械，轻装前进。委，丢弃、舍弃。3. 辎重：指行军时运输部队携带的物资，包括军用器械、营具、粮秣、被服等。捐：损失。4. 趋：快速前进。5. 倍道：一日走两日的路程。兼行：以加倍速度赶路。6. 三将军：指上、中、下三军主帅。7. 蹶（jué）：失败、挫败。8. 委积：泛指物资储备。

原文

故不知诸侯之谋者，不能豫交[9]；不知山林、险阻、沮泽之形者[10]，不能行军；不用乡导者[11]，不能得地利。

故兵以诈立，以利动，以分合为变者也[12]。故其疾如风，其徐如林，侵掠如火，不动如山，难知如阴，动如雷震。掠乡分众，廓地分利[13]，悬权而动[14]。先知迂直之计者胜。此军争之法也。

译文

所以，不了解诸侯列国战略意图的，不能与其结交；不熟悉山林、险阻、沼泽等地形的，不能行军；不用向导，就不能得地利。

用兵打仗是建立在诡诈多变的基础上的，任何举措都要根据是否对自己有利来决定，分散或集中兵力要根据情况而灵活变化。所以，军队急速行进时要快速如疾风，缓慢行进时要严整如密林，攻击掠夺敌人时要迅猛如烈火，按兵不动时要岿（kuī）然如山岳，难以窥测要像阴云蔽日，行动时要势如雷霆。掠夺敌国的乡邑，要分兵多路进行；开拓疆土，要分兵扼守有利地形；要先权衡利害得失，然后相机而动。先懂得了“迂”与“直”的道理的就能胜利，这就是争夺制胜条件的原则。

注释

9. 豫交：结交。10. 沮（jǔ）泽：水草丛生的沼泽地带。11. 乡导：即向导。12. 以分合为变：指用兵打仗应当视不同情况而灵活部署兵力。13. 廓：通“扩”。14. 悬权而动：指权衡敌我形势，相机而动。

原文

《军政》曰[15]：“言不相闻，故为金鼓；视不相见，故为旌旗。”夫金鼓旌旗者，所以一人之耳目也。人既专一，则勇者不得独进，怯者不得独退，此用众之法也。故夜战多火鼓，昼战多旌旗，所以变人之耳目也。

故三军可夺气，将军可夺心。是故朝气锐，昼气惰，暮气归。故善用兵者，避其锐气，击其惰归，此治气者也。以治待乱，以静待哗，此治心者也。以近待远，以佚待劳，以饱待饥，此治力者也。无邀正正之旗[16]，勿击堂堂之陈[17]，此治变者也。

故用兵之法，高陵勿向[18]，背丘勿逆[19]，佯北勿从[20]，锐卒勿攻，饵兵勿食[21]，归师勿遏[22]，围师必阙[23]，穷寇勿迫，此用兵之法也。

译文

《军政》中说：“用语言指挥听不到，因而使用锣鼓指挥；用动作指挥看不清，因而使用旌旗指挥。”金鼓和旌旗，是用来统一军队作战行动的。全军上下的行动已然统一，勇猛的士兵就不会贸然单独前进，怯懦的士兵也不会擅自单独后退，这就是指挥众人作战的方法。所以夜间指挥作战多用火光和锣鼓，白天指挥作战多用旌旗，这样做是为了从视听上影响人。

对于敌军，可以设法使其士气低落；对于敌军将领，可以设法动摇他的心志。因此，军队的士气在初上战场时充满锐气，经过一段时间后就会逐渐怠惰低落，最后会彻底衰竭。所以善于用兵的人，要设法避开敌人的锐气，等它怠惰疲惫、士气消沉的时候再去攻击，这是掌握士气的方法。以我军的严整来对待敌军的混乱，以我军的镇静来对待敌军的喧哗，这是掌握军心的方法。以我军靠近战场的优势来对待敌军远道而来的劣势，以我军的休整从容来对待敌军的奔走疲劳，以我军的粮草充足来对待敌军的饥肠辘辘，这是掌握军队战斗力的方法。不截击旗帜整齐、部署周密的敌人，不攻击士气旺盛、阵容严整的敌人，这是随机应变对敌的方法。

所以，用兵的法则是：敌军占据高地，就不要去仰攻；敌军背靠丘陵，就不要从正面进攻；敌军假装败退，就不要追击；对敌军精锐部队，不要主动发动进攻；对敌人诱我进攻的部队，不要去理睬；对正在撤退回国的敌军，不要加以阻截；包围伏击敌军时，一定要留出缺口；对陷入绝境的敌人，不要过分逼迫。这些都是用兵的法则。

注释　15.《军政》：古兵书名。16. 邀：迎击、截击。17. 陈（zhèn）：通“阵”。18. 陵：山陵。向：此指仰攻。19. 逆：迎击。20. 佯：假装。北：败北。21. 饵兵：诱兵，用来诱敌的小部队。22. 遏（è）：阻止、拦阻。23. 阙（quē）：通“缺”。

中国相关名言

- 春秋·《管子》：“释实而攻虚，释坚而攻脆，释难而攻易。”
- 唐·杜牧：“击其空虚，袭其懈怠。”

外国相关名言

- （法）拿破仑：“永远不要正面攻击一个可以迂回的阵地。”
- （英）利德尔·哈特：“在战略上，最漫长的迂回道路，常常又是达到目的的最短途径。”
- （德）毛奇：“聪明将领所扼守的防御阵地，在大多数情况下都是敌人被迫去进攻的阵地。”

《军争篇》要点

（一）军争之难者，以迂为直，以患为利。

（二）故三军可夺气，将军可夺心。

（三）故善用兵者，避其锐气，击其惰归。

（四）以近待远，以佚待劳，以饱待饥。

重点句例解

孙子曰：凡用兵之法，将受命于君，合军聚众，交和而舍，莫难于军争。军争之难者，以迂为直，以患为利。

公子小白变惊险为有利，先到为君 事见《史记》

春秋时期，齐襄公沉迷女色，杀罚不当，屡屡欺侮大臣，齐国政治混乱。齐襄公的弟弟们怕祸及自身，齐襄公的二弟公子纠逃亡鲁国，管仲、召忽辅佐他，齐襄公的三弟公子小白逃亡莒（jǔ）国，鲍叔牙辅佐他。

襄公十二年（前686），公孙无知杀齐襄公，自立为君。次年，雍林人杀了公孙无知，并商议重立君主之事。高氏、国氏两家暗中通知公子小白回国。鲁国听说公孙无知已死，发兵送公子纠回国，并派管仲带兵堵截莒国至齐国的路。管仲一箭射中公子小白（实际上是射中了公子小白的带钩），小白假装倒地而死。管仲派人飞报鲁国，鲁国护送公子纠部队的行进速度就放慢了，六天才至齐国。而当时公子小白已先入齐国，高傒（xī）立其为君，就是齐桓公。

⇒管仲射中公子小白带钩。

军争为利，军争为危。

智谋之将的失败军争 事见《资治通鉴》

刘鄩（xún）是五代时期后梁的将领，足智多谋，屡建军功。贞明元年（915），刘鄩认为晋王李存勖的部队都在魏州作战，晋阳城一定空虚，打算用奇计袭取晋阳，于是偷偷地率兵从黄泽向西开进。晋军看刘鄩的军队好多天没有出来，悄无声迹，感到奇怪，就派出骑兵前去侦察，发现城中没有烟火，只看到旗帜时而沿城堞（dié 城墙上凹凸状的矮墙，也称女墙）来回移动。李存勖说："我听说刘鄩用兵足智多谋，这里面一定有诈。"于是又派出人去侦察，发现对方是用草捆绑成草人，打着旗帜骑着驴在城上来回走动。又抓到城里年老体弱的人查问，都说刘鄩军队已经离开两天了。晋王说："刘鄩擅长偷袭别人，但在决战上有所欠缺，估计他的军队刚刚走到山下。"于是迅速派出骑兵去追赶刘鄩。

这时正逢阴雨连绵，十几天不停，黄泽的道路艰险难行，烂泥有一尺多深，刘鄩的士卒都是拉着藤葛向前行进，好多人都腹泻脚肿，有十分之二三的士卒坠崖而死。晋将李嗣恩领兵日夜兼行，抢先进入晋阳城，晋阳城内的人得知情况，便整顿军队，防备刘鄩进攻。

⇐刘鄩军从艰险泥泞的道路进军，未战先损。

刘鄩行到乐平时，干粮将要吃完，又听说晋阳已有防备，追兵又在后面，士卒们都感到恐惧，人心惶惶，行将溃散，刘鄩告谕他的将士们说:“现在我们已经出来很远，深入敌境，前后都有敌兵，这里山高谷深，就像掉在井里一样，只有奋力战斗，才可能免于不幸，否则就只能以死回报君王父老了。”将士们听到这话，停止了哭泣。

晋将周德威听说刘鄩率军自黄泽西进，便率领一千多骑兵从幽州出发前往援救晋阳，行至土门时，刘鄩已经放弃攻取晋阳，率军渡过漳河，驻扎在宗城。刘鄩在进军、撤军往来中，人马损失很多。

孙子说：“军争为利，军争为危。”虽然兵贵神速，但是轻装长途奔袭的急行军也有相当大的危险性，粮食耗尽、物资不足、被敌军发觉、遭遇截击等情况都能导致重大损失，甚至全军覆没，是不可不慎重的。

三军可夺气，将军可夺心。

四面楚歌 事见《史记》

汉五年（前 202），汉王刘邦与韩信、彭越约期会合进攻楚军，而韩信、彭越并未率军前来会合。楚军攻击刘邦军队，把汉军打得大败，汉王深沟高垒自守。汉王对张良说:“诸侯不遵守约定，怎么办呢？”张良回答说:“楚军将要崩溃，韩信、彭越还没有封地，他们自然不来会合。君王如能和他们共分天下，他们立刻就会前来。如果不这样，局势的发展很难预料。君王如能将自陈县以东到海边的地区全部划给韩信，将睢（suī）阳以北到谷城的地区分给彭越，使他们各自为战，那么楚军是容易打败的。”汉王听从了张良的建议，就派遣使者告诉韩信、彭越说：“合力攻打楚军，破楚后，从陈县以东到海边给予齐王，睢阳以北到谷城给予彭相国。”使者一到，韩信、彭越都回话说:“请让我们立刻进兵。”众军进发，会集垓下，与项羽军对阵。

项羽的军队兵少粮尽，被汉军和各路诸侯军队重重包围，他夜晚听到四面的汉军唱楚地歌曲，大为震惊地说：“汉军已经全部占领楚地了吗？为什么楚人如此众多啊？”项羽夜间起来，在帐中饮酒。有一个名叫虞的美人，受项王宠爱，常常带在身边。有一匹骏马名骓，项羽常

项羽慷慨悲歌。

骑。项王慷慨悲歌，自己作诗唱道：“力拔山兮气盖世，时不利兮骓不逝。骓不逝兮可奈何，虞兮虞兮奈若何！”唱了好几遍，美人跟着他一起唱。项王悲泣，左右侍从也都哭泣。

项羽率少量精壮骑兵突围，至乌江边，自觉无颜面对江东父老，不愿渡江，就自刎而死。

乌骓马。

唐太宗单骑退突厥 事见《资治通鉴》

颉利可汗是东突厥可汗启民可汗的第三子，唐初，颉利可汗统御下的突厥屡屡侵犯唐境。626 年，颉利可汗率突厥大军进抵距京城长安只有四十里的渭水便桥北岸，京师震动。此时，长安兵力不过数万。

唐太宗亲率高士廉、房玄龄等六人骑马来到渭水边上，同颉利可汗隔着渭水对话，责备他背弃盟约。突厥大为吃惊，纷纷跳下马来，对着太宗罗列而拜。一会儿，唐朝各军相继赶到，旗帜与盔甲遮蔽原野。颉利可汗看到太宗挺身而出，唐军的阵容又非常盛大，面露惧色。太宗指挥各军退出一些地方来结成阵列，自己单独留下与颉利可汗交谈。大臣萧瑀认为太宗轻敌，勒住太宗的坐骑再三劝阻。太宗说："朕已经周密地谋划过了，突厥之所以敢倾尽全国之兵前来，直抵京城郊野，是认为我们国家内部出现了变乱（玄武门之变），朕新近即位，我军不能抵抗他们的缘故。如果让他们感到我们心虚，闭城拒守，突厥必然会纵兵大掠，那时就难以遏制了。所以，朕轻装独骑而出，显示出看不起他们的样子，向他们展示我军阵容，让他们感到畏惧和出乎意料，从而惊惶失措。突厥深入我国疆域，肯定怀有戒惧之心。我军与之交战是能取胜的，与他们言和亦可行。制服突厥，在此一举，你尽管看着好了。"

⥣ 唐太宗单骑与颉利可汗交谈。

当日，颉利可汗前来请求讲和，得到了太宗的许可。两天后，太宗前往城西，宰白马歃血，与颉利可汗在便桥订盟，突厥兵马撤退。

在此次事件中，唐太宗以杰出的智慧将对方的心理看得一清二楚，通过调动军队等安排部署，加之超人的勇气和胆识，最终使颉利可汗折服，正所谓“三军可夺气，将军可夺心”。

是故朝气锐，昼气惰，暮气归。故善用兵者，避其锐气，击其惰归，此治气者也。以治待乱，以静待哗，此治心者也。以近待远，以佚待劳，以饱待饥，此治力者也。无邀正正之旗，勿击堂堂之陈，此治变者也。

王翦灭楚 事见《史记》

秦国名将王翦（jiǎn），少年时就喜好军事，后来奉事秦始皇。王翦老成持重，多谋善战，与其子王贲在辅助秦始皇统一六国的战争中立有大功，除韩之外，其余五国均为王翦父子所灭。

当初，秦始皇灭掉了韩、赵、魏三国，赶跑了燕王喜，而且多次战败楚军，他问年轻气盛的将领李信：“我想攻取楚国，你看调用多少军力才够？”李信回答说：“二十万人就够了。”秦始皇又问王翦，王翦回答说：“非得六十万人不可。”秦始皇认为王翦保守胆怯，就派李信及蒙恬带兵二十万攻打楚国，结果大败。

秦始皇听到这个消息，震怒之余，亲自乘快车往见王翦，道歉并请王翦带兵伐楚，王翦说：“大王非要任用我，非六十万人不可。”秦始皇说：“就听从将军的。”于是王翦率领六十万大军出发了。秦始皇亲自到灞上送行，王翦请求赐予许多良田、美宅、园林池苑等。进军到函谷关时，又连续五次派使者回朝廷请求赐予良田。有人问他为何如此贪婪，王翦说：“大王粗暴而对人缺乏信任，现在把全国的甲士都抽调给我指挥，我不多多请求赏赐田宅给子孙置办家产来表示自己出征的坚定意志，难道要坐等大王怀疑我吗？”

王翦进击楚国，楚王得知，就发动全国军队来抗拒秦兵。王翦抵达

↑王翦询问士卒情况。

战场，构筑坚固的营垒采取守势，不肯出兵交战。楚军屡次挑战，秦军始终坚守不出。

王翦让士兵们天天休息洗浴，并且改善饮食，还亲自与士兵同食。过了一段时间，王翦派人询问士兵中玩什么游戏，回来报告说："正在比赛投石、跳远。"王翦认为士卒可以用了。楚军屡次挑战，见秦军不肯应战，就领兵向东去了。王翦趁机发兵追击，大败楚军。

柏乡之战　事见《资治通鉴》

后梁开平四年（910），晋王李存勖为援助成德节度使王镕（róng），率军至柏乡地区抗击前来征伐的后梁军，两军夹河对峙。

天祐八年（911）正月初二，李存勖手下大将周德威、李嗣源等率领三千精锐骑兵逼近后梁军营门辱骂挑战，后梁将领王景仁、韩勍（qíng）大怒，率领全体部众出战。

晋王李存勖登上小土山眺望两军对战情形说："梁兵争相前进而喧

⇑柏乡之战。

哗，我兵整齐有序而肃静，我军一定胜利。”战斗从巳时（上午九时至十一时）打到午时也没有决出胜负。李存勖对周德威说：“两军胶着战在一起，我们的兴亡，在此一举。我先冲上去，您可以随后跟上。”周德威拉住战马劝谏说：“观察梁兵的情势，可以逸待劳制服他。梁兵离开营地三十余里，即使带着干粮，也没有时间吃，日落以后，又饥又渴，士卒劳累疲倦，士气衰落。那时，我用精锐骑兵冲击他们，一定大胜，现在还不到攻击的时候！”李存勖这才止住。

两军对阵到傍晚时分，后梁军没有吃东西，兵士没有斗志，皆有退意。周德威见时机已到，立即发起猛攻，还大声喊道：“梁兵跑了！”晋军喊杀声震天，争相进击。后梁军惊慌恐惧而溃散。这一仗，梁军大败，精锐全部被歼，共被杀死两万多人，抛弃的粮食、资财、器械不可计算。

在此战中，周德威凭借着丰富的战场经验和敏锐的观察，临阵谋划出对梁军“避其锐气，击其惰归”的策略，最终使晋军大获全胜。

⇒公孙述被刺杀。

兵贵神速、击其惰归的刘秀军灭公孙述之战 事见《资治通鉴》

在汉光武帝刘秀攻伐割据势力公孙述的战争中，其将领岑彭日夜兼程，急行军二千余里，径直攻陷武阳，又派出精锐骑兵，疾袭离公孙述都城成都数十里的广都，攻势如暴风骤雨，兵锋所至，公孙述的军队全都四散奔逃。公孙述闻讯大惊，用杖敲打地面说："怎么这样神速！"

后来公孙述施计刺杀了岑彭，刘秀命大将吴汉率军直取广都，吴汉发兵占领了广都，继而进兵成都城外，刘秀的另一员大将臧宫也率军打到了成都咸阳门。

公孙述亲自率领数万人攻打吴汉，派善战的大司马延岑抗击臧宫。双方展开大战，延岑三战三胜。从早晨打到中午，公孙述的官兵未曾吃上饭食，全都感到疲劳。吴汉趁机派护军高午、唐邯（hán）率领精锐士卒数万人攻打公孙述军，公孙述军大乱。高午直奔阵前击刺公孙述，公孙述前胸被刺穿，落马，左右将他抬入城中。公孙述把军队交给延岑，当夜去世。第二天，延岑献城投降。

吴汉以静待哗。

以治待乱，以静待哗 事见《资治通鉴》

中国历史上有很多富有经验、沉着镇定的将帅，他们能够处变不惊，从容应对，以静制动，这里举两个例子：

西汉名将周亚夫在平定“七国之乱”期间，一天晚上，营中突然发生惊乱，军内互相攻击扰乱，甚至闹到了周亚夫帅帐，但周亚夫始终躺在床上不起。不多时，混乱自然平息了。

东汉名将吴汉的军营曾遭受五万多贼寇的夜间攻击，军中惊乱，吴汉始终躺在床上不起，不多时，军中就安定下来。吴汉立即派精兵出营突击贼寇，大破其众。

刘秀以近待远，以逸待劳，以饱待饥击赤眉 事见《资治通鉴》

刘秀称帝后，其军与赤眉军在关中交战，多有失利。建武二年（26）冬十一月，刘秀下诏征召在关中统率军队的邓禹，说：“要慎重，不要同穷途末路的敌人争锋！赤眉军断粮，自然会东归。我们以饱待饥，以逸待劳，折断木棍便可抽打他们，大家不用担心。不许再轻率进攻！”

当时关中大饥，人相食，城郭皆空，白骨蔽野，赤眉军数十万大军粮草不继，又四处战斗，兵士疲敝，士气低落。后来遭遇刘秀重兵，赤眉军无力再战，十几万兵马被迫在宜阳请降。

故用兵之法，高陵勿向，背丘勿逆，佯北勿从，锐卒勿攻，饵兵勿食，归师勿遏，围师必阙，穷寇勿迫，此用兵之法也。

朱儁的围师而阙 事见《资治通鉴》

东汉末年黄巾起义爆发后，汉廷发兵镇压，其中，朱儁（jùn）战功卓著。在朱儁攻打黄巾军所占领的宛城的战斗中，朱儁挥军连续发起猛攻，不能攻克。他登上土山，瞭望观察黄巾军情况，回头对司马张超说："我知道原因了。现在贼军被严密围住，形势危急，他们向我们求降不被接受，想逃又逃不了，因而死战。万人一心，便势不可当，更何况他们是十万人一心呢！不如解除包围，同时举兵力攻城。他们见包围解开，就会自己出城求生，自己出城就会各寻生路，斗志全消。那么就好击破他们了。"于是命令解除包围，黄巾军果然出战，朱儁乘势挥军攻击，大破黄巾军。

张元徽佯败破周军 事见《资治通鉴》

后周显德元年（954），周世宗柴荣继位不久，北汉就和辽联兵南下，企图乘后周内部不稳定时予以打击。北汉军队屯驻梁侯驿，后周昭义节度使李筠派部将穆令均带领步兵、骑兵二千人迎战，李筠率领大部队在太平驿安下营垒。张元徽与穆令均交战，假装打不过而败逃，穆令均率军追击，北汉伏兵突然出击，杀死穆令均，俘虏斩杀北周士兵一千多人。

曹操饵兵取胜，据"归师勿遏、死地后生"而知胜 事见《资治通鉴》

建安三年（198），曹操南征张绣，不久，曹操闻袁绍欲趁虚袭取许都，便撤军。张绣率兵追击，刘表也发兵援救张绣，驻在安众（地名，在今河南省邓州市东北），据守险要，切断曹军退路。

曹操给荀彧写信说："我到了安众，一定可以击败张绣！"到了安众，曹军腹背受敌。曹操在夜里开凿险道，假装要逃跑。刘表、张绣率领全部军队前来追击，曹操布下埋伏，命步兵与骑兵前后夹击，大破刘表与张绣联军。后来，荀彧询问曹操说："您之前料定敌军必败，是根据什么策略？"曹操说："敌人阻挡我归师（退兵），是置我军于死地，我因此知道可以获胜。"此战后，才有前文讲述的贾诩谏追击之事。

皇甫嵩避其锐，击其疲 事见《资治通鉴》

东汉灵帝中平五年（188），凉州叛乱者王国率军围攻陈仓，朝廷命皇甫嵩率兵前往讨伐。董卓建议尽快救援陈仓，但皇甫嵩说："百战百胜，也不如不战而使敌人屈服为好。陈仓虽然是一座小城，但城防坚固，防守严密，是不容易被攻克的。王国兵力虽强，但攻陈仓城不下，其部众必然疲惫，趁他们疲惫之时攻击他们，这才是取得全胜之策。"

王国久攻坚城不下，部众疲惫不堪，便撤围而去。皇甫嵩下令追击，董卓反对说："不可追击。兵法上说，对陷入绝境而拼死挣扎的'穷寇'不要追击不舍，对于退往本乡本土的'归众'不要过分逼迫。"皇甫嵩说："不是这样的。开始我不主张出兵进击，是为了避其锐气；现在追击它，

⇐ 皇甫嵩指挥军队追击疲惫敌军。

所追击的是疲惫之师，不是‘归众’。况且王国部众是在逃跑，兵无斗志。我们以整击乱，并不是追击陷入绝境而拼死挣扎的‘穷寇’。”于是，皇甫嵩独自率军进行追击，让董卓殿后，与王国部众打了几次仗，大破其军。董卓感到很惭愧，并从此忌恨皇甫嵩。

赵充国缓追穷寇 事见《汉书》

西汉名将赵充国率军进攻先零羌（西羌族的一支），先零羌人见到大军，便丢弃了车辆辎重逃跑，想渡过湟水，无奈道路狭窄，一时间不能尽渡。

赵充国慢慢行军驱赶。有人建议迅速进攻，以扩大战果，赵充国说：“这些穷寇不能追得太急。慢慢追赶，他们会不回头地逃跑，追迫得急了，他们就会回头来与我军拼命。”诸将校听后纷纷表示认同。此战中，敌人投水被淹死的有数百人，投降以及被斩首的有五百多人，汉军俘获马、牛、羊十多万头，车子四千多辆。

⇑ 赵充国缓追穷寇。

《军争篇》在其他领域的应用

以迂为直，以患为利

孙子说："以迂为直，以患为利。"下面，我们就分别说说这两点。

以迂为直

通过迂远曲折的途径达到近直的目的，听起来似乎有违常理，然而，这是被无数实践验证过的智慧的方式。

唐代宰相李林甫，其处理事务能力很强，然而唐玄宗之所以宠信他，以至于"宰相用事之盛，开元以来，未有其比"（宰相所获得的权势，从开元年间以来，没有能和李林甫比的），还因为他能预先知道玄宗的所思所想、心意所在，在这方面李林甫是下了大功夫的。

《旧唐书》载："林甫面柔而有狡计，能伺候人主意……而中官妃家，皆厚结托，伺上动静，皆预知之，故出言进奏，动必称旨。"李林甫恭顺侍奉玄宗，能观察和窥知玄宗的心意，宫里的宦官、皇帝宠妃，他都费尽心思深厚结交，侦伺玄宗的动静，玄宗的心意，李林甫总能预先知道，所以他出言进奏，每每使玄宗感到称心如意，对他恩宠日深。

韩非子写过一篇名为《八奸》的文章，其中综述了可能对君王产生影响的八类人，这八类人中，排在最前面的属皇帝的妻妾嫔妃、宦官近臣。韩非子认为，老谋深算的大臣与这些人结交而影响皇帝，比其自己直接影响皇帝要有效得多。我们如果抛却正邪不谈，这种方式就是"以迂为直"。这种情况在现实中依然很常见，比如说"枕边风"的影响，要比同事的影响大；亲朋说句话，当事人常常就往心里去。和一个人拉关系难以取得进展的时候，他（她）的亲朋好友可能是一个能更快取得进展的通道。古今中外，这样的例子很多，我们前面说的张仪通过靳尚、郑袖影响楚怀王，就是一例。

在日常生活中，"磨刀不误砍柴工""厚积薄发"都属于"以迂为直"的范畴，所谓"慢就是快"。把准备工作做足了，把时间和精力用于知识、能力、经验等方向的储备而不着急抢一时之先，等到这些方面相对成熟再出手，出手就比别人高，而且后劲长久，能后来居上，后发先至。如果知识、能力、经验等方面没有打下坚实的根基，前期储备和准备不足，那么即使能占得一时先机，也会越来越力不从心，事倍功半。

以患为利

《道德经》中说："祸兮，福之所倚；福兮，祸之所伏。"福与祸，患与利，总是相互依存、相互转化的。西方有格言说："人生成功的秘密，只有那些失败过的人才了若指掌。""并非所有的苦难都是祸，早临的逆境常是福。""能克服困难的人，可使困难化为良机。"

《资治通鉴·晋纪》中有"胜负兵家之常，善用兵者能因败为成"之语，在面对祸患与败局时，不应气馁，应积极而理智地分析导致祸患与失败的原因，把祸患与失败的经验教训，视为成功的必由之路和基石。哈伯德说："败而不馁，就是胜者。"拿破仑说："最困难的时候，也就是我们离成功不远的时候。"

为人处世留余地

孙子说："穷寇勿迫。"这是指对陷入绝境的敌人，不要过分逼迫。穷寇走投无路以死相拼，即便己方占有绝对优势，也会遭受损失。最好的方式是使穷寇自己屈服投降。

对于"穷寇勿迫"的策略，历代将帅在战争中有着不同的见解。"宜将剩勇追穷寇，不可沽名学霸王"，历史上，在敌人溃败时不趁机消灭、斩草除根，让其有机会东山再起，最后反被其所败的例子也不少。

在你死我活的时候，如果已经占据绝对优势，偏多数将帅往往不遵循"穷寇勿迫"的说法，而是会采取歼灭策略。

但是在社会生活中，到不了你死我活的程度，对方也不是拥有武装力量的穷寇。当遇到双方有矛盾，己方占优势的情况下，如果还是用"宜将剩勇追穷寇"的态度，不留余地，非置之死地而后快，那就是给自己埋下祸患，远不如放人一马、留有余地的处理方式好。

一个人为人处世应该留有余地，在坚持信用的前提下，话不要说绝，事不要做绝。《增广贤文》中说："平生不做皱眉事，世上应无切齿人。"即便是在与他人有矛盾的情况下，把话说绝，把事做绝，使对方怀有巨大的仇恨，这是危险的。最好是大事化小，小事化了，通过沟通和谈解决。留有余地，退一步海阔天空。

三分钟贯通中国战争史（七）

两晋南北朝时期的战争（一）

西晋统一中国后，其战争主要发生在皇族内部，司马皇族为争夺中央政权而相互攻伐，历时十六年，史称“八王之乱”。

304 年，已经归附中央王朝的南匈奴单于后裔刘渊乘晋朝皇室骨肉相残之机起兵反叛，称王（后称帝）建国，国号“汉”，史称“前赵”“汉赵”。前赵屡次发兵攻打西晋都城洛阳，311 年攻破洛阳，俘获晋怀帝，316 年又攻入长安，俘晋愍（mǐn）帝，西晋灭亡，史称“永嘉之乱”。

西晋灭亡后，司马睿在江南建立东晋，汉地北部和西南部先后建立了 20 多个国家，其中的前凉、成汉、前赵、后赵、北凉、前燕、后燕、前秦等 16 个国家实力强劲，史称“十六国”。

十六国期间，北方诸国相互多攻伐，前秦宣昭帝苻坚一度统一北方、西域、巴蜀等地，但 383 年南征东晋时，于淝水之战中惨败于东晋。归附于前秦的羌族、鲜卑族、丁零族等部族纷纷自立，北方再度回到诸雄混战的局面，东晋也发动北伐。439 年，北魏统一北方，南北朝时期开始。

两晋南北朝时期，北方游牧民族大举南侵。

历代武备（七）

晋代的武备

江苏南京曾出土一件南朝大型铜弩机，长 39 厘米，宽 9.2 厘米，通高 30 厘米。经复原后，其弩臂长达 2 米以上。

晋代步兵。

晋代步兵。

晋代的格斗兵器主要是矛和刀，戟在实战中的使用逐渐减少。《资治通鉴》中记载，吕布带人刺杀董卓时，董卓一进门，骑都尉李肃举戟刺去，董卓内穿铁甲，戟未能刺入，董卓只伤了手臂，跌到车下，吕布随即用铁矛将他刺死。可见，要对付穿铁甲的敌人，矛比戟更为有效。

东晋时期已制造出威力极大的强弩，《宋书·武帝纪》中载：“（卢循）遣十余舰来拔石头栅。公命神弩射之，发辄摧陷，循乃止，不复攻栅。”“军中多万钧神弩，所至莫不摧陷。”能摧毁舰船的弩，就是床弩。

防守装备（不仅限于晋代）

拒马

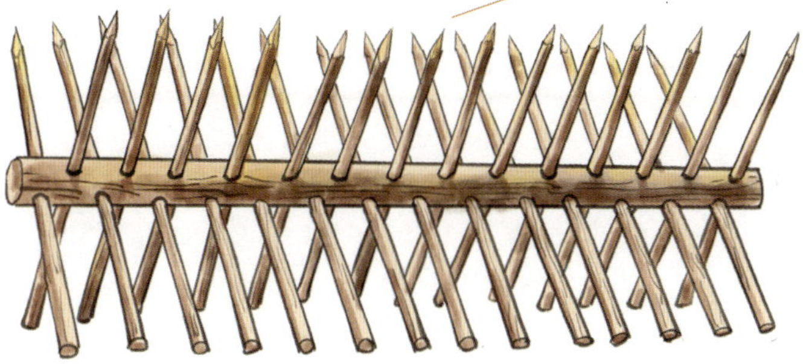

拒马是一种木制的带刺障碍物，商、周时便已出现，用以阻止和迟滞敌人军马的行动，并可造成伤害。

夜叉檑（léi）

城防用战具，用以砸、碾、刺攻城敌兵。

塞门刀车

在城门被攻破时用于堵塞城门的守城器械。

狼牙拍

用于拍刺攻城敌兵的守城器械。

九变篇

“九”表示极多，“变”表示随机应变。本篇主要谈论将帅在不同情况下随机应变，采取不同应对措施和战略战术的问题，并提出以下事项：

一、灵活应变，相机行事，不墨守成规。

二、兼顾事情利与害两方面，己方趋利避害，以利害调动对手。

三、将帅应具备有备无患的备战思想，防患于未然，提高警惕，充分准备，方能无懈可击。

四、总结了将帅的五种致命弱点，应引以为戒。

《九变篇》全文通读

孙子曰：凡用兵之法，将受命于君，合军聚众，圮地无舍，衢地交合，绝地无留，围地则谋，死地则战；涂有所不由，军有所不击，城有所不攻，地有所不争，君命有所不受。故将通于九变之利者，知用兵矣；将不通于九变之利者，虽知地形，不能得地之利矣。治兵不知九变之术，虽知五利，不能得人之用矣。

是故智者之虑，必杂于利害。杂于利而务可信也，杂于害而患可解也。是故屈诸侯者以害，役诸侯者以业，趋诸侯者以利。故用兵之法，无恃其不来，恃吾有以待也；无恃其不攻，恃吾有所不可攻也。

故将有五危：必死，可杀也；必生，可虏也；忿速，可侮也；廉洁，可辱也；爱民，可烦也。凡此五者，将之过也，用兵之灾也。覆军杀将必以五危，不可不察也。

⇑ 绝地无留。

《九变篇》详解

原文

孙子曰：凡用兵之法，将受命于君，合军聚众，圮地无舍[1]，衢地交合[2]，绝地无留[3]，围地则谋[4]，死地则战[5]；涂有所不由[6]，军有所不击，城有所不攻，地有所不争，君命有所不受。

故将通于九变之利者[7]，知用兵矣；将不通于九变之利者，虽知地形，不能得地之利矣。治兵不知九变之术，虽知五利[8]，不能得人之用矣。

译文

孙子说：大凡用兵的法则，主将接受了国君的命令，就开始征集民众，编组军队。军队行进时，不可在"圮地"上宿营，在"衢地"上应该结交邻国，不可在"绝地"上停留，遇到"围地"要运用奇谋，陷入"死地"时要殊死奋战。有的道路不要通过，有的敌军不要攻击，有的城池不要攻占，有的地方不要争夺，即使是国君的命令，不适合的也可以不执行。

所以，将帅如果能够通晓各种机变之利并加以灵活运用，就是懂得用兵了。将帅如果不能通晓各种机变之利，即使知道地形情况，也不能获得地利之便。指挥军队而不知道各种机变的方法，即使知道"五利"，也不能充分发挥军队的作用。

注释

1. 圮（pǐ）地无舍：不可在难以通行的山林、险阻、沼泽等地宿营。圮地，难于通行的地区。舍，此指宿营。2. 衢（qú）地：四通八达的地区。交合：结交邻国以为后援。3. 绝地：指交通困难、水草粮食缺乏、部队难以生存的地区。4. 围地：指地形四面险阻、出入通路狭窄的地区。5. 死地：指不经过死战就无法生存的地区。6. 涂：通"途"。7. 九变：此指作战中的各种机变。九是虚数，形容多。8. 五利：指"涂有所不由，军有所不击，城有所不攻，地有所不争，君命有所不受"，一说指"圮地无舍，衢地交合，绝地无留，围地则谋，死地则战"。

原文

是故智者之虑，必杂于利害[9]。杂于利而务可信也[10]，杂于害而患可解也。

是故屈诸侯者以害，役诸侯者以业[11]，趋诸侯者以利[12]。

故用兵之法，无恃其不来，恃吾有以待也；无恃其不攻，恃吾有所不可攻也。

故将有五危：必死[13]，可杀也；必生[14]，可虏也；忿速[15]，可侮也；廉洁[16]，可辱也；爱民，可烦也。凡此五者，将之过也，用兵之灾也。覆军杀将必以五危，不可不察也。

译文　因此，明智的将帅考虑问题，必定同时兼顾利与害两个方面。在有利的情况下考虑到不利的方面，所做的事情就能发展推进；在不利的情况下考虑到有利的方面，祸患就可以解除了。

因此，要用祸患相威胁，使诸侯屈服；要用各种诸侯认为的大事来役使他们；用利益调动诸侯。

所以，用兵的法则是，不要寄希望于敌人不来，而要依靠自己做好充分的准备；不要寄希望于敌人不进攻，而要依靠自己拥有使敌人无法进攻的力量。

将帅有五种致命的弱点：一味死战硬拼，就可能被敌人诱杀；贪生怕死，就可能被敌人俘虏；急躁易怒，就可能因为敌人的侮辱而轻举妄动；一味廉洁好名，就可能因为敌人的毁谤而丧失理智；一味仁慈爱民，就可能因为烦扰过多而不得安宁。这五点是将帅易犯的过错，是用兵的灾难。军队的覆灭、将帅的被杀，原因必定出于这五点，做将帅的人不可不慎重考虑啊。

注释　9. 杂：这里引申指兼顾。10. 务：所从事之事。信：通“伸”，伸行、发展。11. 业：事。12. 趋：归附。13. 必死：这里指有勇无谋，只知死拼。14. 必生：这里指贪生怕死，临阵畏怯。15. 忿（fèn）速：这里指急躁易怒。忿，忿怒。16. 廉洁：这里指过分爱惜名誉，过分自尊。

图解

中国相关名言

- 汉·《黄石公三略》：“将无虑，则谋士去；将无勇，则吏士恐；将妄动，则军不重；将迁怒，则一军惧。”
- 唐·魏元忠：“兵无强弱，将有巧拙。”

以利害得失说动诸侯、驱使诸侯。

外国相关名言

- （意）加里波第："叫军官们做出榜样，士兵就会跟着干了。"
- （美）艾森豪威尔："高级司令官和参谋人员的个性都特别重要。"
- （苏）华西列夫斯基："我不认为粗暴是统帅性格的特征，更不认为它是指挥军队的因素。"

《九变篇》要点

（一）涂有所不由，军有所不击，城有所不攻，地有所不争，君命有所不受。

（二）故将通于九变之利者，知用兵矣。

（三）是故智者之虑，必杂于利害。

（四）是故屈诸侯者以害，役诸侯者以业，趋诸侯者以利。

（五）故用兵之法，无恃其不来，恃吾有以待也；无恃其不攻，恃吾有所不可攻也。

（六）故将有五危：必死，可杀也；必生，可虏也；忿速，可侮也；廉洁，可辱也；爱民，可烦也。

重点句例解

孙子曰：凡用兵之法……涂有所不由，军有所不击，城有所不攻，地有所不争，君命有所不受。

沈攸之攻小城而失大局 事见《资治通鉴》

沈攸之是南北朝时期宋朝将领。昇明元年(477),宋后废帝刘昱被弑，权臣萧道成把持朝政，立宋顺帝。沈攸之对萧道成不满，起兵讨伐萧道成。

沈攸之命部将孙同、刘攘兵、王灵秀等人相继东进，他亲自率军到达夏口。夏口有郢城，沈攸之自恃兵力强大，认为郢城弱小，不值一攻，打算留下一小部分军队围困郢城，亲率大军东下。大军即将出发时，守卫郢城的柳世隆派人挑战，前军中兵参军焦度在城楼上对沈攸之破口大骂，用脏话侮辱。沈攸之被激怒，撤销东下命令，命军队昼夜攻打郢城。柳世隆随机应变，顽强抵抗，沈攸之竟不能攻克郢城。这导致了沈攸之后来兵败身死。

孙子说："城有所不攻。"就是要将帅着眼大局，不局限于一时一地的得失。因为小不忍而乱大谋，小不舍而失大局的人是很多的。

⇒沈攸之想要攻下郢城。

赵充国不受君命 事见《资治通鉴》

前文提到过的赵充国，以七十余岁高龄主动请缨出征西羌，他进攻的是先零羌，事情的原委是这样的：

神爵元年（前 61），西汉光禄大夫义渠安国到达羌中，召集先零部落众首领三十余人前来，将其中他认为最为桀骜狡猾者全部杀死，又纵兵袭击先零人，斩首一千余级。归附汉朝的各羌人部落对此愤怒怨恨，不再信任、顺服汉朝，于是起兵反叛。义渠安国部遭到羌人袭击，损失了很多车马辎重和武器。

汉宣帝得知消息，派人去问赵充国谁能担任大将，赵充国回答说："谁也不如我合适。"问他说："你估计羌人会怎样？应当派多少人？"赵充国说："百闻不如一见，行兵打仗之事难以遥测，我愿赶到金城，画出地图，制定方略，再上奏陛下。"汉宣帝同意，于是调发大兵前往金城。

赵充国军进军西羌。

赵充国率军到达湟水（在今青海东部）岸边，羌人多次挑战，他坚守不出。赵充国的策略是，对被胁迫而从的羌人罕（hǎn）、幵（jiān）二部暂时隐忍，先诛讨先零羌，以震动羌人，使之悔过，再赦免其罪，然后挑选了解羌人风俗的优秀官吏，前往安抚和解。他认为这才是既能保全部队又能获取胜利、保证边疆安定的策略。

然而朝中大臣大多认为，先零兵力强盛，是依仗罕、幵的帮助，如不先破罕、幵，就不能进攻先零。汉宣帝便任命侍中许延寿为强弩将军，任命酒泉太守辛武贤为破羌将军，并写信责备赵充国，说他不念国家耗费巨大，只想拖延数年而取胜，诏令赵充国与破羌将军辛武贤等率兵于七月同时进击罕、幵，不得迟疑。

赵充国受到皇帝责备，并不放弃己见，他认为将军带兵在外，虽受诏命，但只要能安国家，就应根据实际情况见机行事。于是，他上书承认过错，但进一步陈述利害，劝说宣帝先不要对罕、幵两部的羌人用兵，应先打击先零羌，则罕、幵之流不必劳烦军队就可顺服。若先打击罕、幵两部，则会帮助蓄意反叛汉朝的先零羌巩固其联盟。那样的话，会大幅延长平定羌乱的时间。

宣汉帝采纳了赵充国的策略，神爵二年（前60），羌乱基本平息。

> 是故智者之虑，必杂于利害。杂于利而务可信也，杂于害而患可解也。是故屈诸侯者以害，役诸侯者以业，趋诸侯者以利。

张方“因败为成” 事见《资治通鉴》

西晋末年，河间王司马颙（yóng）派遣部将张方去讨伐身处洛阳的长沙王司马乂（yì）。司马乂带着晋惠帝在洛阳城内攻打张方，张方的兵远远地看到惠帝的车驾都纷纷退却，张方制止不住，遭到惨败，死伤的士兵布满街巷。

张方撤退到十三里桥驻扎，其部众惶恐不安，想趁夜逃走。张方说：“胜负是兵家常事，善于用兵的人能够因败而成功（善用兵者能因败为成），现在我反而要到前面修筑堡垒，出其不意，这是奇妙的计策。”于

是趁夜色悄悄进至距洛阳城七里处，修筑了堡垒。司马乂取胜后，认为张方不足为虑，听说张方建成了堡垒，便率领军队去进攻，遭到失败。

⇑张方因败为成。

正如孙子所说："是故智者之虑，必杂于利害。杂于利而务可信也，杂于害而患可解也。"（明智的将帅考虑问题，总是兼顾利和害两个方面。在有利情况下考虑到不利的方面，事情就可以顺利进行；在不利情况下考虑到有利的方面，祸患就可以避免。）

烛之武以利害得失说服秦穆公 事见《左传》

春秋时期，晋文公和秦穆公联合围攻郑国，晋军驻扎在函陵，秦军驻扎在氾南。郑国大夫佚之狐对郑文公说："郑国处于危险之中，如果能派烛之武去见秦穆公，那么前来征讨的军队一定能撤走。"郑文公听从了他的建议。可是烛之武却推辞说："臣壮年的时候，尚且不如别人，

⇒烛之武以利害得失劝说秦穆公。

现在老了，做不成什么了。”郑文公说：“我没能及早地任用你，如今形势危急才来求你，这是我的过错。然而郑国灭亡了，对你也有不利的地方啊！”烛之武于是答应了。

烛之武当夜出城进见秦穆公说：“秦国和晋国前来围攻郑国，郑国已经知道要灭亡了。如果郑国的灭亡对您有好处，那就烦劳您手下的人把郑国灭掉。隔着别国而想把远方的土地作为自己的领土，您知道这是难以办到的，何必要灭掉郑国而增加邻邦晋国的土地呢？邻邦的国力雄厚了，您的国力也就相对削弱了。假如放弃灭郑的打算而让其作为您东方路上待客的主人，秦国使者往来，郑国可以供给他们所缺乏的东西，对您也没有什么害处。况且您曾有恩于晋君，他答应过把焦、瑕二地给您作为报答，然而，他早上渡河回到了晋国，晚上就在那里修起了城墙，这您是知道的。晋国哪有满足的时候？等它在东边把疆土扩大到了郑国，就会想扩张西边的疆土。如果不侵损秦国，如何能取得土地？秦国受损而晋国受益，请您仔细斟酌吧。”

秦穆公听了很高兴，就与郑国订立了盟约，自己率领大军回国去了。

烛之武通过分析利害得失，说服了秦穆公。

故将有五危：必死，可杀也；必生，可虏也；忿速，可侮也；廉洁，可辱也；爱民，可烦也。凡此五者，将之过也，用兵之灾也。覆军杀将，必以五危，不可不察也。

姚襄易怒被利用，兵败身死 事见《资治通鉴》

寿光三年（357），羌族首领姚襄图谋关中，亲自率兵进据黄落，前秦派邓羌、苻黄眉、苻坚等统率步兵、骑兵一万五千人前去抵御。姚襄深沟高垒，固守不出战。

邓羌对苻黄眉说："受了箭伤的鸟儿，听到空放的弓弦声也会被惊落。姚襄连连被桓温、张平挫败，锐气已经丧失。现在他固守营垒不战，是穷寇。姚襄性格刚猛凶狠，容易被强硬的方式刺激，如果大张旗鼓地直压他的营垒，姚襄必定愤怒而出战，这样就可以一战擒获他。"

苻黄眉采用邓羌的计策，派邓羌率领三千骑兵到姚襄的营垒门前，摆开战阵。姚襄大怒，调动所有部众出来迎战。邓羌假装战败而退，姚

⇐ 姚襄愤怒出战。

襄追至三原，邓羌回兵迎战。苻黄眉与苻坚则率领大部队赶到，姚襄的部队被彻底打败。姚襄所骑骏马失蹄摔倒，前秦的士兵擒获姚襄并将他杀死，姚襄的弟弟姚苌率领部众投降前秦。

因仁善爱民而兵败身死的刘虞 事见《资治通鉴》

刘虞是东汉宗室大臣，为政宽仁，安抚百姓，深得人心。他与将领公孙瓒之间有矛盾，看不惯公孙瓒的所作所为（公孙瓒放任部曲侵扰百姓，而刘虞注重仁政，关爱百姓）。初平四年（193），刘虞聚集十万部众进攻公孙瓒。

刘虞告诉士兵："不要多伤人，只杀公孙瓒一个就行了。"公孙瓒自觉不敌刘虞，本想逃走，然而刘虞的士兵不善作战，又爱惜百姓的房屋，而且有命令不许焚烧城池，一时间竟攻不下公孙瓒据守的城池。公孙瓒于是召集精锐勇士数百人，顺风纵火，趁势突袭，打得刘虞大败，向北逃至居庸县。公孙瓒追击并抓住了刘虞。后来，公孙瓒诬陷刘虞曾要称帝，胁迫朝廷使者段训将刘虞斩首。

刘虞在北方很得人心，他死后，幽州百姓都痛哭流涕。

⇒刘虞军不善作战，过分顾忌百姓，不许焚烧城池。

⇐范文虎贪生怕死，怯懦逃跑。

范文虎贪生怕死坏大计　事见《新元史》

南宋范文虎是个贪生怕死的将领，1267 年，蒙古军开始围攻重镇襄阳、樊城。朝廷派范文虎率禁军援助，范文虎每天与姬妾击鞠（jū）宴饮，屡次兵败，损失了很多舟船器械。后来襄阳、樊城相继失陷，南宋朝中震动。给事中陈宜中上书，说襄、樊之失都是由于范文虎怯懦逃跑所致，请把他斩首，奸相贾似道庇护了范文虎。1275 年，元朝重臣伯颜派遣军队抵达江州，范文虎当时任安庆府知府，派人以酒食迎接犒劳元军，并且传话请伯颜速来。

伯颜派阿术率军至安庆，范文虎开城投降，后来又为元军做向导，攻打南宋。

像范文虎这种贪生怕死、卖主求荣、丝毫没有气节和民族大义可言的将领，竟让他在军中任要职，可见南宋末年的朝政腐败到何种程度。

《九变篇》在其他领域的应用

有所不攻才有所取，有舍才有得

孙子说："军有所不击，城有所不攻，地有所不争。"意思是说，有的敌军不要去攻击，有的城邑不要去攻取，有的地方不要去争夺。

在商业领域、外交领域以及人们的日常生活、事业等领域，要懂得"舍"的道理。这个世界上，没有任何一个人能面面俱到，能把世上的便宜都占尽，能把所有目标都完成。一个人的一生，只要能完成一个或几个主要目标，就已算成功；一个企业，能有一个经久不衰的好产品，就已值得自豪；与外界交往，只要能有若干忠实的伙伴，就已值得庆幸。西方有句名言说："不管面朝什么方向站着，你总有背对世界的另一半。企图讨所有人欢心是徒劳的。"

想要面面俱到，常常导致面面都不能专注；想要迎合所有人，常常导致被众人轻视；想要在各个行业都做好，常常导致在每个涉足的行业都做不好。人类所有有成就的事例，绝大部分都是在某一领域专心致志，注入大量心血。为了实现人生的理想和目标，我们需要把范围缩小，把心收拢，把目标明确。有所不攻才有所取，有舍才有得。

在顺境中谦虚谨慎，在逆境中怀抱希望，坚持前行

孙子说："是故智者之虑，必杂于利害。杂于利而务可信也，杂于害而患可解也。"（明智的将帅考虑问题，总是兼顾利和害两个方面。在有利情况下考虑到不利的方面，事情就可以顺利进行；在不利情况下考虑到有利的方面，祸患就可以避免。）

在生活中，在顺境中保持谦虚谨慎的作风，在逆境中怀抱希望，坚持前行，其实并不容易做到。纵观历史，有多少王侯将相、杰出人物因为自骄自满自大而酿成灾祸，有多少有才智的人因为遇到一些困难挫折就灰心丧气，缺少坚持的毅力而半途而废，辜负了天赋！

《易经·系辞》中载孔子语："危者，安其位者也；亡者，保其存者也；乱者，有其治者也。是故君子安而不忘危，存而不忘亡，治而不忘乱，是以身安而国家可保也。"这段话深刻地讲出了安与危、存与亡、治与乱之间的关系。时常想到危险，才能增加安全；时常想到衰亡，才能长

久生存；时常想到变乱，才能长治久安。贯穿《易经》始终的是居安思危的精神，《系辞》中说:“百物不废，惧以终始，其要无咎，此之谓《易》之道也。”就是要人时时保持戒惧敬畏之心。西方格言说：“确保安全的方法就是永远不要感到安全。”

战国时的魏文侯曾经问李悝（kuī）吴国失败的原因,李悝回答说:“经常征战又经常胜利。”魏文侯说:“经常征战又经常胜利,这是国家的福分,为什么灭亡了呢？”李悝回答说：“经常征战则民众疲惫，经常胜利则主上骄傲，以骄傲的君主统治疲惫的民众，没有不灭亡的道理。”

项梁起兵攻秦,击败了章邯的军队,领兵西进,在定陶再度打垮秦军。项羽、刘邦在雍丘与秦军交战，也大败秦军。项梁因而轻视秦军，显露出骄傲的神色。宋义规劝说：“打了胜仗后，如若将领骄傲、士兵怠惰，必定会失败！”但项梁不听劝告，在接下来的战斗中被秦军所击败，战死沙场。从以上的两个例子可以看出在有利条件下保持清醒的重要。

李世民之所以成为千古明君，是因为他在有利的局面中，身居帝位，仍能清醒地认识到自己的不足，深刻吸取隋炀帝骄奢淫逸亡国的教训。

西汉大臣王章早年贫困，有一次病得很重，没有被子盖，卧在牛衣（给牛御寒用的覆盖物）中哭泣。他的妻子说：“仲卿，京师尊贵在朝的人有谁的才华超过你？你现在病重困厄，不自己激励自己，反而哭泣，怎么这样见识短浅啊！”王章的妻子是贤明的妻子，在逆境困厄中，依然明白自己丈夫的价值和优势。

王章之妻激励王章。

三分钟贯通中国战争史（八）

两晋南北朝时期的战争（二）

南朝有宋、齐、梁、陈四朝，除宋文帝、齐武帝等少数几位君主有治世之时，其余时期乏善可陈，昏君暴君频出，宗室相残严重。

南朝宋的创建者刘裕本是东晋北府军将领，他善于用兵，消灭桓楚、西蜀等势力，使南方出现百年未有的统一局面；又消灭南燕、后秦等国，大破北魏军，收复淮北、山东、河南、关中等地，光复洛阳、长安两都。

宋文帝时，发动三次北伐，进攻北魏，均遭失败，史称“元嘉北伐”。

南朝齐战事不多。南朝梁时，爆发“侯景之乱”，梁将王僧辩、陈霸先等平定了侯景之乱。557 年，陈霸先代梁，称帝建国，国号“陈”。陈朝曾攻伐北朝，史称“太建北伐”，先胜后败。

北朝包括北魏、东魏、西魏、北齐和北周五朝。北魏先后灭夏、北燕、北凉，统一北方，与南朝对峙。北魏后来分裂为东魏和西魏。534 年，北魏孝武帝元修为权相高欢所逼，西奔关中。高欢立元善见为帝（孝静帝），迁都于邺（今临漳），史称“东魏”。孝武帝与宇文泰有隙，被宇

⇑ 刘裕率军北伐。

⇑北周军攻破北齐都城邺城。

文泰毒死，宇文泰立元宝炬为帝，建都长安，史称“西魏”。东魏与西魏间相互攻伐，互有胜负。

东魏为北齐取代，西魏为北周取代。550 年，高欢之子高洋迫使东魏孝静帝元善见禅位，建立北齐政权。557 年，宇文泰之侄宇文护迫使西魏恭帝拓跋廓禅位于宇文泰之子宇文觉，建立北周政权。

北齐文宣帝高洋在位时，征伐库莫奚、契丹、柔然、山胡等民族，颇有斩获，南取淮南，与陈朝以长江为界。高洋在位后期极为残暴，嗜酒荒淫，暴虐无道，最后因饮酒过度而死，年仅三十四岁。其后的北齐诸帝大多昏庸荒淫，致使朝政腐败，国势衰落。

北周武帝宇文邕即位后，铲除权臣，励精图治，使北周国力强盛。他整顿军备，加紧对北齐的攻伐，577 年攻灭北齐，统一北方。

北周静帝宇文阐在位时，杨坚辅政，581 年，杨坚受禅代周称帝，改国号为“隋”。

历代武备（八）

南北朝时期的武备

南北朝时最流行的铠甲是“两当铠”，“一当胸，一当背”。两当铠由一片胸甲和一片背甲组成，在肩上用带前后扣联，腰上束带。

晋代的格斗兵器主要是矛和刀。矛历来是传统的格斗兵器，到了南北朝时期，形制有所改变，突刺性更强，制作工艺比戟简单，易于大量生产。南北朝时期，从矛发展而出的“稍（shuò，同‘槊’）”得到广泛使用，《释名·释兵》上说：“矛长丈八曰稍，马上所持。”稍的穿透力强，又比矛长，适合马上击刺。南朝时有《马槊谱》（据说为南朝梁简文帝所撰），讲述了马槊的由来和用法。

南北朝时，步兵也有使用稍的，称为“步稍”。

北朝步兵。

北朝骑兵。

“明光铠”是南北朝至唐时期流行的铠甲，这种铠甲胸前背后的大型金属圆护很像镜子，反光明亮，故称“明光”。“明光铠”对于胸背部的防护极佳，重量也较重，一般是骑兵使用。

马镫的发明具有划时代的意义。马镫发明以后，战马更容易驾驭，使人与马连接为一体，解放了骑兵双手，骑兵们可以在飞驰的战马上骑射，也可以在马背上左右大幅度摆动，完成左劈右砍等各种动作。马镫的发明，使骑兵一跃成为当时最具战斗力的兵种。东吴丁奉家族墓出土的陶骑马俑上的单侧马镫、西晋永宁二年墓陶骑马俑上的单侧马镫，都是早期马镫，可能是辅助上马的用具，不是真正意义上的马镫。马镫在南北朝时成熟，后世有实物考古证据（如北燕冯弗素墓出土的一副木芯包鎏金铜片马镫）。

行军篇

本篇主要论述在行军作战中如何安置军队和判断敌情等问题：

一、论述军队在山地、江河、盐碱沼泽地、平地四种地形上的行军、宿营、作战的注意事项和军事原则（四军之利）。

二、“相敌三十二法”，论述行军作战时观察判断敌情的三十二种状况及经验。

三、“令之以文，齐之以武”的治军方法，强调将帅治军要恩威并施、文武并用，取得士卒的爱戴与敬畏；还要以身作则，严格依法治军，加强军队的教育与训练。

《行军篇》全文通读

孙子曰：凡处军相敌：绝山依谷，视生处高，战隆无登，此处山之军也。绝水必远水；客绝水而来，勿迎之于水内，令半济而击之，利；欲战者，无附于水而迎客；视生处高，无迎水流，此处水上之军也。绝斥泽，惟亟去无留；若交军于斥泽之中，必依水草而背众树,此处斥泽之军也。平陆处易而右背高,前死后生,此处平陆之军也。凡此四军之利，黄帝之所以胜四帝也。

凡军好高而恶下，贵阳而贱阴，养生而处实，军无百疾，是谓必胜。丘陵堤防，必处其阳而右背之。此兵之利，地之助也。

上雨，水沫至，欲涉者，待其定也。

凡地有绝涧、天井、天牢、天罗、天陷、天隙，必亟去之，勿近也。吾远之，敌近之；吾迎之，敌背之。

军行有险阻、潢井葭苇、山林蘙荟者，必谨复索之，此伏奸之所处也。

敌近而静者，恃其险也；远而挑战者，欲人之进也；其所居易者，利也；众树动者，来也；众草多障者，疑也；鸟起者，伏也；兽骇者，覆也；尘高而锐者，车来也；卑而广者，徒来也；散而条达者，樵采也；少而往来者，营军也；辞卑而益备者，进也；辞强而进驱者，退也；轻车先出居其侧者，陈也；无约而请和者，谋也；奔走而陈兵车者，期也；半进半退者，诱也；杖而立者，饥也；汲而先饮者，渴也；见利而不进者，劳也；鸟集者，虚也；夜呼者，恐也；军扰者，将不重也；旌旗动者，乱也；吏怒者，倦也；粟马肉食，军无悬缻，不返其舍者，穷寇也；谆谆翕翕，徐与人言者，失众也；数赏者，窘也；数罚者，困也；先暴而后畏其众者，不精之至也;来委谢者，欲休息也。兵怒而相迎，久而不合，又不相去，必谨察之。

兵非益多也，惟无武进，足以并力、料敌、取人而已。夫惟无虑而易敌者，必擒于人。

卒未亲附而罚之则不服，不服则难用也；卒已亲附而罚不行，则不可用也。故令之以文，齐之以武，是谓必取。令素行以教其民，则民服；令不素行以教其民，则民不服。令素行者，与众相得也。

《行军篇》详解

原文　孙子曰：凡处军相敌[1]：绝山依谷[2]，视生处高[3]，战隆无登[4]，此处山之军也。绝水必远水；客绝水而来[5]，勿迎之于水内，令半济而击之[6]，利；欲战者，无附于水而迎客[7]；视生处高，无迎水流。此处水上之军也。绝斥泽[8]，惟亟去无留[9]；若交军于斥泽之中，必依水草而背众树，此处斥泽之军也。平陆处易而右背高[10]，前死后生[11]，此处平陆之军也。凡此四军之利[12]，黄帝之所以胜四帝也[13]。

译文　孙子说：大凡部署军队和观察敌情，应该注意：在通过山地时要靠近有水草的谷地；要选择居高向阳的地方驻扎；如果敌人占据高地，切忌仰攻。这些是在山地行军作战的法则。横渡江河之后，应当行进到离江河稍远的地方驻扎；如果敌军渡河前来，不要在河中迎击，而要等它部分登岸、部分未登岸时予以攻击，这样最为有利；想要与敌军战斗，就不要在紧靠江岸水边的地方迎击敌人；要在居高向阳的地方驻扎，切勿迎着水流驻扎或布阵。这些是在江河地带行军作战的法则。通过盐碱沼泽地带时，要迅速离开，不要停留；如在盐碱沼泽地带与敌军遭遇，那就要使军队靠近水草，背倚树林。这些是在盐碱沼泽地带行军作战的法则。在平原地带驻军，要选择地势平坦的地方，最好背靠高处，前低后高。这些是在平原地带行军作战的法则。以上四种行军作战原则的好处，是黄帝所以能够战胜“四帝”的原因。

注释　1. 处：处置，部署。相：观察。2. 绝：横渡，穿越。3. 视生：向阳。曹操注：“生者，阳也。”4. 战隆无登：在高地与敌人作战，不宜自下而上进行仰攻。隆，高地。5. 客：指敌军。6. 济：渡。7. 附：靠近。8. 斥泽：盐碱沼泽之地。斥，盐碱地。9. 惟：宜。亟：急忙，迅速。10. 平陆：平原地带。易：平坦。右：上。古时以右为上。11. 前死后生：前低后高。死，此指低。生，此指高。12. 四军：指上述山、水、斥泽、平陆四种地形条件下的处军原则。13. 四帝：指四方部族首领。

在山地行军作战的法则

在通过山地时要靠近有水草的谷地；要选择居高向阳的地方驻扎；如果敌人占据高地，切忌仰攻。

在平原地带行军作战的法则

要选择地势平坦的地方，最好背靠高处，前低后高。

在盐碱沼泽地带行军作战的法则

要迅速离开，不可停留；如在盐碱沼泽地带与敌军遭遇，那就要使军队靠近水草，背倚树林。

在江河地带行军作战的法则

应当行进到离江河稍远的地方驻扎；如果敌军渡河前来，不要在河中迎击，要在其半渡时予以攻击；不要在紧靠江岸水边的地方迎击敌人；要在居高向阳的地方驻扎，切勿迎着水流驻扎或布阵。

原文

凡军好高而恶下[14]，贵阳而贱阴[15]，养生而处实[16]，军无百疾，是谓必胜。丘陵堤防[17]，必处其阳而右背之。此兵之利，地之助也。上雨，水沫至，欲涉者，待其定也。

凡地有绝涧、天井、天牢、天罗、天陷、天隙[18]，必亟去之[19]，勿近也。吾远之，敌近之；吾迎之，敌背之。军行有险阻、潢井葭苇[20]、山林蘙荟者[21]，必谨复索之，此伏奸之所处也。

译文

凡是驻军，总是喜欢高地而厌恶低洼的地方，总是看重干燥向阳的地方而避开阴冷潮湿的地方，最好是驻扎在物产丰富、便于生活、地势较高的地方，将士们才不会生各种疾病，这是军队必胜的重要保证。在丘陵、堤坝地带，必须驻扎在向阳的一面，而且要背靠丘陵、堤坝。这些都是军事上有利的措施，是地形地势对军队的辅助。河流上游下雨涨水，水沫漂来，洪水将至，若想涉水渡河，一定要等到水势平稳以后再渡。

凡是遇上“绝涧”“天井”“天牢”“天罗”“天陷”“天隙”这些地形，必须迅速离开，不要靠近。我军要远离它，而让敌军接近它；我军要面向它，而让敌军背靠它。行军过程中遇到险阻，积水低洼、水草丛生之地以及山林茂密、草木繁盛的地方，必须谨慎、反复地搜索，因为这些区域都是敌人容易设下伏兵和隐藏奸细的地方。

军行有险阻、潢井葭苇、山林蘙荟者，必谨复索之。

注释 14. 好（hào）高而恶（wù）下：喜欢高处而厌恶低下的地方。15. 阳：指向阳干燥的地方。阴：指背阴潮湿的地方。16. 养生：指物产丰富、便于生活的地方。实：坚实，这里指地势高的地方。17. 堤防：堤坝。18. 绝涧：深峻的山涧。天井：指四周高峻、中间低洼的地形。天牢：指高山环绕、易进难出的地形。天罗：指草深林密、荆棘丛生、难以通过的地形。罗，罗网。天陷：指地势低洼、泥泞易陷的地形。天隙：指两山间狭窄的谷地。19. 亟（jí）：赶快。20. 潢（huáng）井葭（jiā）苇：指积水低洼、水草丛生之地。潢井，积水低洼之地。潢，水池，积水坑。井，指内涝积水、洼陷之地。葭苇，芦苇，这里泛指水草丛生之地。21. 山林蘙（yì）荟（huì）：指草木长得很繁茂的山林地带。蘙荟，草木茂盛。

中国相关名言

- 宋·梅尧臣："地有死生之势，战有存亡之道。"
- 宋·张预："居高则便于觇（chān）望，利于驰逐；居下则难以为固，易以生疾。"

外国相关名言

- （美）柯林斯："战略大师们善于巧妙地利用自然环境，趋利避害，既承受其制约，又尽量使大自然为自己服务。"
- （英）劳埃德："任何战役如果不和地形条件相适应，那就是毫无意义而可笑的。地形，这是一本伟大的兵书。无论何人，如果他不会读这本书，那他充其量也只能是一名勇敢的士兵，而绝对不可能成为将军。"

原文

敌近而静者，恃其险也；远而挑战者，欲人之进也；其所居易者[22]，利也；众树动者，来也；众草多障者，疑也；鸟起者，伏也；兽骇者，覆也[23]；尘高而锐者，车来也；卑而广者，徒来也[24]；散而条达者[25]，樵采也；少而往来者，营军也；辞卑而益备者[26]，进也；辞强而进驱者，退也；轻车先出居其侧者，陈也；无约而请和者，谋也；奔走而陈兵车者，期也；半进半退者，诱也。杖而立者，饥也；汲而先饮者[27]，渴也；见利而不进者，劳也；鸟集者，虚也；夜呼者，恐也；军扰者，将不重也；旌旗动者，乱也；吏怒者，倦也；粟马肉食[28]，军无悬缻[29]，不返其舍者，穷寇也；谆谆翕翕[30]，徐与人言者，失众也；数赏者，窘也；数罚者，困也；先暴而后畏其众者，不精之至也；来委谢者[31]，欲休息也。

译文

敌军距离我很近而仍保持镇静的，这是倚仗着它占有险要的地形；敌军距离我很远而来挑战的，是想引诱我前进；敌军驻扎在平坦的地方，一

定有它的好处；树林中树木摇动，是敌军向我袭来；草丛中多有遮障物，是敌人布下疑阵；鸟儿惊起飞走，是设有埋伏；野兽受惊奔逃，是敌人举军来袭；飞尘高而尖，是敌人的战车向我开来；飞尘低而广，是敌人的步兵向我开来；飞尘分散而断续，是敌人在砍柴采集；飞尘少而往来不定的，是敌人正在安营扎寨；敌方使者言辞谦卑而暗中又在加紧战备的，是要向我进攻；敌方使者言辞强硬而军队又向我迫近的，是在准备撤退；敌人轻型战车先出动并且部署在侧翼的，是在排兵布阵；敌人没有预先约定就突然来请和的，其中必有阴谋；敌人频繁调动，往来奔走，并且已经将兵车列阵的，是想要与我决战；敌军半进半退，往复徘徊的，是想要引诱我上前；敌兵倚仗着手中的兵器站立的，是饥饿所致；敌兵从井里打上来水就争相饮用的，是因为干渴缺水；敌人见到利益而不前进的，是由于疲劳过度而无力上前争夺；敌方营寨上有飞鸟停集的，说明已是人去营空；敌营夜间有人惊呼叫喊的，说明敌人心中恐惧；敌营骚动不安的，是将帅没有威严；敌营的旌旗胡乱摇动的，是敌人已然混乱；敌人的官吏急躁易怒的，是因为已经疲倦；敌人用粮食喂马，杀牲口吃，收起炊具，部队不返回营寨的，是准备拼死一搏的“穷寇”；敌将低声下气地同部下讲话的，是已经失去众心；再三犒赏士卒的，说明敌人已经黔驴技穷；不断惩罚部属的，是敌人已经身处困境；将帅对士卒先是暴虐而后又畏惧的，这是极为不精明的；敌人派来使者表示顺从和请求谅解，是想休兵息战。

↑鸟起者，伏也。

注释 22. 其所居易者：驻扎在平地的原因。23. 覆：此指来袭。24. 徒：步兵。25. 条达：指飞尘分散断续的样子。26. 益备：加紧备战。27. 汲（jí）：从井里打水。28. 粟马肉食：用粮食喂战马，杀牲口吃。29. 军无悬缻（fǒu）：指军队收拾炊具。缻，同“缶”，泛指炊具。30. 谆谆（zhūn）：叮咛的样子。翕翕（xī）：聚合的样子。31. 委谢：派遣使者前来和好。

原文 兵怒而相迎，久而不合，又不相去，必谨察之。兵非益多也，惟无武进[32]，足以并力、料敌、取人而已。夫惟无虑而易敌者，必擒于人。

卒未亲附而罚之则不服，不服则难用也；卒已亲附而罚不行，则不可用也。故令之以文，齐之以武，是谓必取。令素行以教其民[33]，则民服；令不素行以教其民，则民不服。令素行者，与众相得也。

译文 敌军盛怒而与我对阵，却久不交战，又不离去，必须谨慎地观察它的意图。兵力并非越多越好，只要不轻敌冒进，并能集中兵力，判明敌情，得到部下的信任和全心效力，也就足够了。那些不懂得深思熟虑而又狂妄轻敌的人，必然会成为敌人的俘虏。

士卒还没有亲附自己就贸然处罚他们，那他们就不会真心顺服；不真心顺服，就难以使用他们去打仗了。士卒对自己已经亲近依附，但仍不执

⇒用兵必先谋而后动，不要轻举妄动，贸然行事。

行军纪军法，这样也不能使用他们去打仗。所以，要用“文”的手段来教育士卒，用“武”的方法来管理士卒，这样的军队打起仗来必能取胜。平素能严格贯彻命令、教育士卒，士卒就会养成服从的习惯；平素不能严格贯彻命令、教育士卒，士卒就会养成不服从的习惯。平素的命令能顺利贯彻执行，这是将帅与士卒之间关系融洽，相互信任。

注释 32. 武进：轻举妄动，恃勇冒进。33. 民：这里指士卒。

中国相关名言

- 战国·《尉缭子》:“号令明，法制审，故能使之前。明赏于前，决罚于后，是以发能中利，动则有功。”
- 战国·《六韬》:“将不仁，则三军不亲；将不勇，则三军不锐；将不智，则三军大疑；将不明，则三军大倾；将不精微，则三军失其机；将不常戒，则三军失其备；将不强力，则三军失其职。”
- 三国·诸葛亮：“战欲奇，谋欲密，众欲静，心欲一。”

外国相关名言

- （瑞士）约米尼：“战术就是在决定点上使用兵力的艺术，其目的是要使他们在决定的时机、决定的地点上，发挥决定性的作用。”
- （苏）朱可夫：“过高地估计自己的力量，过低地估计敌人的力量，是同样危险的。”
- （苏）加里宁：“在军事历史上，凡属名将无不受自己部队爱戴。这就是说，凡属举世皆知的统帅不仅仅是一个战略家和战术家，他们还能摸透自己士兵、自己军队的心情。他们是提高士兵士气的能手，善于使士兵心中产生坚定的信念。”

《行军篇》要点

（一）凡军好高而恶下，贵阳而贱阴，养生而处实，军无百疾，是谓必胜。

（二）上雨，水沫至，欲涉者，待其定也。凡地有绝涧、天井、天牢、天罗、天陷、天隙，必亟去之，勿近也。

（三）兵非益多也，惟无武进，足以并力、料敌、取人而已。夫惟无虑而易敌者，必擒于人。

（四）卒未亲附而罚之则不服，不服则难用也；卒已亲附而罚不行，则不可用也。故令之以文，齐之以武，是谓必取。令素行以教其民，则民服；令不素行以教其民，则民不服。令素行者，与众相得也。

重点句例解

凡处军相敌：绝山依谷，视生处高，战隆无登，此处山之军也。绝水必远水；客绝水而来，勿迎之于水内，令半济而击之，利；欲战者，无附于水而迎客；视生处高，无迎水流，此处水上之军也。

韩信潍水击龙且 事见《史记》

汉四年（前 203），韩信引兵东进击齐，未到平原渡口，得知郦食其已经说服齐王田广归顺汉王刘邦。韩信想停止进军，但经范阳辩士蒯彻劝说，决定继续进军。

齐王听从郦食其的规劝后，撤除了防备汉军的设施。韩信乘机突袭，很快就打到齐国国都临菑（zī）。齐王田广认为被郦生出卖了，就烹杀了他，而后逃往高密，派出使者前往楚国求救。楚国派龙且率领兵马，号称二十万，前来救援齐国。

齐王田广和龙且合兵与韩信作战，有人规劝龙且说：“汉军远离国土，拼死作战，兵锋锐不可当。齐楚两军在自己的土地上作战，士兵容易逃散。不如深沟高垒，坚守不出。让齐王派他的亲信大臣，去招抚已经沦陷的城邑，这些城邑的官吏和百姓知道他们的国王还在，又有楚军来援，一定会反叛汉。汉军客居两千里之外，齐国城邑的人纷纷起来反叛他们，那势必得不到粮食，这就可以不战而使他们投降。”

西汉兵马俑。

龙且说："我一向了解韩信的为人，他容易对付。而且援救齐国，不战而使韩信投降，我还有什么功劳？现在战胜他，我们可以分齐国一半的土地，为什么不打？"于是开战，与韩信隔着潍水摆开阵势。

韩信下令连夜赶做一万多个口袋，装满沙土堵住潍水上游，然后指挥军队渡河攻击龙且，继而假装战败往回跑。龙且果然高兴地说："我早就知道韩信胆怯。"于是就渡过潍水追击韩信军。韩信下令挖开堵塞潍水上游的沙袋，河水汹涌而来，龙且的军队大半并未渡过河，韩信立即回师猛烈攻击渡河登岸的少部分楚军，杀死了龙且。龙且尚未渡河的部队见势四散逃跑，齐王田广也逃跑了。韩信追赶败兵直到城阳，把楚军的士兵全俘虏了。

在此战中，韩信利用地形地势，预先设伏，用计引诱龙且渡河追击，而后"半济而击之"。这是利用自然力量和计谋以少胜多的经典战例。

钟繇破郭援 事见《资治通鉴》

建安七年（202），袁尚部将郭援等人率军与钟繇（yáo）所率的曹军作战，郭援军势强盛，曹军诸将想引军而去，避其锋芒。钟繇说："郭援刚愎好胜，必然轻视我军。如果他渡过汾河来扎营，趁他未渡完时，我们突然袭击，可获大胜。"

郭援到达后，果然直接前行渡河，部下劝阻他不要冒进，但郭援不听。当郭援军渡河渡到一半的时候，钟繇率军奋击，大破郭援军。

洺水之战 事见《旧唐书》

武德四年（621），唐朝平定了割据一方的窦建德势力，窦建德被处死。之后，唐朝又强征窦建德旧将范愿、高雅贤等人到长安。范愿等人既愤慨窦建德被杀，也担心自身不能保全，于是决定起兵反唐，拥立窦建德旧将刘黑闼（tà）。刘黑闼自称大将军，正式大举起兵。武德五年（622），刘黑闼在相州自称汉东王，定都洺州，将从前窦建德所建夏政权的文武官员全部恢复原职。刘黑闼的法令行政，全部效法窦建德，但他作战勇猛果敢则超过窦建德。

秦王李世民率军讨伐刘黑闼，军队驻扎在卫州。刘黑闼多次派兵挑战，都被唐军挫败。刘黑闼内心恐惧，引军撤退到列人县设防。这时，洺州所属的洺水县中有人举城降唐，李世民派遣总管罗士信进城据守，刘黑闼又率兵前来猛攻洺水县城，城陷，罗士信被杀。

后来，李世民在靠近洺水的地方安营扎寨，以威逼刘黑闼，又派遣突袭部队，截断刘黑闼的粮道。刘黑闼又多次挑战，李世民坚守壁垒不应战，以挫伤他的锐气。刘黑闼城中粮尽，李世民料定他必然要来决战，就预先命人堵住洺水上游，对守堤的官吏说："战斗打响时，等刘黑闼军半渡洺水，就挖开堤坝。"

刘黑闼果然率领步兵、骑兵两万人渡过洺水摆阵，跟唐军大战，刘黑闼军溃不成军，河水又汹涌而来，刘黑闼的人马无法过河逃脱，被杀死一万多人，被淹死几千人。刘黑闼和范愿等人带着一千多人逃往突厥，太行山以东的地区都被唐军平定。

⇑ 洛水之战。

关羽乘大船来攻曹军。

曹军错驻地，关羽借水攻 事见《资治通鉴》

建安二十四年(219),关羽率军向曹仁驻守的樊城进攻。曹仁派于禁、庞德等将领驻守樊城之北。八月，天降大雨，汉水泛滥，平地水深数丈，于禁等兵马都被大水所淹。于禁和将领们到高处避水,关羽乘大船来攻,于禁等无处可逃，只好投降。庞德拼死力战，但水势愈来愈大，其部下的官员和士兵都投降了。庞德乘上小船，想返回曹仁军营，小船被大水冲翻，他在水中抱住翻船，被俘虏。庞德刚毅不屈，被关羽处死。

石岭关之战 事见《宋史》《辽史》

太平兴国四年（979），宋太宗发大兵亲征北汉，北汉向辽国求援，辽国派南府宰相耶律沙、冀王耶律敌烈等赴援。宋太宗命名将郭进率军前往石岭关以防辽军，辽军果然从石岭关进军。石岭关南有白马岭，宋、辽两军就在白马岭下隔涧水对峙。

耶律沙和不少辽将想等其他前来的辽军到达后再与宋军作战，而耶律敌烈、耶律抹只等人认为应急击宋军，执意强渡大涧。耶律敌烈率先锋渡涧，军队渡河尚未过半，遭到宋军攻击，辽军溃乱，耶律敌烈身亡，辽军将士死伤惨重。北汉不得其援，抵不住宋军攻击，向宋朝投降。

若交军于斥泽之中，必依水草而背众树，此处斥泽之军也。

马援占据水草以逸待劳破羌兵 事见《资治通鉴》

东汉开国功臣、名将马援，智勇双全，其“老当益壮”“马革裹尸”的气概深受后人尊崇。马援不但为东汉统一立下了赫赫战功，而且在东汉建立后，仍领兵征战，西破陇羌，南征交趾，北击乌桓。

建武十三年（37），武都参狼羌（羌族中的一支）与塞外诸族联合，发动叛乱。马援率四千人前去征剿，行至氐道县境内时，发现羌人占据了山头。马援命令部队选择适宜的地方驻扎，断绝羌人的水源，控制草地，不与羌人交战，以逸待劳。羌人水草乏绝，陷入困境，首领们带领几十万户逃往塞外，诸族万余人全部投降，陇右从此安定。

⇐马援军控制水源与草地，使羌兵陷入困境。

凡军好高而恶下，贵阳而贱阴，养生而处实，军无百疾，是谓必胜……上雨，水沫至，欲涉者，待其定也。

淮西之役 事见《资治通鉴》

唐德宗时，朝廷让夏绥节度使韩全义统领各镇军马讨伐割据淮西的吴少诚部。韩全义平素并不勇武，也缺乏谋略。当时天气逐渐炎热，士兵长期屯驻在低洼潮湿地带，许多人得了瘟疫，韩全义没有去抚恤，部队人心涣散。后来韩全义军与吴少诚军在溵水南交战，才一交锋，韩全义所率各军便纷纷溃退。

⇑ 韩全义军长期屯驻在低洼潮湿地带，许多人得了瘟疫。

军行有险阻、潢井葭苇、山林蘙荟者，必谨复索之，此伏奸之所处也。

赵涉的救命提醒 事见《资治通鉴》

在西汉太尉周亚夫平定“七国之乱”的过程中，他曾乘坐马车去荥阳与大军会合，行至灞上，有个叫赵涉的士人拦住去路，劝说周亚夫：“吴王富有，早就收买了一批甘愿为他献身的刺客，现在得知将军去前线，必定会在崤（xiáo）山、渑（miǎn）池之间的险要地段安排刺客对付您。军事行动最讲究神秘莫测，将军为什么不改变路线，从此处向右走，经过蓝田，出武关，抵达洛阳？这样绕着走，不过差一两天。”

周亚夫按照赵涉的计策行事，顺利到达洛阳，他高兴地说：“七国叛乱，我乘坐驿车平安到达此处，真是幸运。现在我已驻守荥阳，荥阳以东没什么可担心的了。”

周亚夫派人搜索崤山、渑池之间，果然捕获了吴国的伏兵。

博望坡之战 事见《三国志》

建安七年（202），刘表趁曹操北上攻击袁尚的契机，派刘备领军北伐，打到了叶县，已接近曹操的大本营许都。曹操调大将夏侯惇、于禁、李典反击刘备。

一天早上，刘备拔营撤军而退，夏侯惇率领诸军追击，李典说：“敌人无故撤退，必有埋伏。此去道路狭窄，草木茂盛，不可追击。”夏侯惇不听，与于禁追击刘备，果然被刘备的伏兵击败。这就是“博望坡之战”。

⇐ 博望坡曹军中埋伏。

敌近而静者，恃其险也；远而挑战者，欲人之进也。

曹咎被挑战辱骂激怒失成皋，兵败身死 事见《史记》

前文讲过，韩信破魏灭赵，又攻下齐地，打败龙且率领的前来救援齐国的楚军，杀死了龙且。

项羽听说龙且的军队垮了，大为恐慌。这时，彭越又起来反楚，攻下梁地，切断了楚军的粮道。项羽准备率军去攻打彭越，于是委任曹咎据守成皋城，临行前叮嘱曹咎说："好好防守成皋，如果汉军过来挑战，千万不要和他们交战，我十五天内一定消灭彭越，平定梁地。"于是项羽前往攻打陈留、外黄等城邑，全都攻克。

项羽离开后，汉军果然多次来挑战守成皋的楚军，楚军不出兵。刘邦派人连续在城外辱骂了五六天，曹咎愤怒，让楚军渡过汜水攻击汉军。楚军渡汜水进行到一半的时候，汉军发动攻击，楚军大败。在这场战争中，楚国的财宝货物全都被汉军获取，大司马曹咎、长史司马欣在汜水之上自刎而死。

曹咎被汉军辱骂激怒，决意出战。

孙子说：“远而挑战者，欲人之进也。”汉军不停地挑战和辱骂，就是希望曹咎能够出战，而曹咎最终被激怒，中计，出战，兵败身死。

卢水胡中挑战之计遭受惨败 事见《资治通鉴》

魏文帝曹丕即帝位不久，凉州的卢水胡（汉代至南北朝时期活跃于中国西北的少数民族）造反，河西地区一片混乱。魏文帝任命京兆尹张既为凉州刺史，希望他能平定卢水胡的叛乱。

张既在一天夜里，选精锐士兵三千人设下埋伏，然后派参军成公英率骑兵一千余人向卢水胡挑战，命令他有意败退。卢水胡士兵果然奋力追赶，不料魏军伏兵从后面发动攻击，卢水胡军被魏军前后夹击，被杀死、俘获近万人，河西地区全部平定。

> 数赏者，窘也；数罚者，困也；先暴而后畏其众者，不精之至也。

李从厚倾尽府库犒赏，将士依然离心离德 事见《资治通鉴》

后唐第三位皇帝李从厚即位后，想要削弱潞王李从珂的势力，李从珂以“清君侧”的名义起兵反叛。李从厚赶忙调兵遣将讨伐李从珂，却遭失败，不少部队倒戈投靠李从珂。李从珂率军东进，兵锋直指都城洛阳。

李从厚倾尽府库犒赏禁军，希望禁军迎击李从珂军，许诺禁军将士平乱后还有重赏。禁军将士却并不感念皇帝恩德，反而更加骄纵。即便是这样，这些禁军在路途之中百十人结成一伙儿，丢弃盔甲兵器，接连不断跑去向李从珂方面投降，军队因此溃散。

李从珂率军进逼洛阳，李从厚无兵无将，仓促出逃。李从珂进入洛阳城后，即位为帝，就是后唐末帝。

孙子说：“数赏者，窘也。”（再三犒赏士卒的，说明已经黔驴技穷。）将帅也好，帝王也罢，沦落到完全靠犒赏下属来维系统治、运行命令，说明其威信已经破产，统治基础已经动摇。仅靠犒赏来维系，无异于饮鸩止渴，局面会不断恶化。

安禄山之死 事见《资治通鉴》

安禄山本是营州柳城（今辽宁朝阳）的胡人，因骁勇机智受到提拔。他用厚礼贿赂朝廷官员，这些官员在唐玄宗面前为安禄山说好话，安禄山又十分会迎合唐玄宗，唐玄宗因此宠信他，让他任平卢、范阳、河东三镇节度使，安禄山得以囤聚兵马，密谋叛乱。

天宝十四年（755），安禄山诈称奉唐玄宗旨意率领部队讨伐逆臣杨国忠，从范阳起兵，“安史之乱”开始。当时天下太平的日子久了，内地疏于战备，叛军屡屡得手。天宝十五年（756），安禄山在洛阳称帝，国号燕，继而发兵攻下潼关，占领长安。

安禄山起兵叛乱之后，眼睛逐渐失明，加上全身长疮疖（jiē），由于病痛而暴躁烦乱，动辄就使用刑罚，经常无故捶挞左右，贴身宦官李猪儿经常挨打，连身为主要谋士的大臣严庄也遭鞭棍抽打。此外，他偏爱宠妾段氏所生的儿子安庆恩，欲取代安庆绪作为皇位继承人。至德二年（757），安庆绪、严庄、李猪儿一同策划，秘密杀死了安禄山，对外则发布了安禄山因病而亡的讣告，安庆绪继位。

⇑ 安禄山暴虐惩罚左右侍从及近臣。

安禄山晚期经常打骂责罚身边的人，一方面是因为其糟糕的身体状况，一方面也反映出他对前景缺乏信心、有所迷茫困惑的心理状态，孙子说："数罚者，困也。"

史思明之死 事见《资治通鉴》

"安史之乱"中的"史"是指史思明。史思明是突厥人，安禄山起兵反叛后，他留守范阳，主持河北战局。后来，他杀死安庆绪，即大燕皇帝位，建都范阳，年号顺天。

史思明猜忌残忍，好杀无辜，部下稍不如他的意，动辄就诛杀九族，因而人人自危。史朝义，为人谦恭，爱惜士卒，深得众心，但史思明更偏爱小儿子史朝清，派他留守范阳，时常有杀掉史朝义、立史朝清为太子的念头。

乾元二年（759）三月，史思明长子史朝义行军至礓（jiāng）子岭，遭到唐将卫伯玉的阻击，屡战屡败，退守永宁。史思明闻报大骂："这小子终究不能成就我的大事！"想要按军法斩杀史朝义及诸位将领。其

⇑ 残暴的史思明死到临头服软乞活。

后，史思明命令史朝义修筑三角城，打算贮存军粮，限期一天修完。史朝义修筑完毕，尚未抹泥，史思明来到，大肆怒骂史朝义。史朝义战战兢兢，说："兵士们太乏累，歇一歇就上泥。"史思明呵斥道："你爱惜属下，就敢违我的军令吗？"他立马城下，督视兵士抹完泥才走，临走时说："等我拿下陕州，当晚就斩了这家贼！"史朝义听闻，忧惧异常。

史朝义的部将骆悦、蔡文景劝史朝义先下手为强，又找来史思明的心腹、当时主管值宿警卫的曹将军，共商诛除史思明之事，曹将军也只好从众。他们一行人带兵进入史思明的住处，抓住史思明。史思明说："早晨我说话失口，应该得到这样的下场。但是这样杀我太早了，为什么不等到攻克长安呢！如今不能成就大事了。"骆悦等人将史思明押送柳泉驿，囚禁起来，后来担心众心不一，夜长梦多，于是勒杀史思明。

史思明靠凶暴威慑将士，被抓到后又卑态求缓，最终难逃一死，正如孙子所说："先暴而后畏其众者，不精之至也。"

兵非益多也，惟无武进，足以并力、料敌、取人而已。夫惟无虑而易敌者，必擒于人。

昆阳之战 事见《资治通鉴》

更始元年（23）二月，西汉宗室刘玄被绿林军将领拥立为帝，建元"更始"，是为更始帝。王莽得知后，派大司空王邑、大司徒王寻发各州郡精兵 42 万扑向昆阳和宛城一线，企图一举消灭绿林汉军。

王寻、王邑纵兵包围昆阳，将领严尤向王邑献策说："昆阳城小而坚固，现在，绿林军所拥立的更始帝刘玄在宛城，我们大军迅速向宛城进兵，他们必定奔逃；宛城方面的敌军一旦溃败，昆阳不攻自破。"王邑说："带领百万之众，遇城而不能攻下，就不能显示军威。应当先攻陷屠杀此城，踏着血泊前进，前歌后舞，岂不快哉！"于是把昆阳包围了几十重，列营上百个，钲鼓之声响彻几十里，还挖掘地道，用冲车撞城。

当时昆阳的守军只有八九千人，将领们恐不敌新莽大军，欲弃城撤退。刘秀以"并力御之，功庶可立；如欲分散，势无俱全"的分析说服诸将固守昆阳，由此成为昆阳之战的关键决策人物。他乘夜出城，调集

↑昆阳之战。

援兵，亲自带领先头部队步兵、骑兵一千多人冲杀新莽军队。汉军将领们兴奋地说："刘将军平时看到弱小的敌军都胆怯，现在见到强敌反而英勇，真是奇事！请让我们协助将军！"汉军士气大盛，各部一同冲杀，都以一当百。刘秀又率领敢死队三千人攻击新莽军的营垒。王寻、王邑轻视汉军，戒令各营按兵不动，自带万余人迎战汉军，不利，大部队又不敢擅自相救。王寻、王邑所部阵乱，被汉军击溃。昆阳城中的汉军乘机冲杀而出，王莽军兵败如山倒。只有王邑带着几千人逃回洛阳。

昆阳大捷后，各地豪强纷纷诛杀新朝牧守，用汉年号，服从更始政令。不久绿林军攻入长安，王莽被杀，新朝灭亡。

后人评价汉光武帝刘秀"宽博容纳""计虑如神""聪明仁勇"，刘秀不仅胸襟开阔，为人贤达，而且富有韬略，英勇明断。在此战中，他以与莽军相比极少的兵力，集中攻击其大军的指挥中枢，中枢被击溃，大军也随之溃散。这就是孙子所说的"兵非益多也，惟无武进，足以并力、料敌、取人而已"。

淝水之战 事见《资治通鉴》

淝水之战是中国战争史上著名而传奇的以少胜多的战例。苻坚统一北方后，忘记了大臣王猛临终时对他的嘱咐（叮嘱他不要攻打东晋），想要攻灭东晋，遭到了绝大多数臣属的反对。阳平公苻融劝谏苻坚说："知足不辱，知止不殆。自古穷兵极武，未有不亡者。"但苻坚轻视东晋，认为唾手可得。

383年，苻坚从长安发步兵六十余万、骑兵二十七万南攻东晋，阳平公苻融等人的部队三十万人先抵达前线。东晋命谢石、谢玄等人率兵众八万人抵抗。

前秦的军队紧逼淝水而列阵，东晋的军队无法渡河。谢玄派使者对阳平公苻融说："您孤军深入而紧逼淝水列阵，这是长久相持而非迅速交战的策略。如果您能让兵阵稍后移，让晋朝的军队得以渡河，以决胜负，不是很好吗？"前秦众将领都说："我众敌寡，不如遏制他们，使他们不能上岸，这样可以万无一失。"苻坚说："只让兵众稍微后撤一点，等他们渡河渡到一半，我们出动铁甲骑兵突击攻杀，没有不胜的道理！"

⇒淝水之战。

⇑ 风声鹤唳。

苻融也认为可以，于是就挥舞战旗，指挥兵众后退。

前秦的军队一退就不可收拾。谢玄、谢琰、桓伊等率领军队渡过河攻击他们。前秦的军队稍微后撤时，作为东晋在前秦军中的内应朱序在前秦军阵后面高声呼喊："秦军失败了！"前秦兵众听到后就狂奔乱逃。苻融驰马巡视军阵，想率领后退的兵众，不料战马倒地，被东晋士兵杀死，前秦军队于是就崩溃了。谢玄等乘胜追击，一直追到青冈，前秦的军队大败，自相践踏而死的人不计其数，死亡的人十有七八。

孙子说："夫惟无虑而易敌者，必擒于人。"苻坚在淝水的失败，正为此话做了惨痛的诠释。

高梁河之战 事见《宋史》《辽史》

太平兴国四年（979），宋太宗出兵攻灭北汉。其后，宋太宗决定挟战胜之余威，夺回五代时后晋石敬瑭割给契丹的燕云十六州。

实际上，攻打北汉历时数月，宋朝将士疲惫，供给已不充足，完全不应紧接着打一场新的战役。何况这时的辽朝在辽景宗治理下，通过改革吏治、发展生产、重视提拔和使用人才等一系列措施，政治与经济都有相当的提升，并且当时的辽国，有像耶律休哥、耶律斜轸这样智勇兼备的名将率领军队。宋太宗并未对当时辽国的情况进行全面的了解和侦察，掌握情况十分不足，只是主观上自我感觉良好，认为可以对辽用兵。当时，宋军大多数将领不赞成即刻北伐，而殿前都虞候崔翰赞成说："此所当乘者，势也；不可失者，时也。乘此破竹之势，取之甚易。"此言遂了宋太宗的意，他于是命令相关将领调动军队攻辽。

宋军自太原诸路并进，越过太行山向河北平原集结。经过近一个月的行军，宋军进抵辽南京（今北京）城下。辽将耶律斜轸见宋军兵锋略盛，便引军退驻得胜口（今北京昌平西北），耶律沙则撤到清河北（今北京清河镇附近），与南京形成防守体系。宋太宗指挥诸将攻城，然而在辽

宋军攻打辽国南京城。

高梁河之战，宋军溃败。

守臣韩德让、耶律学古等人的守御下，宋军围攻半月有余不下，疲惫劳顿，士气低落，粮草因运输线过长也开始紧缺。

这时，辽朝所派耶律休哥率领的驰援大军已抵达前线。耶律沙进军，与宋军激战高梁河（今北京西直门外），耶律休哥与耶律斜轸各率所部就从左、右翼夹击宋军，宋军急忙调动围城部队迎战。城内辽军见援军赶到，便开门列阵，击鼓助攻。宋军在数路辽军猛攻下，全线崩溃。太宗在混战中腿上中了两箭，仓皇奔逃至涿州。

在高梁河之战中，就兵力对比而言，宋军明显占上风，但以惨败告终，究其原因，一是战略上轻敌，未经全面侦察和准备，仓促进攻。二是屯兵坚城之下，却未做抗击辽军援兵的部署，以致最终处于辽军内外数路夹攻的被动境地。三是攻坚城不下，并未及时调整，宋军士气不振，依然怠攻不退。总之，这次惨败是由于大意轻敌、轻率鲁莽所致。孙子说："夫惟无虑而易敌者，必擒于人。"就是这个道理。

李光弼以少胜多战常山 事见《资治通鉴》

“安史之乱”初期，为平定河北局势，唐玄宗任命李光弼为河东节度使与叛军作战。当时，史思明等叛将已经将饶阳城包围了二十九天，还没有攻下，叛军所占领的常山（今河北正定）兵力空虚。李光弼奉命率蕃、汉步、骑兵万余人，太原弩手三千人出井陉关，兵至常山，常山团练兵三千人杀死叛军，抓住叛将安思义出城投降。李光弼遂率军据城而守。

史思明得知常山失守，立刻解除对饶阳的包围来救常山。次日，天未亮，前锋部队已到达常山，史思明等率大军紧随其后，共二万多名骑兵，直抵城下。

李光弼派五千步兵从东门出战，叛军死命地堵住城门不退。李光弼令五百名弩手在城上齐射，叛军被迫后撤。李光弼又把一千名弩机手分为四队，一队接一队地不停地发射，叛军抵挡不住，只得收军北退。

李光弼派五千长枪兵排成方阵出城，夹滹（hū）沱河，在两岸列阵。叛军多次用骑兵来进攻，都被李光弼的弩手射退，大半人马被射中，只好停止进攻，等待步兵。

这时有村民报告说叛军的五千步兵从饶阳向常山进军，昼夜兼程，已到了九门（位于今河北藁 gǎo 城西北）南面的逢壁，估计正在那里休息。李光弼立刻派出步、骑兵各两千，偃旗息鼓，沿滹沱河悄悄进军，抵达逢壁时，看到叛军正在吃饭。官军发动突然袭击，叛军被全部歼灭。史思明得知后，感觉形势不妙，遂率兵退入九门。当时常山郡九个县，有七个归顺了官军，只有九门和藁城还被叛军占据。

李光弼

李光弼（708—764），契丹族，唐朝杰出的军事将领。天宝十五年（756），参与平定安史叛军，在常山、嘉山大破叛军，又成功守卫太原，遏止叛军攻势。乾元元年（758），接任天下兵马副元帅、朔方节度使，指挥河阳之战，挫败史思明军南下企图。宝应元年（762），晋封临淮郡王。“安史之乱”平定后，李光弼“战功推为中兴第一”，获赐铁券，名藏太庙，绘像凌烟阁。晚年为宦官程元振、鱼朝恩等所谗，拥兵不朝。广德二年（764）在徐州病逝，谥号“武穆”。

卒未亲附而罚之则不服，不服则难用也；卒已亲附而罚不行，则不可用也。故令之以文，齐之以武，是谓必取。令素行以教其民，则民服；令不素行以教其民，则民不服。令素行者，与众相得也。

岳飞严而善抚，士卒用命 事见《宋史》

前文所讲过的名将岳飞，其麾下的“岳家军”战斗力非常强，这不但因为将士们志在保家卫国、恢复中原，士气很高，还因为岳飞平时训练严格，对待士卒关怀备至。

岳飞的军队每次驻扎休整，他便训练将士身穿重甲，从斜坡上骑马直下跳跃壕沟。他的儿子岳云马失前蹄，他责罚岳云，并不因为是其子而有所宽待。士卒有病，岳飞亲自调药；将士们远征，岳飞派人到他们家中慰问；将士战死，岳飞悲痛流泪，抚育他们的遗孤。凡是朝廷的封赏犒劳，岳飞都分给部下将士。正因为岳飞对将士既严格要求，又注重爱护抚慰和犒劳，所以将士们与他同心同德，生死与共。

⇐岳飞慰问战死将士家属，抚养将士遗孤。

《行军篇》在其他领域的应用

不可轻忽冒进

孙子说："夫惟无虑而易敌者，必擒于人。"《道德经》中说："祸莫大于轻敌，轻敌几丧吾宝。故抗兵相若，哀者胜矣。"历史的经验一再告诉我们，凡是自大的、轻敌的、不经慎重思考和谋划而冒进的，绝大多数都遭到了失败，如果有成功，也只是侥幸而已。

在日常生活中，人们很容易有轻忽和冒进的行为，比如当学生的认为所学简单而不认真复习，导致考试失败；工人因为工作简单而掉以轻心，导致产生差错；做生意的因为市场景气而冒进，造成资金积压、周转失灵、投资失败；与人交往，因为对相互关系太过乐观而言行随意，造成关系紧张，等等。唐太宗曾总结治国时说："治安则骄侈易生，骄侈则危亡立至。"顺境中容易产生"骄"，"骄"，就是自大、自满、轻忽。

基本上所有人都会有这样的体验，当自大、自满、轻忽、冒进的时候，损失和灾祸就不远了。巴尔扎克曾说："自满、自高自大和轻信，是人生的三大暗礁。"中国古人将"朝乾夕惕"作为平安吉祥的保障。所以，做人做事宜低调，宜慎重，宜先谋而后行。

制度管理与文化、价值观引导并行

孙子说："卒未亲附而罚之则不服……令素行者，与众相得也。"把这段话中的士卒换作企业员工，正好是一段绝佳的关于管理的论述。

不少企业管理者认为，员工到企业中就是来挣钱的，用利益来调动和诱导，就可以激发员工的工作积极性。从某种角度来看，这也无可厚非。有的企业崇尚"狼性文化"，在一定时期内，也取得了成绩。

然而，人类的创造性、主动性、奉献性、坚持力是难以只被利益长期调动的，人们拼命工作换得报酬，除了要换取必要的生活资料，终究是去为爱自己的人、认同和欣赏自己的人付出。如果没有对人的爱护、抚慰、关心，就不能真正地获得人心，就不能得到他人发自内心的相助。

孙子提倡从"文""武"两方面去引导和要求士卒，正如企业应该从思想、文化与制度来影响员工一样。以符合良知的价值观去引导，以严肃的制度来要求，以关爱的精神来爱护，才能上下一体，勉力前行。

三分钟贯通中国战争史（九）

隋唐时期的战争

581 年，杨坚称帝，取代北周建隋。588 年，隋朝发动灭陈之战，完成大一统。隋文帝杨坚励精图治，崇尚节俭，改革制度，发展生产，国家因此而变得富裕，人口大增，史称“开皇之治”。隋炀帝频繁发动战争，攻灭吐谷浑，征讨流求，三征高句丽，又浚修隋朝大运河，营建东都洛阳，滥用民力，穷奢极欲，最终导致天下大乱，隋朝两世而亡。

李渊趁隋末动乱之时起兵于晋阳，后建立唐朝。他命其子李世民等统兵南征北讨，统一了天下。唐太宗李世民不但造就“贞观之治”，还攻灭东突厥，征服高昌、龟兹、吐谷浑等国家和民族，重创高句丽。

唐高宗时，先后灭西突厥、百济、高句丽，使唐朝版图达到最大。

唐玄宗时，与西域国家和部落多有冲突和战争。755 年，“安史之乱”爆发，唐朝军队与叛军进行了历时八年的战争，到唐代宗宝应元年（762）才平定叛乱。安史之乱后，一些地方军政长官各自为政，不受中央控制，形成藩镇割据局面，朝廷与藩镇之间的战争此起彼伏。虽然唐宪宗时基本解决了藩镇割据问题，但到唐朝末年，政治黑暗，爆发了以黄巢为首的反唐起义，藩镇势力在镇压起义的过程中抬头，并最终灭亡了唐朝。

⇐李渊起兵。

历代武备（九）

隋唐时期的武备

隋代步兵。

隋代骑兵。

隋唐时期的格斗兵器主要是矛、矟（槊）、刀，亦有锤、斧等兵器。唐以后，矛始称“枪”。据《唐六典》记载，大唐军队的制式长枪有“漆枪”“木枪”“白干枪”“扑头枪”四种，漆枪（即矟）为骑兵使用，木枪为步兵使用，白干枪和扑头枪为御林军和金吾使用。隋唐时的戟，戟枝的前端变直，与戟刺平行，形成一长一短两个戟刺的叉式戟。这类戟加大了突刺力量，基本舍弃了钩砍功能。

隋唐时期，随着钢铁冶炼技术的进步，使钢刀的制造技术又有很大程度的提高。据《唐六典·武库令》记载，唐代的刀有四种制式，“一曰仪刀，二曰鄣（zhāng）刀，三曰横刀，四曰陌刀”。

唐代骑兵。

陌刀在形制上有似三尖两刃刀。陌刀刀身较为厚重。

唐代步兵。

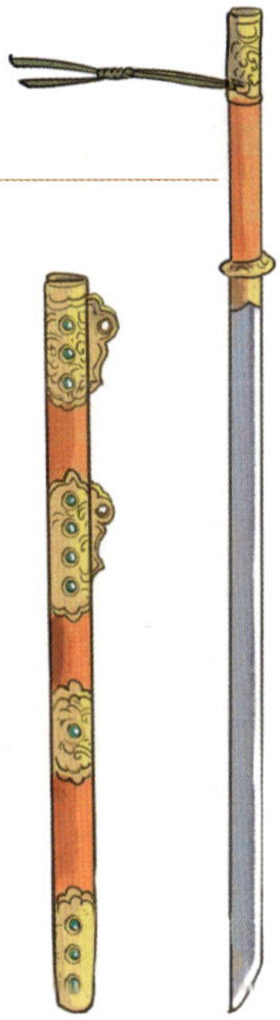

仪刀是礼仪用刀。鄣刀一说类似于匕首或是日本刀中的肋差，一说类似宽刃大砍刀。横刀为刀身较为狭长的长直刀。陌刀为长柄大刀。

隋代甲胄基本沿袭南北朝，以明光甲和两当铠为主。唐代甲胄主要有十三种，据《唐六典》记载，有明光甲、光要甲、细鳞甲、山文甲、乌锤甲、白布甲、皂绢甲、布背甲、步兵甲、皮甲、木甲、锁子甲、马甲十三种。

地形篇

本篇主要论述六种不同的战场地形及军队在不同地形条件下的行动原则、战术原则：

一、“地有六形”，通晓这六种地形条件下如何指挥军队是将帅的重要责任之所在，不可不认真考察研究。

二、“兵有六败”，导致这些失败的原因不是“天之灾”，而是“将之过”。

三、懂得如何利用地形、能够准确判断敌情并做出正确的指挥，这是“上将之道”，这样的“上将”是“国之宝”。

四、知彼知己，知地知天，方可全胜。

《地形篇》全文通读

孙子曰：地形有通者，有挂者，有支者，有隘者，有险者，有远者。我可以往，彼可以来，曰通；通形者，先居高阳，利粮道，以战则利。可以往，难以返，曰挂；挂形者，敌无备，出而胜之；敌若有备，出而不胜，难以返，不利。我出而不利，彼出而不利，曰支；支形者，敌虽利我，我无出也；引而去之，令敌半出而击之，利。隘形者，我先居之，必盈之以待敌；若敌先居之，盈而勿从，不盈而从之。险形者，我先居之，必居高阳以待敌；若敌先居之，引而去之，勿从也。远形者，势均，难以挑战，战而不利。凡此六者，地之道也，将之至任，不可不察也。

故兵有走者，有弛者，有陷者，有崩者，有乱者，有北者。凡此六者，非天之灾，将之过也。夫势均，以一击十，曰走；卒强吏弱，曰弛；吏强卒弱，曰陷；大吏怒而不服，遇敌怼而自战，将不知其能，曰崩；将弱不严，教道不明，吏卒无常，陈兵纵横，曰乱；将不能料敌，以少合众，以弱击强，兵无选锋，曰北。凡此六者，败之道也，将之至任，不可不察也。

夫地形者，兵之助也。料敌制胜，计险阨远近，上将之道也。知此而用战者必胜，不知此而用战者必败。

故战道必胜，主曰无战，必战可也；战道不胜，主曰必战，无战可也。故进不求名，退不避罪，唯人是保，而利合于主，国之宝也。

视卒如婴儿，故可与之赴深谿；视卒如爱子，故可与之俱死。厚而不能使，爱而不能令，乱而不能治，譬若骄子，不可用也。

知吾卒之可以击，而不知敌之不可击，胜之半也；知敌之可击，而不知吾卒之不可以击，胜之半也；知敌之可击，知吾卒之可以击，而不知地形之不可以战，胜之半也。故知兵者，动而不迷，举而不穷。故曰：知彼知己，胜乃不殆；知天知地，胜乃不穷。

《地形篇》详解

原文　孙子曰：地形有通者，有挂者，有支者，有隘者[1]，有险者，有远者。我可以往，彼可以来，曰通；通形者，先居高阳，利粮道，以战则利。可以往，难以返，曰挂；挂形者，敌无备，出而胜之；敌若有备，出而不胜，难以返，不利。我出而不利，彼出而不利，曰支；支形者，敌虽利我，我无出也；引而去之[2]，令敌半出而击之，利。隘形者，我先居之，必盈之以待敌；若敌先居之，盈而勿从，不盈而从之。险形者，我先居之，必居高阳以待敌；若敌先居之，引而去之，勿从也。远形者，势均，难以挑战，战而不利。凡此六者，地之道也，将之至任，不可不察也。

译文　孙子说：地形可分为通、挂、支、隘、险、远六种。凡是我军可以去，敌军可以来的，叫作“通”。在“通”这种地形条件下作战，应该抢先占领地势高而向阳的地方，并保证粮草运输畅通，这样作战就有利。凡是可以前往，但难以回退的，叫作“挂”。在“挂”这种地形条件下作战，如果敌人没有防备，就可以突然出击从而战胜它；如果敌人已经有了防备，出击了却不能取胜，又难以退回，这样对我军就会很不利。我军出兵不利，敌军出兵也不利的地形，叫作“支”。在“支”这种地形条件下作战，即使敌人以利益来引诱我，我军也不能出击，最好是引军离开，诱使敌人出兵，待它出动到一半的时候，我突然发起攻击，这样就会对我军有利。在“隘”这种地形条件下作战，我军若能抢先占领，就要用重兵封锁隘口，等待敌人的到来。如果敌人已经抢先占领隘口，并用重兵防守，我就不要去攻打；如果敌人没有用重兵封锁隘口，就攻取它。在“险”这种地形条件下作战，若是我抢先将其占领，那就必须控制那些地势高而向阳的地方，等待敌人的到来；若是敌人抢先将其占领，那就应该引军离去，不要去进攻。在“远”这种地形条件下作战，敌我双方势均力敌，不宜挑战，若是勉强求战，会对我军产生不利影响。以上六点，均是利用地形作战的原则，是将帅的重要责任之所在，不可不认真考察研究。

注释　1. 隘（ài）者：狭窄之地，这里指两山之间狭窄的通谷。2. 引：引导，率领。

图解

“通”是指四通八达，我可以去，敌人也可以来的地区。在这种地形条件下作战，应该抢先占领地势高而向阳的地方，并保证粮草运输畅通无阻。

“挂”是指前平后险、易入难出的地区。在这种地形条件下作战，如果敌人没有防备，可以突然出击战胜它，但要考虑出击不胜，我军难以退回的情况。

“支”是指敌我皆可据险对峙，不易发动进攻的地区。在这种地形条件下作战，或坚持据守，或佯装撤退，诱使敌人出击，找机会对其突然发起攻击。

“隘”是指两山之间狭窄的通谷。在这种地形条件下作战，我军若能快速占领，就要用重兵封锁隘口以待敌。如果敌人已有重兵把守隘口，就不要去攻打。

“险”指险要之地。在这种地形条件下作战，最好能抢先占领控制那些地势高而向阳的地方以待敌；若是敌人抢先将其占领，那就应该放弃进攻而撤退。

“远”指敌我相距较远。在这种地形条件下作战，如果敌我双方势均力敌，不宜挑战。勉强求战会对我军产生不利影响。

原文

故兵有走者[3]，有弛者，有陷者，有崩者，有乱者，有北者。凡此六者，非天之灾，将之过也。夫势均，以一击十，曰走；卒强吏弱，曰驰；吏强卒弱，曰陷；大吏怒而不服，遇敌怼而自战[4]，将不知其能，曰崩；将弱不严，教道不明[5]，吏卒无常[6]，陈兵纵横[7]，曰乱；将不能料敌，以少合众，以弱击强，兵无选锋[8]，曰北。凡此六者，败之道也，将之至任，不可不察也。

译文

导致军队作战失败的情况可以分为走、弛、陷、崩、乱、北六种。凡是属于这六种情况的，都不是上天降下的灾祸，而是由于将帅的过失造成的。在敌我双方势均力敌的情况下，以一击十（而导致失败）的，叫作“走”；士卒强悍、将官懦弱（而导致失败）的，叫作“弛”；将官强悍、士卒懦弱（而导致失败）的，叫作“陷”；部将对主将有所怨怒，不服从指挥，遇到敌人意气用事，擅自出战，主将不了解他的能力（而导致失败）的，叫作“崩”；主将软弱缺乏威严，训练教育军队方法不得当，官兵都不守规矩，排兵布阵杂乱无章（而导致失败）的，叫作“乱”；主将不能正确判断敌情，以少击多，以弱攻强，又没有精锐部队作为中坚力量（而导致失败）的，叫作“北”。以上六点，均是导致军队败亡的原因，是将帅的重要责任，不可不认真考察研究。

图解

弛

士卒强悍，将吏懦弱，以致军队散漫而导致失败。

走

敌我实力相当，却发兵去打十倍于己的敌军而导致失败。

陷

将吏强势，士卒懦弱，以致军队畏缩而失败。

北

主将不能正确判断敌情，以少击多，以弱击强，且没有精锐部队而导致失败。

崩

主将不了解部将才能，部将不服从主将指挥而擅自出战导致失败。

乱

主将懦弱，缺乏威严，且训教、法纪不明，使士卒无所遵循而导致失败。

注释 3. 兵：这里指败兵。4. 怼（duì）：怨恨。5. 教道：指对部下的训练、教育。6. 常：指常法、法纪。7. 陈：同“阵”。8. 选锋：挑选勇敢善战的士卒组成的精锐部队。

中国相关名言

- 三国·诸葛亮：“有制之兵，无能之将，不可以败；无制之兵，有能之将，不可以胜。”
- 三国·诸葛亮：“夫败军丧师，未有不因轻敌而致祸者。”

外国相关名言

- （普鲁士）克劳塞维茨：“有勇无谋地硬干，也许不仅消灭不了敌人的军队，反而会使自己的军队被敌人消灭。”
- （苏）什捷缅科：“在战斗情况下，军事首长的任何差错，都会招致极悲惨的后果。”

原文

夫地形者，兵之助也。料敌制胜，计险阨远近[9]，上将之道也[10]。知此而用战者必胜，不知此而用战者必败。故战道必胜[11]，主曰无战，必战可也；战道不胜，主曰必战，无战可也。故进不求名，退不避罪，唯人是保[12]，而利合于主，国之宝也。

视卒如婴儿，故可与之赴深谿[13]；视卒如爱子，故可与之俱死。厚而不能使[14]，爱而不能令，乱而不能治，譬若骄子，不可用也。

知吾卒之可以击，而不知敌之不可击，胜之半也；知敌之可击，而不知吾卒之不可以击，胜之半也；知敌之可击，知吾卒之可以击，而不知地形之不可以战，胜之半也。故知兵者，动而不迷，举而不穷[15]。故曰：知彼知己，胜乃不殆；知天知地，胜乃不穷。

译文

地形是用兵打仗取得胜利的辅助条件。正确判断敌情以获取胜利，考察地形的险易，计算道路的远近，这些都是主将的职责。掌握了这些方法而应用于指挥作战的就必定能够胜利，不掌握这些方法而去指挥作战的就必定会失败。所以，如果根据战场实情进行分析，有必胜把握的，即使国君主张不要打，坚决去打也是可以的；如果根据战场实情进行分析，没有必胜把握的，即使国君主张一定要打，不打也是可以的。进不谋求战胜的功名，退不回避违抗君命的罪责，只求使民众和士卒得以保全，行动符合国君的利益，这样的将帅是国家的宝贵财富。

将帅对待士卒如同爱护婴儿，那么士卒就会与他共赴艰险；将帅对待士卒如同爱护自己的儿子，那么士卒就会与他同生共死。因为对士卒过分宽厚而无法使用他们，因为对士卒溺爱而无法命令他们，士卒违法乱纪而不能治理他们，这样的军队就好像娇生惯养的孩子，是不能用来打仗的。

只知道自己的军队有能力去攻击敌人，而不知道眼下情况不宜对敌发动攻击，取胜的可能性只有一半；知道眼下情况可以对敌发动攻击，而不知道自己的军队还不宜进攻敌人，取胜的可能性也只有一半；知道眼下情况可以对敌发动攻击，并且知道我军有能力攻击它，但不了解地形条件不利于作战，取胜的可能性仍然只有一半。所以，懂得用兵的将帅，行动时不会迷惑，采取的战略战术变化无穷。所以说：了解自己，了解敌人，就能常胜不败；了解天时，了解地利，胜利就可以永无穷尽。

注释 9. 险阨（è）：这里是指地势的险易情况。10. 上将：这里指主将。11. 战道：指战场情势。12. 唯人是保：只求保全民众和士卒。人，指士卒、民众。13. 深豁：这里比喻危险地带。"豁"同"溪"。14. 厚：厚养，优待。15. 举而不穷：变化无穷，使敌人难以捉摸。举，措施。

中国相关名言

- 唐·李筌："得形势之地，有死生之势。"
- 清·许乃济《武备辑要·制胜要策》："凡行兵取胜，须量兵相地。兵多务易，兵少务险，要在兵与地相称。"

外国相关名言

- （普鲁士）克劳塞维茨："地形应在一定程度上同军队的特点和编成相适应。"
- （瑞士）约米尼："假使一位将领想在一幕伟大的战争戏剧当中，充任一个成功的演员，那么他第一个职务就是要审慎地研究作战的场地，这样他就可能看清楚敌我双方在形势上的优劣。"
- （苏）米尔施泰因："如果能够详尽地熟悉地形并极其巧妙地利用地形，那么一支很小的军队便可以与超过自己的优势兵力作战。"

《地形篇》要点

（一）地形有通者，有挂者，有支者，有隘者，有险者，有远者。

（二）故兵有走者，有弛者，有陷者，有崩者，有乱者，有北者。凡此六者，非天之灾，将之过也。

（三）夫地形者，兵之助也。料敌制胜，计险阨远近，上将之道也。

（四）故战道必胜，主曰无战，必战可也；战道不胜，主曰必战，无战可也。故进不求名，退不避罪，唯人是保，而利合于主，国之宝也。

（五）视卒如婴儿，故可与之赴深豁；视卒如爱子，故可与之俱死。厚而不能使，爱而不能令，乱而不能治，譬若骄子，不可用也。

（六）知彼知己，胜乃不殆；知天知地，胜乃不穷。

重点句例解

隘形者，我先居之，必盈之以待敌；若敌先居之，盈而勿从，不盈而从之。

虎牢关之战 事见《资治通鉴》

唐武德三年（620），唐军进攻乘隋末大乱割据一方、自立为帝的郑国王世充势力，王世充退守洛阳，郑国各地纷纷不战而降，王世充只好派使者向另一割据势力——建立夏国的夏王窦建德求援。窦建德本不想救援，但他的中书舍人刘斌告之以唇亡齿寒之理，窦建德于是发兵救郑。

李世民召集众将商议策略，将领中多有请求避开窦建德兵锋者，李世民说：“王世充损兵折将，粮食吃尽，上下离心，不必费力攻打就可以坐等他败亡。窦建德刚刚击破孟海公，将领骄傲，士卒疲惫，我们占据虎牢，等于扼住他的咽喉。他如果冒险与我军争锋，我们可以轻而易举打败他；如果他犹豫不决，不来交战，要不了十天半个月，王世充自己就会溃败。一举打败两个敌人，就在这一仗了。如果不迅速进军，窦建德进入虎牢，与王世充合力，势力必然强大，还有什么机会可乘呢？就这么定了！”李世民遂率领三千五百名骁勇的战士东赴虎牢。王世充登上洛阳城望见唐军行动，不知唐军意图，竟不敢出城交战。

⇒唐军于虎牢关之战中击溃窦建德军。

李世民率军占据虎牢关，窦建德在虎牢受阻一个多月，打了几仗都未能取胜，军中人心惶恐不安。谋士凌敬劝说窦建德放弃攻取虎牢关北上，向西翻越太行山，袭取唐军防守薄弱的后方，窦建德的妻子也劝他采纳凌敬的建议，但窦建德手下将领多被王世充使者收买，促使窦建德停留在虎牢与唐军缠斗，未能采纳这一正确策略。

后来，李世民率军与窦建德军决战，一举击溃了窦建德军，并生擒窦建德。

在这场著名的战役中，李世民先占隘口，围点打援（围困王世充，打击前来救援的窦建德），一箭双雕。孙子说："隘形者，我先居之，必盈之以待敌；若敌先居之，盈而勿从，不盈而从之。"前半句正合李世民的做法，后半句则是窦建德应该采纳却未采纳的做法。

险形者，我先居之，必居高阳以待敌；若敌先居之，引而去之，勿从也。

木门之战 事见《资治通鉴》

231年，诸葛亮率领各路大军进犯魏境，围祁山。到六月时，蜀军因为粮尽退军，司马懿命张郃追击。张郃进兵到木门，蜀军利用高地布下伏兵，万箭齐发，张郃中箭而死。

张郃中伏，身死木门。

夫地形者，兵之助也。料敌制胜，计险阨远近，上将之道也。知此而用战者必胜，不知此而用战者必败。

曹操利用地形击吕布 事见《资治通鉴》

曹操曾与吕布在兖（yǎn）州地区相互攻战，一次，吕布与陈宫率领万余人来进攻曹操。曹操部下的士兵全都出去收割麦子，在营中的不足千人，难以守住营寨。在营寨西边有一大堤，南边有一片茂密幽深的树林。曹操把一半士兵埋伏在堤后，另一半士兵在堤外列阵。吕布的军队逼近时，曹操命轻装部队挑战，等到两军厮杀在一起，堤后的伏兵登上大堤杀出，步兵与骑兵一齐冲锋，大破吕布的军队。

岳飞知兵知地破李成 事见《宋史》

绍兴四年（1134），朝廷任命岳飞兼任荆南、鄂州、岳州制置使。岳飞上奏说："襄阳等六郡是恢复中原故地的根本所在，今天应该首先攻取这六郡，以解除心腹之患。"（襄阳六郡包括唐州、邓州、随州、郢（yǐng）州、信阳、襄阳。当时，襄阳等六郡为金国扶持的傀儡政权伪齐的将领李成率军占领。）

高宗将岳飞的建议告诉赵鼎，赵鼎说："了解长江上流利害得失，没有人超过岳飞。"于是授岳飞为黄州、复州、汉阳军、德安府制置使。岳飞乘船渡江至江中时，回头对部下说："岳飞如不擒获贼寇，不再渡江。"

进抵郢州城下，伪齐将领京超号称"万人敌"，凭借坚城抗拒岳飞。岳飞擂鼓激励士众登城，城破，京超自杀，郢州被收复。岳飞又派张宪、徐庆前去收复随州。

岳飞亲自率部攻打襄阳，李成挥军迎战，其左翼靠近襄江。岳飞笑道："步兵适宜于在险阻地形上作战，骑兵则适宜于在平旷地形上作战。李成左翼骑兵排列在江岸，右翼步兵排列于平地，虽然拥有十万之众，又能有什么作为？"他对部将王贵说："你率长枪步兵进攻李成的骑兵。"又对牛皋说："你率骑兵攻击李成的步兵。"

两军交战之后，李成军的战马应枪倒毙，后面的骑兵被逼入江中，伪齐步兵死亡的人不计其数，李成连夜逃走，岳飞收复襄阳。不久，收

⇑ 岳飞军击败李成军。

复全部襄阳六郡。

岳飞收复襄阳六郡的胜利震动了宋廷。宋高宗赵构接到捷报后说："朕虽素闻岳飞行军极有纪律，未知能破敌如此。"大臣胡松年说："惟其有纪律，所以能破贼。若号令不明，士卒不整，方自治不暇，安能成功？"岳飞因功授清远军节度使，成为有宋一代最年轻的建节者（32 岁建节）。

钓鱼城之战 事见《宋史》

宋理宗嘉熙四年（1240），四川制置副使彭大雅为了抗击蒙古军，派甘闰在合州（今重庆合川）东十里钓鱼山上筑营寨。淳祐三年（1243），四川制置使余玠部署在钓鱼山上修筑钓鱼城，迁合州治所于此，驻以重兵，以控扼嘉陵江要冲。

余玠随后又把构筑山城的做法推广到其他州郡，先后建成十余座山城。余玠的后继者王坚、张珏继续修筑山城，总数达八十余处。这些建在四川主要水系上的山城，成为一个庞大的山城防御体系，在其后抗蒙战争中发挥了重大作用。

1258 年，蒙古大军入侵四川，经过近一年艰苦攻战，岁末打到钓鱼城下，这时四川已大部沦陷。蒙哥汗派降人前去招降，宋知合州王坚严词拒绝。

蒙哥汗亲督诸军攻钓鱼城，但在宋守城军民顽强抗击下，均遭失败。

到 1259 年盛夏，蒙古军水土不服，疫疾蔓延，士气低落。钓鱼城军民在王坚的率领下，白天抵抗蒙古军进攻，夜晚偷袭蒙古军营寨。

⇒钓鱼城城防图。

⇑ 宋军向城下蒙古军投掷鲜鱼面饼。

蒙将汪德臣单骑到钓鱼城下招降，被城上发射的飞石击中而死。王坚命守城宋军向城下蒙古军投掷鲜鱼面饼，并致书说："你们北兵可烹鱼食饼，再攻十年，城亦不可得！"蒙哥汗见钓鱼城固若金汤，久攻不下，无奈撤军。蒙哥汗死在退兵途中。

景定元年（1260），王坚被召回朝廷，由号称"四川虓（xiāo）将"的张珏接任。张珏原是王坚部将，善于用兵，出奇设伏，算无遗策。

张珏接任钓鱼城主帅后，士兵必定精练，器械必定精良，驾驭军队有法度，有功必赏，有过错即使是亲近的人也必惩不贷，所以人人用命。他继续推进耕战结合的防御体系，对外用军队保护耕种，在内教百姓开垦田地积储粮食，不过一二年，就丰衣足食，使钓鱼城在军事与经济上都得到进一步的巩固。张珏是后期钓鱼城抗元斗争中的杰出将领。

1279 年，在南宋濒临覆灭、内无粮草、外无救兵的情况下，得到不屠城的许诺后，时任钓鱼城守将的王立开城降元，钓鱼城才落入蒙古之手。

故战道必胜，主曰无战，必战可也；战道不胜，主曰必战，无战可也。故进不求名，退不避罪，唯人是保，而利合于主，国之宝也。

李靖“自作主张”奔袭突厥 事见《旧唐书》

唐朝贞观四年（630），兵部尚书李靖出任定襄道行军总管，率军击败了东突厥，颉利可汗率众退保铁山，然后派遣使者到唐朝请罪，并表示愿举国归附。当时朝廷派鸿胪卿唐俭等去安抚突厥部众，李靖、李勣认为这是战机，二人将计谋告诉张公瑾，张公瑾说：“圣上已下诏接受他们投降，大唐的使者在突厥，怎么能进攻呢？”李靖认为机不可失，就率军疾速进军突厥驻地，李勣随后。

颉利可汗见到唐朝使者唐俭等人后，放松了戒备。李靖部队抵达距颉利可汗大帐仅十五里时，突厥才察觉。颉利可汗逃走，部众溃散。此战，李靖军队杀死突厥兵一万多人，俘虏十余万人，得牲畜数十万头。

颉利可汗想要逃奔吐谷浑，但被大同道行军总管张宝相擒获，送往朝廷。此战的胜利，为唐朝拓展了疆界，从阴山以北直到大漠。

⇒唐军奇袭颉利可汗大营。

视卒如婴儿，故可与之赴深谿；视卒如爱子，故可与之俱死。厚而不能使，爱而不能令，乱而不能治，譬若骄子，不可用也。

为士卒吮疽的名将吴起 事见《史记》

战国时期的政治家、军事家吴起，他本是卫国人，因善于用兵和治理，被魏文侯任用为主将。吴起帮助魏国增强国力和军力，开疆扩土。魏文侯去世后，魏武侯继位，吴起受到他人谗害，魏武侯对他有所猜疑，他就投奔楚国，帮助楚国富国强兵。

据《史记·孙子吴起列传》载，吴起做主将，跟最下等的士兵穿一样的衣服，吃一样的饭食，他睡觉不睡席子，行军不骑马乘车，亲自背负军粮，和士兵们同甘共苦。有个士兵生了恶疮，吴起替他吸吮脓液。这个士兵的母亲听说后，放声大哭。有人说："你儿子是个无名小卒，将军亲自替他吸吮脓液，你为何还哭呢？"那位母亲说："从前，吴将军替他父亲吸吮毒疮，他父亲在战场上不顾生死，勇往直前，最终死在战场上。如今吴将军又为我的儿子吸吮毒疮，我不知道他会死在什么地

← 吴起为士卒吮吸毒疮。

方，因此哭啊。”

魏文侯因吴起善于用兵打仗、廉洁不贪、待人公平、能取得将士的忠心，就任命他担任西河地区的长官，来抗拒秦国和韩国。

孙子说：“视卒如爱子，故可与之俱死。”吴起与士卒同甘共苦，关爱士卒，所以士卒与他同心，上战场死不旋踵。

知吾卒之可以击，而不知敌之不可击，胜之半也；知敌之可击，而不知吾卒之不可以击，胜之半也；知敌之可击，知吾卒之可以击，而不知地形之不可以战，胜之半也。故知兵者，动而不迷，举而不穷。故曰：知彼知己，胜乃不殆；知天知地，胜乃不穷。

越王勾践苦心经营，等待时机向吴复仇 事见《史记》

春秋时期，越王即位后，与吴国发生战争，被吴军在夫椒击败，被迫向吴求和。此后，他励精图治，苦心经营，希望有朝一日能一雪前耻。他悬挂苦胆，坐卧都要仰头尝尝苦胆，吃饭时也要尝尝苦胆，常对自己说：“你难道忘记会稽所受的耻辱了吗？”他吃饭不吃荤菜，不穿华丽的衣服，亲身耕作，他的妻子亲手织布。他委曲求全，对贤人彬彬有礼，招待宾客热情诚恳，能救济穷人，悼慰死者，与百姓共同劳作。

⇒越王勾践自我砥砺，一心想要雪耻。

吴王夫差自尽。

就这样过了七年，越王勾践在大夫范蠡和文种等贤臣的辅佐下，使越国得到大治，他想攻打吴国报仇，被大夫逢同劝阻，认为时机尚不成熟。

过了三年，吴王夫差赐死了向他屡进忠言的伍子胥，勾践召见范蠡说："吴王已杀死了伍子胥，阿谀奉承的人很多，可以攻打吴国了吗？"范蠡回答说："不行。"到第二年春天，吴王到北部的黄池去会合诸侯，吴国的精锐部队都跟随吴王赴会了，唯独老弱残兵和太子留守吴都。勾践又问范蠡是否可以进攻吴国。范蠡说："可以了。"勾践便派出熟悉水战的士兵两千人，训练有素的士兵四万人，受过良好教育的近卫军六千人，各类技术人员一千人攻打吴国。吴军大败，越军还杀死吴国的太子。吴王夫差紧急回国，派人向越国送去厚礼请求议和。越国自觉暂时无力灭吴，于是和吴国讲和。

这以后四年，越国又攻打吴国，吴国军民疲惫不堪。因为吴国的精锐部队都在与齐、晋之战中消耗殆尽，所以越国大败吴军，并包围吴都三年，最终把吴王夫差围困在姑苏山上。吴王派使者去请和，勾践不许，夫差便自杀身亡。

勾践君臣能忍辱负重，知己知彼，待时出击，符合孙子所言，所以取得了胜利。

《地形篇》在其他领域的应用

丰田公司的管理之道

孙子说:“视卒如婴儿,故可与之赴深谿;视卒如爱子,故可与之俱死。厚而不能使,爱而不能令,乱而不能治,譬若骄子,不可用也。”这是说,将帅对士卒能像对待婴儿一样爱护,士卒就会与将帅赴汤蹈火;将帅对士卒像对爱子一样关心,士卒就会与将帅同生共死。但是,对士卒溺爱而无法命令他们,士卒违法乱纪而不能治理他们,这样的士卒就好像娇生惯养的孩子,是无法使用的。

孙子这段话,放在现代企业管理中,也是富有经验与智慧的总结。管理需要恩威并施。有恩无威,有厚待而无严格的制度、纪律来进行管理,员工就会骄纵怠惰,没有效率。有威无恩,有严格的管理却没有相应的关怀与爱护,员工就缺乏责任心和主动性,企业缺少凝聚力和衷心与企业同舟共济的人才。世界上很多知名公司,都有自己亦刚亦柔、亦恩亦威、严格管理与人性化关怀并存的管理体系。

以日本丰田公司为例,丰田公司为了最大限度地发挥员工的主动性和创造力,让职工爱丰田,忠于丰田,树立起做一个努力、诚实、谦虚的丰田人是光荣和自豪的意识,公司不但注重不断对员工进行企业精神和价值观的灌输与培训,而且注重福利,给员工提供齐全的保险、年假、购房购车补贴、旅游补贴、餐费补贴、交通补贴、困难补助、员工生日蛋糕、结婚生育贺礼、传统节假日家属慰问、无息专用贷款等,进入丰田的员工,到退休甚至到去世,能想到的福利,公司都已考虑到了。

另一方面,丰田公司的管理体系十分严密和严格,生产组织、物流控制、质量管理、成本控制、库存管理、现场管理和现场改善等在内的管理方法和体系面面俱到,一丝不苟。

丰田对生产中每个活动、内容、次序、时间控制、结果等所有工作细节都制定了严格的规范,例如装一个轮胎或者引擎需要几分几秒钟。每个员工的职责都有明确划分。

丰田的薪酬与绩效考评密切相关,员工工资增长取决于能力的提高,员工奖金的多少取决于业绩大小、工作质量优劣。丰田鼓励员工长期在公司工作,资历越老,工作经验越丰富,技能越高,薪酬和福利也越高。

丰田公司非常注重节约的原则，杜绝任何浪费成为丰田的宗旨之一，杜绝浪费、控制成本是丰田经营的重要思路。

“造物、造钱、造人”也是丰田的重要理念之一，是指制造符合顾客需求的汽车，积累企业的财富，关注人才的培养与提拔。

为了保证质量，丰田公司提倡不要超产。丰田公司根据质量要求设计的一道道生产和质量监察检测程序有条不紊地进行，生产经营平稳运转，每个人都在忙碌。有人曾评价说，丰田质量体系需要大量详尽的计划、严格的纪律、勤奋的工作和对细微之处的专注。

丰田公司还经常发动职工提合理化建议，设重奖加以鼓励。

日本汽车企业应对美国限制

孙子说：“知彼知己，胜乃不殆；知天知地，胜乃不穷。”意思是说，了解敌方，了解我方，就能必胜不败；了解天时，了解地利，胜利就不可穷尽了。孙子所说的这段话，可以应用于任何领域。在任何情况下，知天时，知地利，知己知彼，就掌握了很多胜算。

日本优秀企业家在经商过程中，非常注重收集和获取对方的情报与信息，了解市场、趋势、地理、风土人情等各方面情况，从而制订相应的生产经营策略。

20世纪80年代，日本汽车工业总产量已突破1000万辆大关，超过“汽车王国”美国的年产量，跃居世界第一位。面对巨大的冲击，美方限制了日本汽车企业对美出口的数量。日本企业深谙美国法律和美国国内情况，采取了多种应对措施，如在美国建厂，不但享受相关优惠政策，而且创造大量就业岗位，促进当地经济发展，影响美国国内舆论。日本企业还大量采购美国生产的商品。据统计，自1982年以来，本田汽车公司的美国供应商数量由原来的数十家增加到500多家，丰田汽车公司从北美供应商那里采购的零部件和原材料已超过100亿美元。

美国政府以种种手段提高日本企业的生产成本，日本厂商则把投资悄悄转向紧邻美国的墨西哥，既利用墨西哥的廉价劳动力，也利用该地产品销往美国的优惠关税来生产和营销。

尽管存在日美汽车协议的压制，但美国并没能阻挡日本汽车产业发展的步伐，比如2021年，丰田汽车高居美国汽车销量排行榜第一位。

三分钟贯通中国战争史（十）

五代时期的战争

907 年，在镇压黄巢起义中拥重兵、获得权势、受封梁王、弑杀唐昭宗的朱温迫使唐哀帝“禅让”，建立后梁，定都开封府，占有中国北方大部地区，五代十国时期开始。五代是指后梁、后唐、后晋、后汉、后周五个定都于中原地区的政权，十国是指前蜀、后蜀、南吴、南唐、吴越、闽、南楚、南汉、荆南（南平）、北汉等十个同时或相继存在的割据政权。在五代十国七十余年的历史中，各割据势力之间战争不断，天下生灵涂炭。五代十国时期的政权多崇尚暴力，所以对其治下的民众多施以苛酷之政、残忍之刑法，这是中国历史上的一段非常黑暗的时期。

五代十国期间，各方君主、将领将军事谋略运用到无以复加的地步，出现了很多著名战役，如柏乡之战、胡柳陂之战、后唐灭梁之战、后唐灭蜀之战、白团卫村之战、高平之战等。

后周世宗柴荣即位后，励精图治，改革军队，增强战斗力。他三次亲征南唐，迫使南唐割让淮南江北十四州，去帝号；发兵攻伐后蜀，收取秦、凤、阶、成四州;北征辽朝，连克三关三州。但周世宗英年早逝，其幼子继位不久，禁军将领赵匡胤发动“陈桥兵变”，建立北宋，后周灭亡。

⇒李存勖军与后梁军作战（杨刘之战）。

历代武备（十）

五代时期的武备

⇒五代战将。

五代十国时期，主流兵器是刀、枪、弓、弩等，如《资治通鉴》中记载："王彦章（后梁名将）骁勇绝伦，每战用二铁枪，皆重百斤，一置鞍中，一在手，所向无前，时人谓之'王铁枪'。"《旧五代史》记载，将领王敬荛（ráo）"枪重三十余斤，摧锋突阵，率以此胜"。

斧、槌、鞭等武器也都在记录五代史的史籍中出现。如《资治通鉴》记载，后唐将领李建及选三百人敢死队，"披铠操斧"进军。将领安重荣常用铁鞭，自称"铁鞭郎君"。将领王继勋有武勇，常用铁鞭、铁槊、铁杖，人称"王三铁"。

唐代的明光甲到五代十国时期已不常见。

⇐五代战将。

九地篇

“九地”指九种地形情况。本篇中不但讲述了九种地形情况下的行军作战原则，而且讲述了一些一般性的行军作战原则，比如要先夺取敌人最为重视的条件（先夺其所爱），又比如“兵之情主速，乘人之不及，由不虞之道，攻其所不戒也”。

文中亦介绍了一些战术及治军、指挥原则，比如要使军队如“常山之蛇”，击其首则尾至，击其尾则首至，击其中则首尾俱至；将帅要沉着冷静以使思虑深远，严肃公正以使队伍井然有序；要静如处子，动如脱兔；要能使士卒处于舍生忘死的心态当中等。

《九地篇》全文通读

孙子曰：用兵之法，有散地，有轻地，有争地，有交地，有衢地，有重地，有圮地，有围地，有死地。诸侯自战其地，为散地。入人之地而不深者，为轻地。我得则利，彼得亦利者，为争地。我可以往，彼可以来者，为交地。诸侯之地三属，先至而得天下之众者，为衢地。入人之地深，背城邑多者，为重地。行山林、险阻、沮泽，凡难行之道者，为圮地。所由入者隘，所从归者迂，彼寡可以击吾之众者，为围地。疾战则存，不疾战则亡者，为死地。是故散地则无战，轻地则无止，争地则无攻，交地则无绝，衢地则合交，重地则掠，圮地则行，围地则谋，死地则战。

所谓古之善用兵者，能使敌人前后不相及，众寡不相恃，贵贱不相救，上下不相收，卒离而不集，兵合而不齐。合于利而动，不合于利而止。敢问：“敌众整而将来，待之若何？”曰：“先夺其所爱，则听矣。”

兵之情主速，乘人之不及，由不虞之道，攻其所不戒也。

凡为客之道，深入则专，主人不克；掠于饶野，三军足食；谨养而勿劳，并气积力；运兵计谋，为不可测。投之无所往，死且不北，死焉不得，士人尽力。兵士甚陷则不惧，无所往则固，深入则拘，不得已则斗。是故其兵不修而戒，不求而得，不约而亲，不令而信。禁祥去疑，至死无所之。吾士无余财，非恶货也；无余命，非恶寿也。令发之日，士卒坐者涕沾襟，偃卧者涕交颐。投之无所往者，诸刿之勇也。

故善用兵者，譬如率然；率然者，常山之蛇也。击其首则尾至，击其尾则首至，击其中则首尾俱至。敢问：“兵可使如率然乎？”曰：“可。”夫吴人与越人相恶也，当其同舟而济，遇风，其相救也如左右手。是故方马埋轮，未足恃也；齐勇若一，政之道也；刚柔皆得，地之理也。故善用兵者，携手若使一人，不得已也。

将军之事，静以幽，正以治。能愚士卒之耳目，使之无知。易其事，革其谋，使人无识；易其居，迂其途，使人不得虑。帅与之期，如登高而去其梯。帅与之深入诸侯之地，而发其机，焚舟破釜，若驱群羊，驱而往，驱而来，莫知所之。聚三军之众，投之于险，此谓将军之事也。九地之变，屈伸之利，人情之理，不可不察。

凡为客之道，深则专，浅则散。去国越境而师者，绝地也；四达者，衢地也；入深者，重地也；入浅者，轻地也；背固前隘者，围地也；无所往者，死地也。

是故散地，吾将一其志；轻地，吾将使之属；争地，吾将趋其后；交地，吾将谨其守；衢地，吾将固其结；重地，吾将继其食；圮地，吾将进其涂；围地，吾将塞其阙；死地，吾将示之以不活。故兵之情，围则御，不得已则斗，过则从。

是故不知诸侯之谋者，不能预交；不知山林、险阻、沮泽之形者，不能行军；不用乡导者，不能得地利。四五者，不知一，非霸王之兵也。夫霸王之兵，伐大国，则其众不得聚；威加于敌，则其交不得合。是故不争天下之交，不养天下之权，信己之私，威加于敌，故其城可拔，其国可隳。

施无法之赏，悬无政之令，犯三军之众，若使一人。犯之以事，勿告以言，犯之以利，勿告以害。投之亡地然后存，陷之死地然后生。夫众陷于害，然后能为胜败。

故为兵之事，在于顺详敌之意，并敌一向，千里杀将，此谓巧能成事者也。

是故政举之日，夷关折符，无通其使，厉于廊庙之上，以诛其事。敌人开阖，必亟入之。先其所爱，微与之期。践墨随敌，以决战事。是故始如处女，敌人开户，后如脱兔，敌不及拒。

《九地篇》详解

原文

孙子曰：用兵之法，有散地，有轻地，有争地，有交地，有衢地，有重地，有圮地[1]，有围地，有死地。诸侯自战其地，为散地。入人之地而不深者，为轻地。我得则利，彼得亦利者，为争地。我可以往，彼可以来者，为交地。诸侯之地三属[2]，先至而得天下之众者，为衢地。入人之地深，背城邑多者，为重地。行山林、险阻、沮泽，凡难行之道者，为圮地。所由入者隘，所从归者迂，彼寡可以击吾之众者，为围地。疾战则存，不疾战则亡者，为死地。是故散地则无战，轻地则无止，争地则无攻，交地则无绝，衢地则合交，重地则掠，圮地则行，围地则谋，死地则战。

译文

孙子说：按用兵的法则，战地有散地、轻地、争地、交地、衢地、重地、圮地、围地、死地九种。诸侯在自己的领地上与敌作战，这样的地区叫作“散地”；进入敌境但尚未深入敌人腹地，这样的地区叫作“轻地”；我方得到就对我有利，敌方得到就对敌有利的地区，叫作“争地”；我军可以前往，敌军可以前来的地区，叫作“交地”；同几个诸侯国毗邻，先到的就可以结交诸侯并取得援助的地区，叫作“衢地”；深入敌国腹地，隔着很多敌国城邑的地区，称为“重地”；山林、险阻、沼泽等行军困难的地区，叫作“圮地”；进入的道路狭窄险要，退归的道路迂回曲折，敌人以少数兵力就能击败我众多兵力的地区，叫作“围地”；迅猛奋战则能生存，不迅猛奋战就灭亡的地区，叫作“死地”。因此，在散地则不宜作战；在轻地则不可停留；在争地要先于敌人占领，如果敌人已经占领，就不宜强攻；在交地要使军队相互策应不被切断；在衢地应结交诸侯以为己援；深入重地应掠取粮草物资；在圮地要迅速通过；在围地应运用智谋，防止被困；陷入死地则要迅猛奋战，死里求生。

注释

1. 圮（pǐ）：毁坏，倒塌，引申指断绝、隔绝。2. 属（zhǔ）：连接，毗邻。

中国相关名言

- 清·俞益谟：“行军之道，贵知地利。”
- 宋·《百战奇略》：“凡与敌战，三军必要得其地利，则可以以寡敌众，以弱胜强。”

外国相关名言

- （俄）梅杰姆：“地形条件对军事行动有无可争辩的影响。”
- （苏）什捷缅科：“指挥员首先要考虑地形对完成任务是否有利。”

图解

九地

- 散地  指在自己的领地内同敌人作战，士卒在危急时很容易逃散的地区。
- 轻地  指军队进入敌境不深，士卒离本土不远，危急时易于轻返的地区。
- 争地  指我军占领有利、敌军占领也有利的地区。
- 交地  指道路纵横、地势平坦、交通便利的地区。
- 衢地  指与几个诸侯国毗邻，先到的就可以结交诸侯并取得援助的地区。
- 重地  指进入敌境已深，隔着很多敌国城邑的地区。
- 圮地  指山林、险阻、沼泽等行军困难的地区。
- 围地  指进退多阻碍，敌人以少数兵力就能击败我众多兵力的地区。
- 死地  指奋战则能生存，不奋战就灭亡的地区。

原文

所谓古之善用兵者，能使敌人前后不相及，众寡不相恃[3]，贵贱不相救，上下不相收，卒离而不集，兵合而不齐。合于利而动，不合于利而止。敢问："敌众整而将来，待之若何？"曰："先夺其所爱[4]，则听矣。"兵之情主速，乘人之不及，由不虞之道[5]，攻其所不戒也。

凡为客之道[6]，深入则专[7]，主人不克[8]；掠于饶野，三军足食；谨养而勿劳，并气积力[9]；运兵计谋，为不可测。投之无所往[10]，死且不北，死焉不得，士人尽力。兵士甚陷则不惧，无所往则固，深入则拘，不得已则斗。是故其兵不修而戒[11]，不求而得，不约而亲，不令而信。禁祥去疑[12]，至死无所之。

吾士无余财，非恶货也；无余命，非恶寿也。令发之日，士卒坐者涕沾襟，偃卧者涕交颐[13]。投之无所往者，诸刿之勇也[14]。

译文

古时候善于用兵的人，能够使敌人的部队首尾不能相顾，主力与小部队不能相互依靠和响应，将官与士兵之间不能相互救援，上下之间（相互隔断）无法收拢，士卒溃散而不能集中，士卒即使集合起来也是阵形混乱。在对我有利的情况下就行动，在对我不利的情况下就停止。请问："如果敌军众多而且阵容齐整地向我进军，该如何对付它呢？"答曰："先夺取

⇒深入敌国行军用兵。

敌人所重视的要害之处，这样，它就不得不听凭我的摆布了。”用兵之道贵在神速，乘敌人措手不及的时候，走敌人意料不到的道路，攻击敌人没有戒备的地方。

大凡进入敌国作战的基本原则是：深入敌境则军心专一，在本土作战的敌军便无法战胜我；掠夺敌人富饶的田野，使全军给养充足；精心养护士卒，不要使他们疲劳，保持士气，积蓄力量；部署兵力，计算谋划，使敌人无法揣测我的意图。将军队置于无路可走的绝境，士卒们就会宁死不败退；士卒们既然连死都不怕了，就没有人不尽力作战。士兵们深陷危险的境地，就会无所畏惧；无路可走，军心就会稳固；深入敌境，军心就不会涣散；遇到迫不得已的情况，就会殊死战斗。因此，在这样的情况下，军队不须整饬就懂得加强戒备；不用要求，自己就知道怎么做；不用约束就能亲密协作；不待下令就会遵守纪律。禁止迷信，消除士卒的疑惑，他们就会至死也不退避。

我军士卒没有多余的钱财，这并不是他们厌恶财货；豁出性命去作战，这并不是他们不想长寿。命令下达之日，坐着的士卒热泪沾满了衣襟，躺着的士卒泪流满面。将军队置于无路可走的绝境，士兵们就会像专诸、曹沫一样勇猛无畏。

注释

3. 恃（shì）：倚仗，响应。4. 先夺其所爱：首先攻取敌人所必救的要害之处。5. 虞（yú）：预料。6. 客：指离开本土进入敌境作战的军队。7. 专：专心一意，指深入敌国境内，士卒无法逃散，只好死战。8. 主人：指在本国境内的军队。克：战胜。9. 并：合，引申为集中、保持的意思。10. 投之无所往：把部队投置于无路可走的绝境。11. 不修而戒：指士卒不待整治督促，就知道加强戒备。修，整治。12. 祥：妖祥，这里指占卜等迷信活动。13. 偃（yǎn）：仰倒。颐：面颊。14. 诸刿（guì）之勇：像专诸、曹沫那样英勇无畏。诸，专诸，春秋时吴国的勇士。公元前 515 年，吴公子光（即后来的吴王阖闾）要杀吴王僚自立，于是设宴招待僚。席上，专诸用暗藏在鱼腹中的剑刺死了吴王僚，自己也当场被杀。刿，指曹沫，春秋时期鲁国武士。鲁君与齐君在柯地（今山东东阿）会盟时，他持匕首劫持齐桓公，迫使其当场订立盟约，归还齐国所侵占的鲁国土地。这里说的曹刿与《曹刿论战》中的曹刿是否为一人尚有争议。

中国相关名言

- 晋·马隆：“治兵以信，求胜以奇。”
- 宋·岳飞：“善观敌者逆知其所始，善制敌者当先去其所恃。”

外国相关名言

- （美）泰勒：“采用的军事战略，要在最短时间内起作用，应强调出敌不意、机动性以及在决定性时刻投入大规模力量，这是速胜的历史公式。”

原文

故善用兵者，譬如率然；率然者，常山之蛇也。击其首则尾至，击其尾则首至，击其中则首尾俱至。敢问："兵可使如率然乎？"曰："可。"夫吴人与越人相恶也，当其同舟而济，遇风，其相救也如左右手。是故方马埋轮[15]，未足恃也；齐勇若一，政之道也；刚柔皆得，地之理也。故善用兵者，携手若使一人，不得已也。

将军之事，静以幽，正以治。能愚士卒之耳目，使之无知。易其事，革其谋[16]，使人无识；易其居，迂其途，使人不得虑。帅与之期，如登高而去其梯。帅与之深入诸侯之地，而发其机，焚舟破釜，若驱群羊，驱而往，驱而来，莫知所之。聚三军之众，投之于险，此谓将军之事也。九地之变，屈伸之利，人情之理，不可不察。

译文

所以，善于用兵的人，能使部队像率然一样。"率然"是常山的一种蛇，攻击它的头部，尾部就会来救援；攻击它的尾部，头部就会来救援；攻击它的中部，头尾都会来救援。试问："可以使部队像率然一样吗？"答曰："可以。"吴国人与越国人虽然互相仇视，但是当他们同船渡河而遭遇风浪时，他们互相救助（配合默契）犹如一个人的左手和右手。因此，想用把马匹系在一起、掩埋车轮的办法来控制军队，是靠不住的；要使全军齐心

⇒常山之蛇率然。

⇐齐勇若一。

协力、奋勇无畏如同一人，就要靠指挥驾驭有方；要使强弱不同的士卒都能充分发挥作用，就要靠将帅巧妙利用地形。所以善于用兵的人，统率三军如同使用一人，这是由于将军队置于不得已的境地而形成的。

统率军队这种事，要沉着冷静以使思虑深远，严肃公正以使队伍井然有序。要蒙蔽士卒的视听，使他们对军事计划一无所知；要经常变更战法，改变谋略，使人无法识破；要经常改换驻地，故意迂回绕道，使人们无法推测我的意图。将帅赋予军队作战任务，要像让人登高后而撤掉梯子一样，使其有进无退。将帅与军队一同深入诸侯国土，要像触发弩机射出弩箭一样一往无前。要焚烧船只，打破锅子（以示死战的决心），驱使士卒要如驱赶羊群一般，赶过去，赶过来，使他们不知道要前往何处。聚集全军将士，将他们置于危险的境地（迫使他们拼死奋战），这就是统率军队作战的要务。根据地形的变化而灵活采取应对措施，根据战争态势的发展而采取相应的屈伸、进退战术，掌握全军将士在不同情况下的心理状态，这些都是将帅不能不认真考察和研究的。

注释　15. 方：并列，这里是系在一起的意思。16. 革：变更。

原文　凡为客之道，深则专，浅则散。去国越境而师者，绝地也；四达者，衢地也；入深者，重地也；入浅者，轻地也；背固前隘者，围地也；无所往者，死地也。

是故散地，吾将一其志；轻地，吾将使之属[17]；争地，吾将趋其后；交地，吾将谨其守；衢地，吾将固其结；重地，吾将继其食；圮地，吾将进其涂[18]；围地，吾将塞其阙[19]；死地，吾将示之以不活。故兵之情，围则御，不得已则斗，过则从。

是故不知诸侯之谋者，不能预交[20]；不知山林、险阻、沮泽之形者，不能行军；不用乡导者，不能得地利。四五者，不知一，非霸王之兵也。夫霸王之兵，伐大国，则其众不得聚；威加于敌，则其交不得合。是故不争天下之交，不养天下之权[21]，信己之私[22]，威加于敌，故其城可拔，其国可隳[23]。

译文 大凡在敌国境内作战的基本规律是：深入敌境，军心就会变得专一；进入敌境较浅，军心就容易涣散。离开本国，越过边境而进入敌国作战的地区，叫作“绝地”；四通八达的地区叫作“衢地”；深入敌国腹地的地区叫作“重地”；进入敌境较浅的地区叫作“轻地”；背后有阻险而前方狭隘的地区叫作“围地”；无路可走的地区叫作“死地”。

因此，在散地，我要使全军上下意志统一；在轻地，我要使军队前后连接、互相策应；在争地，我要使后续部队迅速跟进；在交地，我要谨慎防守；在衢地，我要巩固与诸侯国的结盟；在重地，我要保障粮草的供给；在圮地，我要争取尽快通过；在围地，我要堵塞缺口；陷入死地，我要向

⇑ 使全军上下意志统一。

众将士表示死战到底的决心。所以，士卒的心理变化情况是：受到包围就会奋起抵御，迫不得已就会拼死战斗，身处险境就会听从指挥。

因此，不了解诸侯的计谋和策略的，就不能与之结交；不熟悉山林、险阻、沼泽等地形的，就不能行军；不使用向导的，就不能获得地利之助。对于九地之利害，有一样不了解的，都不算是能称王争霸的军队。能称王争霸的军队，攻伐大国，能使其来不及动员民众、集结军队；威力加于敌人头上，能使其无法与别国结交。因此，（拥有这样的军队）就不必争着与别的诸侯国结交，也不必在各诸侯国培植自己的势力，只要依靠自己的力量，把威力加在敌人头上，就可以夺取敌人的城邑，摧毁敌人的国家。

注释 17. 使之属（zhǔ）：使军队的部署相连接。属，连接、连续。18. 涂：同“途”。19. 塞其阙（quē）：堵塞缺口，使士兵不得不拼死作战。20. 预：通“与”。21. 不养天下之权：不必在别的国家培植自己的权势。22. 信：信靠。私：此指自己的力量。23. 隳（huī）：毁坏、摧毁。

原文 施无法之赏，悬无政之令[24]；犯三军之众[25]，若使一人。犯之以事，勿告以言，犯之以利，勿告以害。投之亡地然后存，陷之死地然后生。夫众陷于害，然后能为胜败。

故为兵之事，在于顺详敌之意[26]，并敌一向，千里杀将，此谓巧能成事者也。

是故政举之日，夷关折符[27]，无通其使，厉于廊庙之上[28]，以诛其事[29]。敌人开阖[30]，必亟入之[31]。先其所爱，微与之期[32]。践墨随敌[33]，以决战事。是故始如处女，敌人开户，后如脱兔，敌不及拒。

译文 施行超出惯例的奖赏，颁布打破常规的号令，驱使部队如同指挥一个人一样。驱使士卒去做事，而不告诉他们这样做的意图；只告诉他们有利的一面，而不告诉他们危险的一面。将士卒置于危险的境地，然后才能保存；使士卒陷入死地，然后才可以死里求生。军队陷于险境，然后才能齐心协力作战，争取生存和胜利。

所以，指挥作战这种事，在于弄清敌人的意图，集中兵力指向敌人的一点，千里奔袭，擒杀敌将。这就是所谓的巧妙运筹能够成就大事。

因此，在决定战争行动的时候，就要封锁关口，废除通行凭证，停止与敌国的外交往来，要在庙堂上反复计议，以谋划制定战略决策。一旦发现敌人有隙可乘，就要迅速发兵趁虚而入。首先攻取敌人最关键的地方，不要轻易与敌人约期决战。实施战略部署的时候要根据敌情的变化而不断做出调整，以求得战争的胜利。因此，战争开始时要表现得像处女般柔弱沉静（诱使敌人放松戒备），然后要像逃脱追捕的兔子那样迅速敏捷，使敌人措手不及，来不及抵抗。

注释　24. 悬：悬挂，这里指颁发。25. 犯：这里指驱使。26. 顺详：慎密审察。27. 夷：此指封锁。折：此指废除。符：泛指通行凭证。28. 厉：通“砺”，此指研究分析。廊庙：即庙堂，指最高决策机构。29. 诛：治，指谋划决定。30. 开阖（hé）：开门，此指可乘之机。阖，门扇。31. 亟（jí）：急。32. 微：无。期：这里指约期交战。33. 践墨随敌：指实行战略计划要随敌情而变化。践，实行。墨，墨线，这里指战略计划、部署。

《九地篇》要点

（一）孙子曰：用兵之法，有散地，有轻地，有争地，有交地，有衢地，有重地，有圮地，有围地，有死地。

（二）所谓古之善用兵者，能使敌人前后不相及，众寡不相恃，贵贱不相救，上下不相收，卒离而不集，兵合而不齐。合于利而动，不合于利而止。

（三）兵之情主速，乘人之不及，由不虞之道，攻其所不戒也。

（四）运兵计谋，为不可测。投之无所往，死且不北，死焉不得，士人尽力。

（五）故善用兵者，譬如率然；率然者，常山之蛇也。击其首则尾至，击其尾则首至，击其中则首尾俱至。

（六）是故方马埋轮，未足恃也；齐勇若一，政之道也。

（七）将军之事，静以幽，正以治。

（八）九地之变，屈伸之利，人情之理，不可不察。

（九）投之亡地然后存，陷之死地然后生。

（十）故为兵之事，在于顺详敌之意，并敌一向，千里杀将，此谓巧能成事者也。

（十一）是故始如处女，敌人开户，后如脱兔，敌不及拒。

重点句例解

用兵之法，有散地，有轻地，有争地，有交地，有衢地，有重地，有圮地，有围地，有死地。

冯异急行军抢占栒邑 事见《资治通鉴》

在汉光武帝刘秀平定地方割据势力隗（wěi）嚣的战争中，刘秀因派遣的将领在陇右被隗嚣打败，改命冯异进军栒（xún）邑。冯异还没有到，听闻隗嚣也派出部将行巡攻取栒邑。冯异立刻命令急行军，要抢先占据栒邑。冯异的将领们说：“敌人强盛，又乘胜而来，不可与其争锋。应在便利的地方把军队停下，慢慢思考方略。”冯异说：“隗嚣兵压境，如夺取了栒邑，就会使三辅动摇，这是我的忧虑。兵法说，采取攻势不足时，采取守势则有余。现在先占据城邑，以逸待劳，并不是与之争锋。”

冯异隐蔽地急行军，率军抢先进驻栒邑城，关闭城门，偃旗息鼓。行巡不知道，率军奔往栒邑。冯异乘其不意，骤然击鼓纵兵杀出，行巡军惊慌错乱，四下奔走，冯异追击数十里，大破敌军。

⇐冯异急行军抢占栒邑。

王基劝谏司马师。

王基论“争地”而占之 事见《资治通鉴》

正元二年（255），镇东将军毌（guàn）丘俭及扬州刺史文钦因司马师擅行废立而举兵反叛，司马师派王基率领前军前去征讨。王基提议应迅速占据南顿县，司马师没有批准。

王基对司马师说：“用兵只听说宁拙而求速胜，还未见过求巧而久拖的。如今外有强大的敌人，内部有叛乱的臣子，如果不及时决断，那么事态发展就难以预测。人们都说将军谨慎稳重，您谨慎稳重是对的，但按兵不动则不对。谨慎稳重，不是裹足不前，而是指前进而不可抵挡。如今我们坚守营垒，使叛军能够得到地方上积存的军粮物资，而我们却从远方运输军粮，这实在不是好的计谋。”但司马师仍不准进军。王基说：“将领在行军作战时，君主的命令也可以不接受。现在敌人得到对敌人有利，我方得到对我方有利，这就是所谓‘争地’，南顿就是争地。”随即就进军占领了南顿。毌丘俭等人从项县出发，也想去争夺南顿，进军十余里，听说王基已经抢先到达，只得撤兵坚守项县。

张仁愿争地修筑受降城 事见《资治通鉴》

唐朝名将张仁愿，曾为朔方军大总管，防御突厥。当时，朔方军与突厥以黄河为界，突厥每每渡过黄河南下侵扰。景龙二年（708），东突厥默啜可汗统军西攻突骑施（西突厥部落），后方兵力空虚。张仁愿便上奏朝廷，请求乘机夺取漠南之地，并沿黄河北岸修筑三座首尾相呼应的受降城，以断绝突厥南侵之路。

张仁愿的奏疏送至京城后，唐中宗召集大臣商议。太子少师唐休璟表示反对，他认为，自两汉以来，历代都以黄河天险作为北方的边界，如今在突厥境内修筑城池，兴师动众，劳民伤财，最终只怕还是要被突厥占有。张仁愿执意请求，中宗方才同意。

张仁愿修筑的三座受降城，中城距离东、西两城各四百余里，三座城都建在地理位置险要的地方，拓展边境达三百多里。此外，又在牛头朝那山（在今内蒙古固阳东）以北修筑了一千八百多个烽火台，命将士巡逻戍卫。从此，突厥不敢再越过牛头朝那山放牧，朔方地区没有再遭受突厥侵掠，这一带减少戍边的兵士达数万人之多，节省了大量的人力和财力。

张仁愿督筑受降城。

死地求生的白团卫村之战 事见《资治通鉴》

开运元年（944），契丹主耶律德光亲率大军入侵后晋，晋军结成军阵向南撤退。辽军骑兵从四面包抄袭扰晋军步卒，晋军竭力拒战，行进速度缓慢，人困马饥。

晋军到达白团卫村（在今河北保定清苑西南）后，便埋设木栅鹿角，修筑营垒。契丹兵将晋军包围了好几层，并派兵断绝晋军粮道。当天傍晚，东北风大起，刮破房屋，刮折树木，到天亮，风刮得更厉害。契丹主命其士兵拔除晋军鹿角柴障，冲入晋军营寨袭击晋军，又顺风纵火扬尘以助其声势。晋军将士请求出战，主将杜重威说：“待风势稍缓些，再看看能否出战。”马步都监李守贞说：“敌兵人多我们人少，风沙之内，看不清谁多谁少，只有奋力战斗的人才可以取胜，这个风正好是帮我们的忙；如果等到风停，我们这些人就必死无疑了。”

晋军将领张彦泽召集诸将商议，都说：“胡虏现在正是顺风，应该等到风向变了再同其交战。”部将药元福对张彦泽说：“现在军中饥渴已到极点，如果等到风向变，我们这些人已经成了俘虏。敌人认为我们不能逆风出战，正好出其不意迅速攻击他们，这是用兵的诡诈之道啊。”部将符彦卿说：“与其束手就擒，不如以身殉国！”便与张彦泽、药元福等率领精锐骑兵出西门进击契丹，其他晋军诸将也随即跟了上来。

当时风刮得更加厉害，昏暗得像黑夜。符彦卿等率领一万多骑兵横冲契丹军阵，呼声震动天地，契丹兵大败而逃，晋军随后顺利撤退到定州。

⇒白团卫村之战。

兵之情主速，乘人之不及，由不虞之道，攻其所不戒也。

兵贵神速、以少胜多、长途奇袭的彭城之战 事见《史记》

公元前205年，汉王刘邦集结了数十万大军向楚国都城彭城（今江苏徐州）进击。当时，彭城的精兵猛将都随项羽攻打齐国的城阳。刘邦率军攻入彭城后，占有楚国的财物珍宝和美女，天天设筵会饮。

项王听到这个消息，率精兵三万人离开齐国，迅速到达萧县，早晨时向东攻击汉军，中午就到达彭城，把汉军打得大败。

汉军溃退，相继逃入谷水、泗水，楚军杀死了十多万汉军士卒。汉军向南往山里逃跑，楚军又追击到灵璧（今安徽宿州灵璧）东面的睢（suī）水上。汉军退却，为楚军所逼，拥挤在一起，多被杀伤，汉军十多万人进入睢水，睢水为之不流。汉王刘邦只和几十个骑兵逃走，他的父亲和妻子吕雉被楚军俘获。

彭城一战，刘邦遭到了自起兵以来的最大惨败。项羽以出人意料的速度，率三万精兵击破刘邦数十万大军，创造了中国战争史上兵贵神速、以少胜多的经典战例。

⇑ 项羽军奔袭彭城示意图。

兵贵神速、以少胜多的曹操征乌桓之战 事见《资治通鉴》

曹操在官渡之战中大败袁绍，建安七年（202），袁绍病死，其二子袁谭、袁尚不和，曹操乘机攻伐，袁氏残余势力逃往乌桓。

曹操为彻底巩固北方，准备出兵攻伐乌桓，但手下将领多有反对意见，谋士郭嘉则支持曹操攻伐。建安十二年（207），曹操统军东攻乌桓。大军进发到易县，郭嘉提议说："兵贵神速，如今远涉千里进行奇袭，辎重太多，难以掌握先机。而且假如乌桓人得到消息，必然加强戒备；不如留下辎重，军队轻装，以加倍的速度急进，出其不意地进攻。"

后来，曹操又采纳河北名士田畴的建议，诈称夏季暑热，道路不通，待秋冬再进军，实则走偏僻小道进军，于崇山峻岭中疾行数百里。

曹军与乌桓军在白狼山相遇，乌桓军人马众多，而曹军身披铠甲的人数不多，将士们对当前的局面感到畏惧。曹操登高，看到乌桓军队不整，就派张辽为先锋，纵兵攻击，乌桓军大败。曹军斩杀乌桓单于蹋（tà）顿和许多乌桓将领，乌桓投降的胡人与汉人共有二十多万。

⇈ 曹操军从出人意料的道路急行军奔袭乌桓。

邓艾偷渡阴平，“出其不意”攻灭蜀国 事见《资治通鉴》

古代作战以对阵交锋为正，设伏掩袭等为奇（孙子在前面“势篇”中，对奇正有所阐述）。“凡战者，以正合，以奇胜”，“出奇制胜”就是用对方意料不到的方法取得胜利。在战术运用中，最常运用的思路就是“出其不意，攻其无备”，“邓艾偷渡阴平”就是典型的战例。

“偷渡阴平”是三国末期曹魏灭蜀汉之战中的一次决定性的军事行动。当时，魏将钟会所指挥的东路魏军被蜀军阻拦在剑阁，无法前进。魏将邓艾率领西路魏军在攻占沓中后，决定从阴平出发，由小路奔赴涪（fú）县。他认为，涪县距蜀汉都城成都不远，如果剑阁守军回救涪城，钟会就可以向前推进；如果剑阁守军不救涪城，涪城定能被攻下。邓艾走了七百余里的无人之地（阴平道非常艰险，实际上算不上道路，所以蜀军没有设防），山高谷深，困难重重，携带的粮食也快吃尽。邓艾甚至用毡毯裹住自己滚下山去，将士们也都攀缘树木崖壁，鱼贯而进。

就这样，邓艾军通过了阴平小道，长驱直入。面对从天而降的魏军，蜀主刘禅决定出降，蜀汉灭亡。

⇑ 邓艾率军偷渡阴平。

凡为客之道，深入则专，主人不克；掠于饶野，三军足食；谨养而勿劳，并气积力；运兵计谋，为不可测。投之无所往，死且不北，死焉不得，士人尽力。

刘裕攻灭南燕之战 事见《资治通鉴》

东晋安帝时，掌领朝政的刘裕兴师北伐南燕。南燕皇帝慕容超召集群臣研究抵抗晋军之策，征虏将军公孙五楼献计说："晋军强大，速战速决对他们有利，我们不宜迎击，应当据守大岘山，使晋军无法进入，我们以旷日持久的战法来消磨晋军的锐气。然后挑选精锐骑兵二千人，沿着海滨南下，切断晋军的粮道，再派一支军队绕道从背后攻击晋军，对其形成前后夹击之势，这是上策。命令各地将吏凭险固守，留足所需粮食和物资，其余的一律焚毁，铲除田间禾苗，坚壁清野，使敌人缺乏补给，我们以逸待劳就可以制服他们，这是中策。放纵敌人越过大岘山，我们再出城迎战，这是下策。"慕容超自大轻敌，偏偏选择下策，要把刘裕部队放进大岘山再行攻击。辅国将军广宁王贺赖卢苦苦劝阻，慕容超不听。退朝后，贺赖卢对公孙五楼说："如果一定这样的话，亡国也就没几天了！"

⇒慕容超的臣属劝谏他不要将刘裕军放入大岘山险阻。

刘裕军顺利通过大岘山。

刘裕顺利通过大岘山，没有遭遇南燕军队，于是喜形于色，说："大军已过险关，军队没有退路可走，因此一定会有拼死作战的决心。南燕田地里的庄稼尚未收割，我们没有缺乏粮草的忧虑。敌人已经完全在我的掌握之中。"

慕容超听说东晋兵马已经通过大岘山，便亲自带领步、骑兵共四万人前去迎战，两军在南燕临朐城以南的地方进行会战，太阳偏西时依然未分出胜负。东晋参军胡藩对刘裕说："南燕倾巢出动与我们作战，临朐城中的守军一定很少。我愿意带领一支奇兵从小路去夺取这座城池，这是韩信击败赵国的办法。"刘裕于是派遣胡藩等人带兵绕到南燕军的后面，攻取了临朐城。南燕军军心惊乱，刘裕趁势纵兵奋战，南燕军队大败。慕容超逃回都城广固。不久，广固也被攻克，慕容超及南燕宗室都被擒获，南燕灭亡。

孙子说，大凡进入敌国作战，深入敌境则军心专一，掠夺敌人富饶田野上的庄稼，使全军给养充足。保持士气，积蓄力量，部署兵力，计算谋划，使敌人无法揣测我的意图。将军队置于无路可走的绝境，士卒们就会宁死而不败退。刘裕攻灭南燕一役，与孙子的策略大多相符。

令发之日，士卒坐者涕沾襟，偃卧者涕交颐。投之无所往者，诸刿之勇也。

韩璞以诚感动鼓舞士卒 事见《资治通鉴》

建兴五年（317）正月，西晋凉州刺史张寔（shí）得知汉赵刘曜强迫晋愍（mǐn）帝迁徙，聚哭告哀三天，派遣太府司马韩璞（pú）、灭寇将军田齐、抚戎将军张阆（láng）等率步、骑兵一万，东赴国难，向东攻击汉赵军。韩璞等人的军队未能东进，撤军而回。军队行至南安，被多支羌人部族截断退路，双方相持一百余日，韩璞等人的军队箭尽粮绝。

韩璞把拉车之牛杀掉犒饷士卒，流着眼泪对他们说："你们思念父母吗？"士卒回答："思念。""思念妻子儿女吗？"回答说："思念。""想活着回家吗？"回答说："想。"韩璞又问："愿意听从我的号令吗？"士卒回答说："愿意。"于是擂鼓呐喊，进击搏战。适逢张阆率军赶到，夹击羌人，大破之，杀敌数千。

↑ 韩璞以诚感动鼓舞士卒。

故善用兵者，譬如率然；率然者，常山之蛇也。击其首则尾至，击其尾则首至，击其中则首尾俱至。

陈霸先论以“常山之蛇”之策击侯景 事见《陈书》

南北朝时期，南朝梁大将陈霸先和王僧辩率军讨伐叛乱的侯景，进至张公洲。梁军战舰巨大，旌旗高高飘扬，有截断江面、遮蔽天日之势，乘潮顺流，浩荡而下。侯景登上石头城，望见梁军舰船的磅礴气势，心中不悦，说：“敌军有如此雄壮气势，不可轻视啊。”于是，亲率精锐骑兵万人，擂动战鼓迎战。陈霸先见状对王僧辩说：“善于用兵打仗的人，能把部队指挥得如同常山之蛇那样，首尾可以相互救应。敌人现在前来送死，企图拼死一战。我军众多而敌军寡少，应当分兵攻击他们。”

王僧辩听从了陈霸先的意见，以配有强弓硬弩的部队迎战敌人正面，以轻装精锐骑兵袭击敌人侧后，而以主力部队冲击敌军中央，把叛军打得大败，侯景弃城逃跑。

⇐陈霸先建议王僧辩如常山之蛇一样部署军队。

帅与之期，如登高而去其梯。

河阳之战 事见《资治通鉴》

乾元二年（759），“安史之乱”的叛将史思明率军攻河阳（今河南孟州西），唐兵马副元帅李光弼率部在河阳防守。李光弼凭借其过人的计谋智算和与部下同生死的决心，挫败了史思明军多次进攻，叛军最终无奈退兵。此次战役中，李光弼的智谋和对部下“如登高而去其梯”的决绝态度让人印象深刻。

当时，史思明有良马千余匹，每天放至黄河南岸边洗浴，以向唐军显示马匹之多。李光弼下令挑选母马五百匹，待史军马匹放至南岸水边，就将母马全部赶到黄河北岸，母马嘶叫，史军战马都是公马，听见嘶叫，全部渡过黄河跑到北岸，为唐军所获。

史思明气急败坏，纠集战船数百艘，置火船于前，欲乘水流烧毁河阳浮桥。李光弼先预备了数百根百尺长的木杆，用大木头撑住，把毡裹的铁叉安置在长杆前端，阻拦并叉住火船，使火船无法前进，不久就自

⇑ 李光弼军以木杆阻止史思明军火船前进。

⇐李光弼以同生共死激励将士。

焚而尽。然后又用铁叉阻拦那些战船，从桥上发射大石攻击，被击中的船只纷纷沉没，叛军大败而退。

史思明接连受挫，便命主力进攻河阳。一部分史军攻打南城（河阳有三城：南城，中潬 tān 城，北城），被郑陈节度使李抱玉率军杀死杀伤甚多。一部分史军进攻中潬城，遭到失败，转而进攻北城，李光弼急率军从中潬城入北城，部署防御和出击。李光弼命令众将领说：“你们都看着我的旗子作战，如果我的旗子挥动缓慢，就任凭择机而战，如果我急速向下挥动旗子三下，你们就全军齐发，冒死前进，稍有后退者斩！”李光弼又把一把短刀插在自己的靴子中，说：“战斗是危险的事情，我身为国家的三公，不能死于叛军之手，万一战斗不利，大家在前面死于敌手，我就在这里自刎而死，决不会只让大家战死。”

众将领出战，不一会儿，郝廷玉奔下阵来。李光弼望见，就命令左右的人去把郝廷玉斩首。郝廷玉说：“是我的坐骑中箭，并不是我怯战退了下来。”李光弼听说，就让人给郝廷玉换马，让他重新上阵。仆固怀恩和他的儿子与叛军交战稍有退却，李光弼又命人去将其斩首。仆固怀恩父子看见李光弼派来的人提刀骑马而来，重新上前决战。李光弼不断地挥动着手中的令旗，众将领都冒死进攻，呼喊之声惊天动地，杀得叛军大败。当时，史思明正率兵攻南城，闻北城兵败，只好下令退兵。

投之亡地然后存，陷之死地然后生。

王镇恶激励将士在死地奋发战斗 事见《资治通鉴》

前文讲述刘裕率军灭亡南燕，之后，他又平定了江州、荆州、益州、巴蜀等地，义熙十二年（416），后秦皇帝姚兴逝世，姚泓继位，内部叛乱不断，政权不稳。刘裕认为这是灭亡后秦的良机，便率大军北伐。

经过艰苦的战斗，刘裕大军进至潼关。刘裕与众将商讨进取之计，其部将王镇恶请求带领水军从黄河入渭水，直逼长安，刘裕同意了。

王镇恶率领水军自黄河进入渭水，击败前来迎击的后秦军后，抵达渭桥，弃舟上岸，这里离长安已经很近了。因为渭水水流湍急，眨眼之间，船舰都随流而去。当时，后秦在长安的守军还有几万人。王镇恶激励将士说："诸位将士的家都在江南，这里是长安城北门外，离家万里之遥，而船队所载的衣物钱粮，都连船一起随流而去了，难道还有求生的办法吗？唯有死战，可以立下大功，不然我们都会死在这里！"说完，王镇恶便身先士卒，向前来迎战的后秦军冲杀过去，众人也知道没有退路，无不奋勇争先。后秦军一触即溃，大败而逃。

王镇恶攻入长安，后秦皇帝姚泓带妻子儿女归降，后秦灭亡。

⇒王镇恶激励将士在死地奋发战斗。

故为兵之事，在于顺详敌之意，并敌一向，千里杀将，此谓巧能成事者也。

李靖顺详敌意，并敌一向，千里杀将 事见《资治通鉴》

唐武德六年（623），已经投降唐朝的农民起义军将领杜伏威、辅公祏（shí）二人不和，辅公祏乘杜伏威入朝之际，在丹阳（今江苏南京）举兵反唐。唐高祖李渊命李孝恭为帅，李靖为副帅，率李勣等将领东下讨伐。辅公祏派将领冯惠亮率水师三万驻守当涂（今安徽当涂），派将领陈正通等率二万步骑驻守青林，从梁山用铁索横亘长江，以阻断水路，并筑造却月城，绵延十余里，冯、陈二军成掎（jǐ）角之势。李孝恭召集诸将商议策略，诸将都说："冯惠亮、陈正通都掌握强兵，想守险不战，仓促间不能攻取。不如直指丹阳，袭击辅公祏的老巢，丹阳一旦攻破，冯惠亮等人便不战而降。"李孝恭想采纳诸将的意见。

李靖分析了当前形势，认为丹阳辅公祏统率精锐兵力，据守坚固的石头城，并不容易攻取。如果唐军直奔丹阳，旬月之间不能攻取，兵困坚城之下，后边的冯惠亮若率水军来攻，唐军就会腹背受敌。李靖主张马上主动挑战攻城，一举破敌。李孝恭表示赞同。李孝恭、李靖率军转战一百多里，击破冯惠亮、陈正通等军。李靖又率军抵达丹阳，辅公祏大惧，弃城而逃，最后被擒杀，江南地区全部平定。

在此战中，李靖能明智地分析敌情，找出打击重点并一举击溃，从而获得全盘的胜利，正所谓"顺详敌之意，并敌一向，千里杀将"。

⇐李靖为诸将分析敌我形势。

践墨随敌，以决战事。是故始如处女，敌人开户，后如脱兔，敌不及拒。

曹操临阵，始如处女，后如脱兔 事见《资治通鉴》

曹操一生身经百战，虽然杀戮甚多，但不能不承认其智勇双全，极富谋略。司马光在《资治通鉴》中评价曹操说："王知人善察，难眩以伪。识拔奇才，不拘微贱，随能任使，皆获其用。与敌对阵，意思安闲，如不欲战然；及至决机乘胜，气势盈溢。勋劳宜赏，不吝千金；无功望施，分毫不与。用法峻急，有犯必戮，或对之流涕，然终无所赦。雅性节俭，不好华丽。故能芟刈群雄，几平海内。"（魏王知人善任，善于洞察，很难用假象蒙蔽迷惑他；他能够发现和提拔有才能的人，不论地位多么低下，都按其才能加以任用，使他们发挥才智。和敌人对阵时，他仪态安闲，就像不想打仗似的；然而一旦捕捉到战机而向敌人发动进攻时，便气势充沛，斗志昂扬。他赏赐有功的将士和官吏不吝千金，对没有功却希望受到赏赐的人，则分毫不给。他执法严峻急切，违法的一定加以惩罚，有时对犯罪的人落泪，但终究不加赦免。他生活俭朴，不崇尚富丽奢华。所以能消灭各个强大的割据势力，几乎统一全国。）

⇒曹操和敌人对阵时，仪态安闲，就像不想打仗似的，一旦发动进攻，便气势充沛，斗志昂扬。

《九地篇》在其他领域的应用

让自己变得不可或缺

孙子说:“先夺其所爱,则听矣。”意思是说,先夺取对方最重视之处,这样,对方就会被迫听任我的摆布了。此谋略意图在于夺取和掌握对手的不可或缺的因素、条件、通道乃至“软肋”等,从而达到控制对手的目的。在军事、外交、商战领域,可以看到很多这样的例子。

在日常生活中,我们没有必要去“先夺其所爱”,从而控制对方。老子说,兵者不祥之器,不得已而用之。日常生活中,以和为贵,一旦到了兵戈相向的尖锐纠纷和矛盾状态,最终通常没有真正的赢家。

但是我们可以努力提升自己,从人品,从修养,从能力,从产品等方面使自己变得不可或缺,为人们所需要。成为了不可或缺的人,也就有了主动权和话语权。

努力发现并填补市场空白

孙子说:“兵之情主速,乘人之不及,由不虞之道,攻其所不戒也。”在商业领域,如果能抢占市场空白,将会获得丰厚的回报。

20世纪70年代,国际油价猛涨,而习惯于生产大排量、宽敞、豪华、费油的汽车的美国车企却没有及时调整产品生产策略,从而让小巧、省油、价格低的日本汽车抢占了先机,占领了其国内日益增长的经济型轿车市场,美国车企损失惨重。日本车企的策略正如孙子所说。

多重支撑,留有后手

孙子说:“故善用兵者,譬如率然;率然者,常山之蛇也。击其首则尾至,击其尾则首至,击其中则首尾俱至。”这是说,用兵要像常山之蛇一样,能多方面应对,发动多角度攻击,己方能相互救助,留有后手。

孙子所说适用于很多领域,比如许多国际知名公司,除了主业外,还有其他业务作为支撑。像日本丰田公司除了汽车业务之外,还有丰田工业、丰田纺织、丰田通商、爱知制钢等多种业务,对丰田公司起到了多重支撑、多方面获利、增强应对危机能力等作用。

三分钟贯通中国战争史（十一）

宋代的战争

960 年，赵匡胤在“陈桥兵变”中黄袍加身，同年，登基为帝，改国号为“宋”。之后，宋朝采取“先南后北、先易后难”的策略，先后灭亡荆南、后蜀、南汉、南唐、北汉等割据政权。但在意图收复燕云十六州的高梁河之战与雍熙北伐中，连续败于先立国于宋五十余年的辽国，使宋对辽的战略关系由进攻转为防御。“澶渊之盟”后，宋、辽大体上维持了和平的局面。

1038 年，李元昊称帝建国，国号“大夏”（史称“西夏”），西夏与宋朝的关系彻底破裂。在宋与西夏的三川口之战、好水川之战、定川寨之战等战役中，西夏获胜，在夏、辽河曲之战中，西夏军重创辽军，形成宋、辽、夏三国鼎立局面。之后的英宗朝、神宗朝、哲宗朝、徽宗朝，宋、夏之间均有战争。对西夏战事惨败，导致了宋神宗郁愤成疾，英年早逝。

1125 年，金国灭辽国。1127 年，金太宗发兵攻破北宋都城开封，史称“靖康之变”，北宋灭亡。宋康王赵构在应天府（今河南商丘）即

⇒ 宋辽交战。

位称帝，南宋开始。

南宋初期，金朝发兵南征，追击立足未稳的南宋小朝廷，想俘获宋高宗，致使高宗辗转奔逃。后因金军感到战线漫长，后方空虚，且屡遭宋朝袭击，所以北撤。一路上掳掠奸淫，无所不为。宋高宗获悉金兵北撤，于绍兴二年（1132）迁回临安（今浙江杭州），才基本在江南站稳脚跟。

一代名将岳飞，对内平定叛乱，对外力主抗金，收复故土。绍兴四年（1134），岳飞收复襄阳六郡。绍兴六年，岳飞率军北伐，攻取商州、虢州等地。绍兴十年，岳飞挥师北伐，收复郑州、洛阳等地，在郾城、颍昌大败金军，进军朱仙镇，逼近汴京。宋高宗赵构和宰相秦桧一意求和，催令岳飞班师。在宋金议和前后，岳飞遭受秦桧、张俊等人诬陷入狱遇害（宋孝宗时平反昭雪）。1141 年，宋、金签订《绍兴和议》，至此，金宋边界确定（南宋的边界基本与西夏不接壤）。

1161 年，金帝完颜亮发大军南征南宋，遭到失败。宋孝宗时发动“隆兴北伐”，宋宁宗时发动“开禧北伐”，均以失败告终。

1234 年，金朝亡于蒙古。1271 年，忽必烈建元朝。1272 年，元军攻下南宋重镇樊城、襄阳。1276 年，元军攻占南宋都城临安，南宋朝廷投降。1279 年，元军在崖山海战中消灭了南宋最后的抵抗势力，南宋灭亡。

宋金交战。

历代武备（十一）

宋代的武备

宋代的格斗兵器种类齐全，最常用的是刀和枪。北宋军事著作《武经总要》列出了九种枪：双钩枪、单钩枪、环子枪、素木枪、鸦项枪、锥枪、梭枪、槌枪、太宁笔枪。还列出了八种刀：手刀、掉刀、屈刀、掩月刀、戟刀、眉尖刀、凤嘴刀、笔刀。

⇒宋代将领。

宋代除了继续使用唐代、五代时的甲胄形制，还进行了创造与革新，形成了宋代自己的甲胄形制。

⇒宋代步兵。

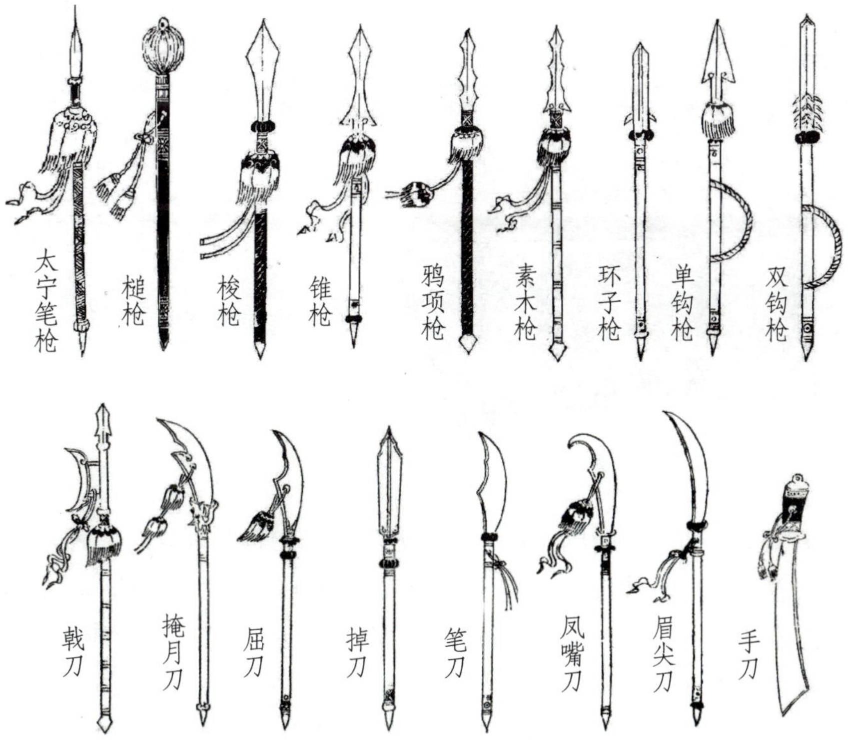

⇑《武经总要》中所载的九种枪和八种刀。

宋代的弩分为小型的一般用弩和大型床弩两类。宋神宗熙宁元年（1068），李宏发明一种弩，称“神臂弓”，射程远及240多步，侵彻力大，比较轻便，“施于军事，实有奇功”。

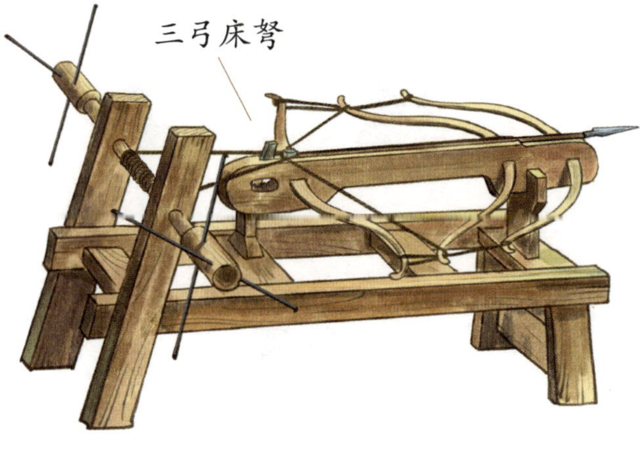

三弓床弩利用多弓的合力发射，箭如标枪，射程可达一千余米，是中国古代射程最远的远射武器之一。1004年澶渊之战，宋军在城头安设床子弩，射毙攻城辽军阵内的主将萧挞凛，辽人因主将殒命，无心再战，遂与北宋议和。

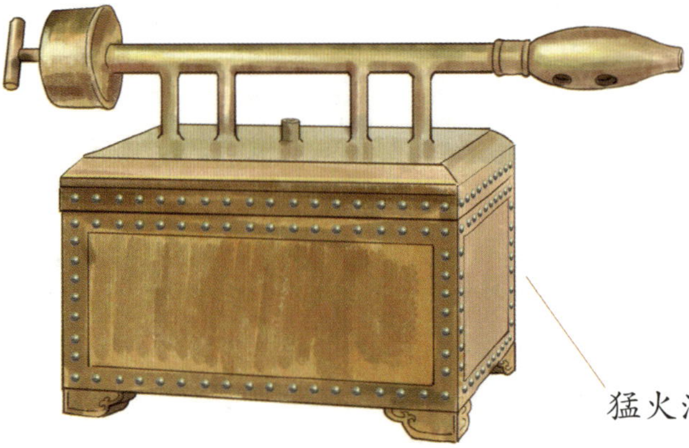

《武经总要》中记载了“猛火油柜”的火焰喷射武器。猛火油柜储存大概 1.5 千克火油，发射时，推动活塞杆，使油从柜中通过铜管进入横筒，再通过阀门压入喷油孔，用烧热的铁锥点燃火油，烈火便喷射而出焚烧敌人及装备。

猛火油柜

中国是火药的发明国，宋仁宗庆历四年（1044）著成的《武经总要》中记载着火药的具体配方与若干火药武器的制作和使用方法。这说明我国至迟在 1044 年已经发明了火药和火药武器。宋代是火药作为战争武器的重要发展时期，据历史资料记载，北宋首都开封设有统管全国军器制造的机构军器监，其下设有 11 个大作坊，其中有火药作坊和火器作坊，生产规模巨大。北宋时期虽然严禁火药制作技术外传，但契丹人还是得到了火药技术，后来的金国也很快进入火器时代，还推陈出新研制出一批更具杀伤力的新型爆炸性火器，比如金人创制的“震天雷”，《金史》中描述说：“火药发作，声如雷震，热力达半亩之上。人与牛皮皆碎迸无迹，甲铁皆透。”

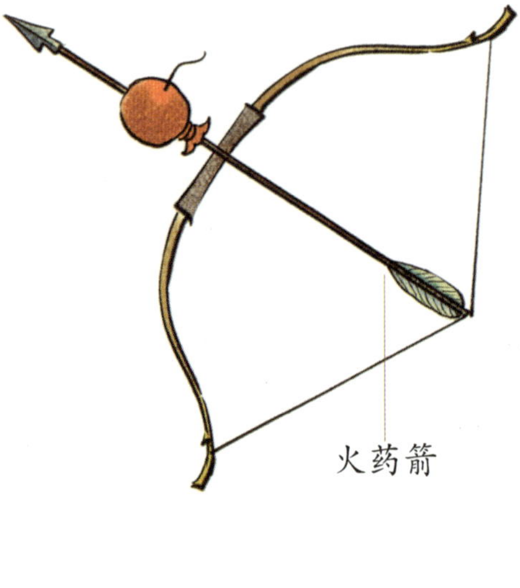

火药箭

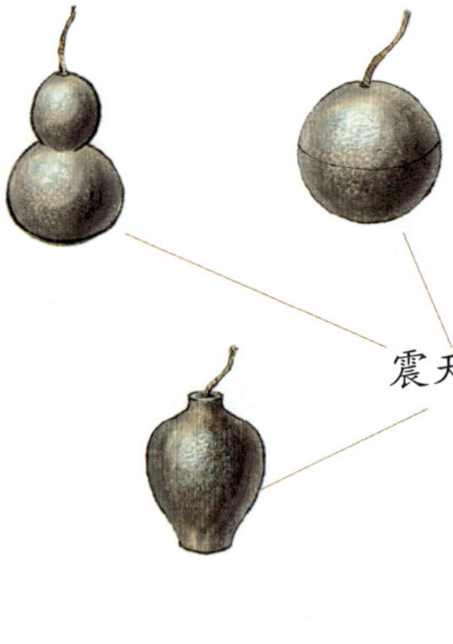

震天雷

南宋时，寿春府造“突火枪”，用粗筒做管，里面除装火药外，还装有“子窠”，点火后利用火药燃气产生的推力，把子窠喷射出去，这就是原始的枪支子弹。管形火器的出现是热兵器史上的一大飞跃，奠定了后世火药兵器的发展方向。

宋、金时代火药武器的爆炸性增强，管形火器出现，南宋后期，利用火药向后喷射而推进的火箭也出现了，中国率先走入了火器时代。然而由于热兵器的发展尚处于初期阶段，无法像后世热兵器一样对冷兵器占有压倒性优势，所以高度文明的宋朝最后依然灭于蒙古骑射之手。但我们需要看到，蒙古人迅猛地横扫亚欧，攻下一个又一个高大坚固的城防与城堡，其中深度借助了中国火药武器和攻城器械的力量。

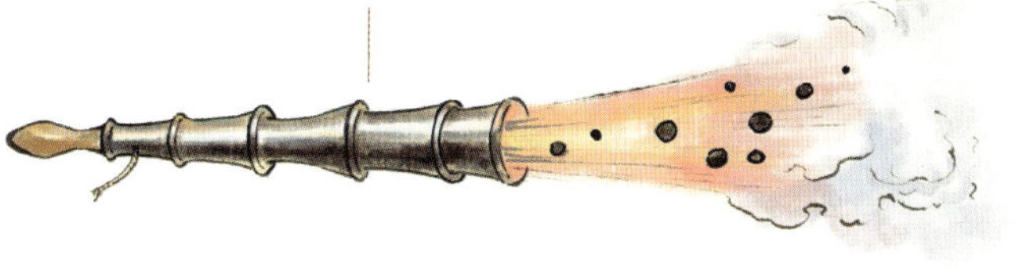

火攻篇

火攻，就是借助自然力量——“火”辅助进攻。本篇主要论述了火攻的种类、条件和实施方法，主张火攻与兵攻相结合。

此外，本篇提出慎重对待战争的问题，阐述了“主不可以怒而兴师，将不可以愠而致战”（君主不可以因为一时的恼怒而兴兵打仗，将帅不可以因为一时的愤怒而贸然出战）的慎战原则；强调“合于利而动，不合于利而止”，因为“怒可以复喜，愠可以复悦，亡国不可以复存，死者不可以复生”。

《火攻篇》全文通读

孙子曰：凡火攻有五：一曰火人，二曰火积，三曰火辎，四曰火库，五曰火队。行火必有因，烟火必素具。发火有时，起火有日。时者，天之燥也；日者，月在箕、壁、翼、轸也，凡此四宿者，风起之日也。

凡火攻，必因五火之变而应之。火发于内，则早应之于外。火发兵静者，待而勿攻，极其火力，可从而从之，不可从而止。火可发于外，无待于内，以时发之。火发上风，无攻下风。昼风久，夜风止。凡军必知有五火之变，以数守之。

故以火佐攻者明，以水佐攻者强。水可以绝，不可以夺。

夫战胜攻取，而不修其功者凶，命曰费留。故曰：明主虑之，良将修之。非利不动，非得不用，非危不战。主不可以怒而兴师，将不可以愠而致战。合于利而动，不合于利而止。怒可以复喜，愠可以复悦，亡国不可以复存，死者不可以复生。故明君慎之，良将警之，此安国全军之道也。

⇒火攻。

《火攻篇》详解

原文

孙子曰：凡火攻有五：一曰火人，二曰火积，三曰火辎[1]，四曰火库，五曰火队[2]。行火必有因[3]，烟火必素具[4]。发火有时，起火有日。时者，天之燥也；日者，月在箕、壁、翼、轸也[5]，凡此四宿者[6]，风起之日也。

译文

孙子说：火攻的方式有五种：一是火烧敌军人马，二是火烧敌军粮草，三是火烧敌军辎重，四是火烧敌军仓库，五是火烧敌军的运输设施。实施火攻必须具备一定的条件，发火器材平时就要准备妥当。放火要选择适当的时候，起火要选择有利的日期。所谓适当的时候，是指天气干燥；所谓有利的日期，是指月亮行经箕、壁、翼、轸这四个星宿的位置，凡是月亮行经这四宿的位置时，就是起风的日子。

图解

火人

火烧敌军人马。

火积

火烧敌军粮草。

火辎

火烧敌军辎重。

火库

火烧敌军仓库。

火队

火烧敌军运输设施。

注释

1. 火辎：指焚烧敌军辎重。2. 火队（suì）：指焚烧敌人的运输设施。队，通“隧”，指运输设施。3. 因：条件。4. 烟火必素具：发火用的器材必须平时就准备妥当。烟火，指发火用的器具、燃料等物。素，平素。具，准备。5. 箕、壁、翼、轸：中国古代星宿名，是二十八宿中的四宿。6. 四宿：古代认为月亮运行到箕、壁、翼、轸四个星宿位置时多风。

原文

凡火攻，必因五火之变而应之[7]。火发于内，则早应之于外。火发兵静者，待而勿攻，极其火力，可从而从之[8]，不可从而止。火可发于外，无待于内，以时发之。火发上风，无攻下风。昼风久，夜风止。凡军必知有五火之变，以数守之[9]。

故以火佐攻者明[10]，以水佐攻者强。水可以绝，不可以夺[11]。

夫战胜攻取，而不修其功者凶[12]，命曰费留[13]。故曰：明主虑之，良将修之。非利不动，非得不用[14]，非危不战。主不可以怒而兴师，将不可以愠而致战[15]。合于利而动，不合于利而止。怒可以复喜，愠可以复悦，亡国不可以复存，死者不可以复生。故明君慎之，良将警之，此安国全军之道也。

译文

凡是用火攻，必须根据上述五种火攻所引起的变化，灵活部署兵力加以策应。在敌营内部放火，就要早早派兵在敌营外进行策应。火已燃起而敌军依然保持镇静的，就应等待观察，切勿贸然发起攻击。等到火势最猛烈的时候，根据情况，可以进攻就进攻，不可以进攻就停止。火也可以在敌营外燃放，那样就不必等待内应，只要时机合适就可以放火。在上风放火时，不可从下风进攻。白天风刮得久了，夜晚就容易停止。军队必须懂得这五种火攻方法的变化运用，等条件具备时再实施火攻。

用火来辅助军队进攻，效果非常显著；用水来辅助军队进攻，攻势可以得到加强。水可以将敌军分割开来，但不能焚毁敌人的军需物资。

大凡打了胜仗，攻取了土地、城池，而不能及时巩固胜利的，会非常凶险，这种情况叫作“费留”。所以说：英明的君主要慎重考虑这个问题，贤良的将帅要严肃处理这个问题。不是对国家有利的，就不要采取行动；没有取胜的把握，就不要用兵；不到危急关头，就不要轻易开战。君主不可以因为一时的恼怒而兴兵打仗，将帅不可以因为一时的愤怒而贸然出战。符合国家利益的才可以行动，不符合国家利益的就要停止。恼怒了还可以重新欢喜起来，生气了还可以重新高兴起来，但是国家灭亡了就不复存在了，人死了也不能复生。所以，英明的君主对于战争应该十分慎重，贤良的将帅对于战争应该时刻保持警惕，这是安定国家、保全军队的根本之道。

注释

7. 应：策应。8. 从：跟从，这里指进攻。9. 数：指前文所说的“发火有时，起火有日”等火攻条件。10. 明：这里指效果显著。11. 夺：剥夺，这里指焚毁敌人的物资器械。12. 修：修治，引申为巩固。13. 命：命名。费留：即白费。14. 非得不用：不能取胜就不要用兵。得，取胜，收获。用，用兵。15. 愠（yùn）：怨愤，恼怒。

中国相关名言

- 战国·吴起："战胜易，守胜难。"
- 宋·苏洵："为将之道，当先治心。泰山崩于前而色不变，麋鹿兴于左而目不瞬（shùn），然后可以制利害，可以待敌。"
- 宋·梅尧臣："兵以义动，无以怒兴；战以利胜，无以愠败。"

外国相关名言

- （美）艾森豪威尔："高级司令官必须沉着冷静，头脑清楚，刚毅坚决。"
- （普鲁士）克劳塞维茨："理智是军事行动的基础。"

古代火攻常用装备

《火攻篇》要点

（一）凡火攻有五：一曰火人，二曰火积，三曰火辎，四曰火库，五曰火队。

（二）夫战胜攻取，而不修其功者凶，命曰费留。

（三）非利不动，非得不用，非危不战。主不可以怒而兴师，将不可以愠而致战。合于利而动，不合于利而止。

重点句例解

凡火攻有五：一曰火人，二曰火积，三曰火辎，四曰火库，五曰火队。

赤壁之战 事见《资治通鉴》

曹操平定北方以后，就把南下平定南方搬上了日程。建安十三年（208），曹操挥军南下，而此时刘表病死，刘表次子刘琮继位，遣使者投降曹操。当时依附于刘表的刘备得知曹军将至，率众迁移，被曹操精锐骑兵赶上，败于当阳县长坂，刘备带少数人逃出，转移至夏口。

适值孙权派鲁肃前来，希望与刘备联合抗曹，刘备大喜，于是派诸葛亮前往江东，促成孙、刘联盟。孙权在诸葛亮及鲁肃、周瑜的分析与劝说下，坚定了抗曹的决心，任命周瑜、程普为左、右督，率兵与刘备合力迎战曹操；又任命鲁肃为赞军校尉，协助筹划战略。

刘备乘船去见周瑜，说：“抵抗曹操，真是明智的决定。不知有多少战士？”周瑜说：“三万人。”刘备说：“可惜太少了。”周瑜说：“这已足够用，将军且看我击败曹军。”

⇒诸葛亮为孙权分析形势。

⇐赤壁之战。

周瑜率军进军，在赤壁与曹操相遇。当时曹操的部队中已发生疾疫。两军初次交战，曹军失利，退到长江北岸。周瑜等驻军在长江南岸。周瑜部将黄盖说："如今敌众我寡，难以长期与之相持。曹军正把战船连在一起，首尾相接，可用火攻击败曹军。"于是选取蒙冲战船十艘，装上柴草，浇上油，外面裹上帷幕，上插旌旗，并备好快艇，系在船尾。

黄盖先派人送信给曹操，谎称想要投降。当时东南风正急，黄盖将载有柴草的十艘战船排在最前面，到江心时升起船帆，其余的船在后依次跟进。曹操军中的官兵都走出营来观看，指着船，说黄盖来投降了。离曹军还有二里多远，那十艘船同时点火，火烈风猛，船像箭一样向前飞驶，把曹军战船全部烧光，大火还蔓延到曹军设在岸上的营寨。一时间浓烟烈火，遮天蔽日，曹军人马烧死和淹死的很多。周瑜等率领轻装的精锐战士随后杀来，鼓声震天，士兵奋勇向前，杀得曹军大败。曹操率败军从华容道步行撤退，道路泥泞不通，当时天又刮起大风。曹操命背着草的老弱残兵填入泥泞，让骑兵从其背上通过。老弱残兵被人马所践踏，陷在泥中，死了很多。

刘备、周瑜军水陆并进，追赶曹操直到南郡。曹军又饿又病，死了一大半。曹操命曹仁、徐晃、乐进等人留守荆州，自己率军返回北方。

唐岛之战 事见《宋史》

绍兴三十一年（1161）秋，金朝皇帝完颜亮出动海陆四路大军攻宋。在东路，金军出动约七万水军，六百余艘舰船停泊在唐岛湾，准备南下进攻南宋京城临安。南宋将领李宝采用先发制人、出其不意、火攻破敌的战法，以三千水军袭击超过自己二十倍兵力的金军，最终大获全胜。

当时，金军舰船已经出了海，李宝率快船迫近金军时，金军尚未觉察。李宝让士兵击鼓，鼓声震天动地，金军大吃一惊，马上启碇（dìng）升帆（船帆都是油布做成）。风浪把金军舰船吹到一个狭小的区域。

李宝见此形势，立即命令宋军用火药箭射击敌船，箭射中的地方，马上燃起烟焰，火势蔓延开来，烧毁敌船几百艘。火没烧到的敌船还想上前抵抗，李宝命令勇士跳上敌船，用短兵刺杀，把敌兵杀死在船中。最终俘获三千多人，斩杀金军统帅完颜郑家奴等六人。

唐岛之战不但是以少胜多的经典火攻战役，也是用我国火药武器致胜的第一次大规模海战。

⇒唐岛之战。

鄱阳湖之战 事见《明史》

在元末的全国反元起义中，朱元璋脱颖而出，建立起自己的势力范围，与建国称帝的另一势力陈友谅的矛盾日益尖锐。

至正二十三年（1363），陈友谅率大军六十万进攻朱军重镇南昌，朱元璋亲自率军前去援救。陈友谅听说朱元璋将到，便撇（piē）开南昌，向东进入鄱阳湖迎战。陈友谅舰船高大且多，首尾相接，绵延数十里。七月二十一日，两军交战，徐达击其前锋，俞通海用火炮焚毁陈友谅船数十艘，双方伤亡大致相当。二十二日，陈友谅率大船倾巢出战，朱元璋军的船小，大家都殊死奋战。到下午，东北风大起，朱元璋命敢死队乘七艘战船，用芦苇叶包上火药，纵火焚烧陈友谅船队。风烈火猛，烟焰涨天，陈友谅军由此大乱。朱军将士乘势呐喊攻击，陈友谅军被杀死两千余人，烧死、淹死者不计其数。二十四日，双方再次开战，陈友谅再度大败。于是收舟自守，不敢再战。八月二十六日，陈友谅粮尽突围，中箭身亡。陈友谅的势力就此衰落，不久向朱元璋投降。

鄱阳湖之战。

非利不动，非得不用，非危不战。主不可以怒而兴师，将不可以愠而致战。

夷陵之战 事见《资治通鉴》

219 年，孙权遣将袭取荆州，后擒杀关羽。221 年，张飞被部将范强、张达杀害，范强、张达投奔东吴。221 年，刘备于益州称帝，年号章武。同年，刘备为夺回荆州，为关羽报仇，亲率大军攻打东吴。孙权闻刘备将来伐，遣使求和，刘备不许。

黄权劝谏刘备在后方："吴人剽悍善战，而我军从水路出兵顺流而下，进易退难，为臣乞请您让我为先头部队，陛下应当在后面坐镇。"刘备没有听从黄权的建议，任他为镇北将军，统领长江以北的各路蜀军。刘备亲率将士，沿长江南岸翻山越岭向吴进发，驻军在夷道县的猇(xiāo)亭。

吴国将领都请求出兵迎击，陆逊说："刘备率军东下，锐气正盛，而且凭据高山，坚守险要，很难向他们发起迅猛进攻。即使攻击成功，也不能彻底将他们击败，如果攻击不利，将损害大局，绝不是小小的失误。目前，我们只有褒奖和激励将士，多方面实施破敌策略，以观其变。

⇒刘备臣属劝阻他亲征伐吴，但他不听。

如果这一带为平原旷野，我们可能要担心有与之互相追逐的困扰，如今他们沿山部署军队，不但兵力无法展开，反而自困于树木乱石之中，我们要有耐心，等待他们自己疲惫再行攻击。”各位将领仍不理解，认为陆逊惧怕刘备大军，有所愤恨不满。

蜀军自巫峡建平郡至夷陵附近，设立数十座营盘，从正月开始与吴军对峙，到六月仍未决战。刘备设计谋，命吴班率数千人到靠近吴军的平地扎营，另外又在山谷中埋伏了八千士兵，企图引诱吴军出战，伺机加以聚歼。吴军将领都要求出击，陆逊说：“这一定有诡诈，我们暂且观察。”刘备见计谋无法实现，只好命令八千伏兵从山谷中出来。

这年的闰六月，陆逊向蜀军发动进攻，初战失利，将领们都说：“白白损兵折将！”陆逊说：“我已经有了破敌之策。”他命令战士每人拿一束茅草，用火攻击，得胜，又乘势率领各路军队全面出击，击破蜀军营垒四十余座，蜀军土崩瓦解，战死一万余人，刘备连夜逃走。蜀军的船只、器械，水、陆军的军用物资全被夺取；尸体漂满长江江面。

当初，魏文帝曹丕听蜀军扎连营七百余里，便说：“刘备不懂军事，哪有扎连营七百里和敌人对峙的！”不久，就传来吴军大破蜀军的消息。

孙子说：“主不可以怒而兴师，将不可以愠而致战。”刘备怒而兴师，不听良言劝阻，不能正确根据地形地势部署军队，被陆逊火攻而惨败。

陆逊火攻破蜀军。

《火攻篇》在其他领域的应用

不可意气用事

孙子说："主不可以怒而兴师，将不可以愠而致战。合于利而动，不合于利而止。怒可以复喜，愠可以复悦，亡国不可以复存，死者不可以复生。故明君慎之，良将警之，此安国全军之道也。"在军事上，君主、将帅不可因为一时的意气而轻起战端，人死不能复生，国亡难以复兴，对待关乎生死存亡的战争，一定要慎之又慎。

在做事业的过程中，意气用事、想当然和莽撞是大敌，不少曾经知名的企业，就因为这些方面犯的错误而破产倒闭。

在 20 世纪 60 年代到 80 年代曾经在美国成为"电脑大王"的华人科学家、发明家和企业家的王安，一度位居富豪榜第五位，1986 年荣获美国总统自由奖章，1988 年荣登美国发明家名人堂（此二奖都是极难获得的殊荣），成绩斐然，令人瞩目。

但王安在其公司顺利发展的过程中，因曾经与美国 IBM 公司有些不甚愉快的过往而始终拒绝与这家引领行业标准的公司的系统兼容，并且在整个计算机行业都在发展个人电脑时，王安却对个人电脑持冷淡态度，未跟上时代的趋势，导致其年收入高达 30 亿美元的公司最终破产。

韩国大宇集团的创始人金宇中，用了三十几年的时间把"大宇"发展为仅次于现代集团的韩国第二大企业，金宇中被韩国人民看作韩国的民族英雄，美国《财富》杂志曾把他选入"最有魅力的 50 名企业家"。

20 世纪 90 年代，金宇中提出了"全球化经营"的口号，大宇集团展开了全球性大收购，集团在海外的企业增加到 600 多家，其中包括许多不良企业。据报道，在大宇海外扩张最高峰时期，它曾创下每 3 天接管一家企业的纪录。金宇中有他的观点，他说，从根本上讲，我们这样做是为了扶持韩国经济。

高速冒进的扩张导致了巨额的债务，在耗尽韩国政府提供的无数救援贷款之后，逾期债务近 800 亿美元的大宇集团终于还是宣布破产。

投资大师巴菲特曾说，虽然在生活中谁都不想成为一个没有感情的人，但在做投资或商业决定时还是要理智而不是意气用事。

三分钟贯通中国战争史（十二）

明代的战争

1368年，朱元璋于应天府（今江苏南京）即皇帝位，国号大明，年号洪武，明朝开始。同年，明军攻占大都，结束了元朝的统治。其后平定西南、西北、辽东等地，最终统一全国。而后，朱元璋屡次对退居漠北的残元势力（北元）用兵，压制了北元对于明朝北部边境的袭扰。

朱元璋去世后，明朝爆发"靖难之役"，战争历时四年，燕王朱棣夺权成功，即皇帝位，就是明成祖。

北元后来去"大元"国号，称蒙古，明朝称蒙古为"鞑（dá）靼（dá）"。明朝与鞑靼之间的冲突、战争频繁，几乎贯穿了明朝始终。

此外，明朝在沿海与倭寇的战争持续了大半个明朝。戚继光、俞大猷（yóu）等将领最终抗倭胜利。万历朝鲜战争以中朝联军抗日胜利告终。

明朝后期，后金崛起，屡屡侵袭明朝东北部边关，明朝与之战争不断。

明朝后期，政治黑暗，各地起义、叛乱不断，明廷同时应对各地起义军和后金的攻势，捉襟见肘，疲惫不堪，最终亡于李自成所率起义军。

⇑ 万历朝鲜战争中，明军以各种火炮轰击日军占领的平壤，获得胜利，收复平壤。

历代武备（十二）

明代的武备

锁子甲通常由铁丝或铁环套扣缀合成衣状，形如网锁。锁子甲被认为是冷兵器时代最优秀的铠甲之一。

明代将领。

明代士兵。

明代是钢铁兵器与火药兵器共存的时期。冷兵器以刀、枪为主，军队中也配备了大量的当时先进的火器，如火铳、佛郎机、虎蹲炮、大将军炮等，数量和使用率均领先于世界。火器帮助明朝在万历年间战胜了日本，赢得朝鲜战争的胜利。然而，昏聩腐败的统治最终让明朝亡了国。

据记载，三眼火铳“用之于百步之内为宜。步下，五六十步方能透甲。马上，二三十步方能命中”。

明代士兵。

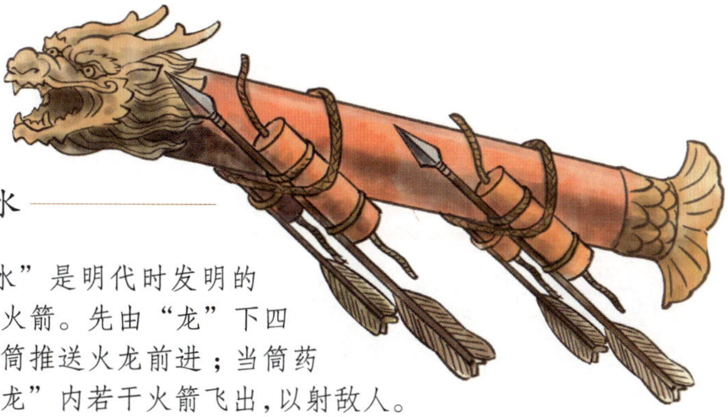

火龙出水

“火龙出水”是明代时发明的水陆两用火箭。先由“龙”下四个大火箭筒推送火龙前进；当筒药燃完后，“龙”内若干火箭飞出，以射敌人。

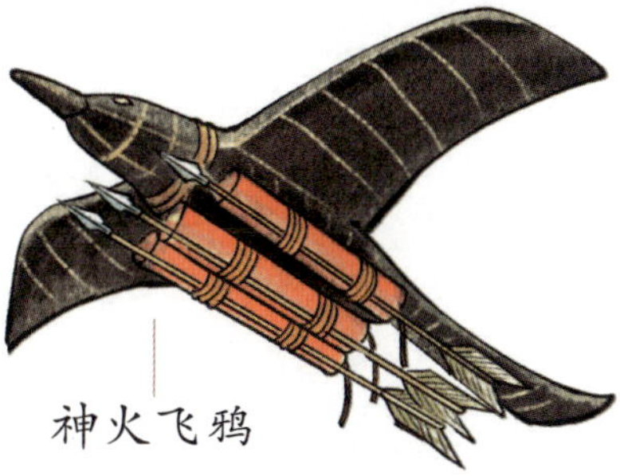

神火飞鸦

“神火飞鸦”是明朝军队装备的火器，由火箭的反作用力向前飞进，飞鸦落地时，内部所装火药被点燃而爆炸。

佛郎机

“佛郎机”是一种后装速射滑膛炮，整炮由炮管、炮腹、子炮三部分组成。开炮时先将火药弹丸填入子炮，然后把子炮装入炮腹中，引燃子炮火门进行射击，发射完取出，再装填第二个子炮。

⇐明代军阵。

用间篇

“用间”就是使用间谍，主要目的是获取敌方情报，也可以在敌人内部进行破坏、离间、暗杀等行动。孙子十分重视情报的作用，认为君主或将帅不知敌情，是“不仁之至”；要想获知敌情，就要使用间谍。

本篇中介绍了因间、内间、反间、死间、生间五种间谍，讲述了使用间谍的重要性及方法，认为军队中的人员，待遇、机密程度以及与将帅、君主的亲信度，都以间谍为最高，并且认为只有明君贤将，才能用好间谍。

《用间篇》全文通读

孙子曰：凡兴师十万，出征千里，百姓之费，公家之奉，日费千金；内外骚动，怠于道路，不得操事者七十万家。相守数年，以争一日之胜，而爱爵禄百金，不知敌之情者，不仁之至也，非人之将也，非主之佐也，非胜之主也。

故明君贤将，所以动而胜人，成功出于众者，先知也。先知者，不可取于鬼神，不可象于事，不可验于度，必取于人，知敌之情者也。

故用间有五：有因间，有内间，有反间，有死间，有生间。五间俱起，莫知其道，是谓神纪，人君之宝也。因间者，因其乡人而用之。内间者，因其官人而用之。反间者，因其敌间而用之。死间者，为诳事于外，令吾间知之，而传于敌间也。生间者，反报也。

故三军之事，莫亲于间，赏莫厚于间，事莫密于间。非圣智不能用间，非仁义不能使间，非微妙不能得间之实。微哉！微哉！无所不用间也。间事未发，而先闻者，间与所告者皆死。

凡军之所欲击，城之所欲攻，人之所欲杀，必先知其守将、左右、谒者、门者、舍人之姓名，令吾间必索知之。

必索敌人之间来间我者，因而利之，导而舍之，故反间可得而用也。因是而知之，故乡间、内间可得而使也。因是而知之，故死间为诳事，可使告敌。因是而知之，故生间可使如期。五间之事，主必知之，知之必在于反间，故反间不可不厚也。

昔殷之兴也，伊挚在夏；周之兴也，吕牙在殷。故惟明君贤将，能以上智为间者，必成大功。此兵之要，三军之所恃而动也。

早在先秦时，远行或出国就需持有证件，证件有“节”“传”等。《周礼》中说：“凡通达于天下者必有节，以传辅之。无节者，有几则不达。”

《用间篇》详解

原文

孙子曰：凡兴师十万，出征千里，百姓之费，公家之奉[1]，日费千金；内外骚动，怠于道路，不得操事者七十万家[2]。相守数年[3]，以争一日之胜，而爱爵禄百金，不知敌之情者，不仁之至也，非人之将也，非主之佐也，非胜之主也。

故明君贤将，所以动而胜人，成功出于众者，先知也。先知者，不可取于鬼神[4]，不可象于事[5]，不可验于度[6]，必取于人，知敌之情者也。

译文

孙子说：凡是出兵十万，千里征战，百姓的耗费，公家的开支，每天都要花费千金；国内局势动荡不安，民众（为战事所迫而）疲惫于道路，无法从事耕作劳动的，多达七十万家。交战双方相持数年，是为了有朝一日赢得胜利，如果因为吝惜爵禄和区区百金钱（而不肯重用间谍），以致不能了解敌情而遭受失败，是不仁到了极点，（这种人）不配做统率三军的将领，不配做君主的助手；这样的国君，不是能打胜仗的好国君。

所以，英明的君主和贤良的将帅，之所以一行动就能战胜敌人，且成就超出众人，是因为他们能够预先了解敌情。预先了解敌情，不能用求神问鬼的方式来获取，不能用相似的事情推测，不能根据日月星辰运行的位置去进行验证，而是从了解敌情的人那里获取。

注释

1. 奉：同“俸”。2. 七十万家：指出兵十万打仗，就要有七十万民众承受繁重的徭役、赋税，不能正常地从事生产劳动。3. 相守：相持。4. 取于鬼神：指用祈祷、祭祀鬼神和占卜等办法获得（敌情）。5. 象：相类。6. 验：验证，应验。度：这里指日月星辰运行的度数（即位置）。

中国相关名言

- 汉·《黄石公三略》：“用兵之要，必先察看敌情。”
- 三国·曹操：“战者必用间谍，以知敌之情实也。”
- 清·陈光宪：“敌情叵测，不知敌情，不可以言战。”
- 清·朱逢甲《间书》：“必用间，乃能先知敌情；必用间，乃能离散敌众。”

外国相关名言

- （苏）朱可夫：“侦察情报和对情报的正确分析，是判断情况、定下决心和制订作战计划的依据。”
- （美）肖普：“缺乏情报等于在拳击场上被蒙上了眼睛。”
- （瑞士）约米尼：“不知对手，何来对策。”

原文

故用间有五：有因间[7]，有内间，有反间，有死间，有生间。五间俱起，莫知其道[8]，是谓神纪[9]，人君之宝也。因间者，因其乡人而用之[10]。内间者，因其官人而用之[11]。反间者，因其敌间而用之。死间者，为诳事于外[12]，令吾间知之，而传于敌间也。生间者，反报也[13]。

译文

使用间谍的方式分为五种：因间、内间、反间、死间、生间。同时使用这五种间谍，能使敌人摸不清我用间的规律，这是神妙莫测的道理，是国君克敌制胜的法宝。所谓“因间”，是指利用敌人的乡国之人做间谍。所谓“内间”，是指利用敌方的官吏做间谍。所谓“反间”，是指收买或利用敌方的间谍为我所用。所谓“死间”，是指故意散布虚假情报使敌人上当受骗，并通过我方间谍把情报传达给敌方间谍（然而敌人一旦发现上当，我方反间人员往往难逃一死）。所谓“生间”，是指派往敌方侦察而能活着回来报告敌情的人。

注释

7. 因间：即本篇下文所说的“乡间”，利用敌方乡国之人做间谍（比如给钱财使之就范）来获取情报。8. 道：途径，规律。9. 纪：即道。10. 因：凭借，根据。11. 官人：此指敌国官吏。12. 诳（kuáng）：迷惑，欺骗。13. 反：通“返”。

死间

潜入敌方为我方散播假消息、假情报使敌人上当受骗，一旦被敌方发觉必死。

内间

利用敌国官员做间谍。

因间

利用敌方乡国之人做间谍。

间

反间

收买或利用敌方的间谍为我所用。

生间

派往敌方侦察，且能活着回来报告敌情的人。

间谍扮作旅人，四处打探情报。

原文

故三军之事，莫亲于间，赏莫厚于间，事莫密于间。非圣智不能用间，非仁义不能使间，非微妙不能得间之实。微哉！微哉！无所不用间也。间事未发，而先闻者，间与所告者皆死。

凡军之所欲击，城之所欲攻，人之所欲杀，必先知其守将、左右、谒者、门者、舍人之姓名[14]，令吾间必索知之。

译文

所以君王或将帅对于军队中的人员，没有比间谍更为亲信的了，奖赏没有比间谍更为优厚的了，事情没有比间谍所做的更为机密的了。不是才智超群的人不能使用间谍，不是仁慈慷慨的人不能使用间谍，不是谋虑精细、手段巧妙的人不能获得间谍所提供的真实情报。微妙啊！微妙啊！无时无处不可以用间。用间的计谋尚未施行，而秘密已经先行泄露的，那么间谍和知道机密的人都要被处死。

凡是想要攻打的敌方军队，想要攻占的敌方城邑，想要刺杀的敌方人员，都必须先了解主管将领、左右亲信、负责传达通报的官员、守门官吏以及门客幕僚的姓名，命令我方间谍一定要将这些情况侦察清楚。

注释

14. 守将：指主管将领。左右：指守将身边的亲信。谒（yè）者：指负责传达通报的官吏。门者：指负责守门的官吏。舍人：指守将的门客幕僚。

原文

必索敌人之间来间我者，因而利之，导而舍之[15]，故反间可得而用也。因是而知之，故乡间、内间可得而使也。因是而知之，故死间为诳事，可使告敌。因是而知之，故生间可使如期。五间之事，主必知之，知之必在于反间，故反间不可不厚也。

昔殷之兴也，伊挚在夏[16]；周之兴也，吕牙在殷[17]。故惟明君贤将，能以上智为间者，必成大功。此兵之要，三军之所恃而动也。

译文

必须查出敌方派来刺探我方情报的间谍，根据具体情况对其加以利用和收买，诱导他，再放他回去，这样，策反的间谍就可以为我所用了。通过反间得知了敌情，乡间、内间也就可以为我所用了。通过反间得知了敌情，就可以通过死间来散布虚假情报给敌人了。通过反间得知敌情，所以生间就可以按照预定时间返回报告敌情了。这五种间谍的使用，国君都必须懂得，懂得的关键在于如何使用反间。所以，对于反间不可不给予优厚的待遇。

昔日殷商的兴起，是由于重用了在夏为臣的伊尹；周朝的兴起，是由于重用了在殷为官的姜子牙。所以，只有英明的君主和贤能的将帅，能任用智慧高超的人充当间谍，必定能成就巨大的功业。这是用兵的关键所在，是整个军队采取行动所依赖的东西。

注释

15. 导：引导，诱导。舍：释放。16. 伊挚：即伊尹。商汤用伊尹为相，灭了夏桀，建立了商（又称殷）。17. 吕牙：即姜子牙，他原本为殷纣王之臣，周武王姬发在他的辅佐下，打败了纣王，建立了周朝。

《用间篇》要点

（一）不知敌之情者，不仁之至也，非人之将也，非主之佐也，非胜之主也。

（二）故用间有五：有因间，有内间，有反间，有死间，有生间。五间俱起，莫知其道，是谓神纪，人君之宝也。

（三）非圣智不能用间，非仁义不能使间，非微妙不能得间之实。

（四）凡军之所欲击，城之所欲攻，人之所欲杀，必先知其守将、左右、谒者、门者、舍人之姓名，令吾间必索知之。

（五）五间之事，主必知之，知之必在于反间，故反间不可不厚也。

（六）故惟明君贤将，能以上智为间者，必成大功。

重点句例解

故用间有五：有因间，有内间，有反间，有死间，有生间。

秦国施用离间、反间之计除信陵君 事见《史记》

“战国四公子”之一的信陵君魏无忌是魏昭王之子，魏安釐（lí）王之弟。公元前 257 年，秦兵围赵都邯郸，赵向魏求救。魏遣将军晋鄙率军救赵，魏军中途观望不进。信陵君设法窃得兵符，带勇士朱亥至军中击杀晋鄙，夺取兵权，率魏军前往赵国，解了邯郸之围。

公元前 247 年，魏无忌担任上将军，联合五诸侯国的军队在黄河以南地区把秦军打得大败，秦将蒙骜（ào）败逃，信陵君率领诸侯军队乘胜追击到函谷关。秦军退入关内，不敢出战。

秦王担忧信陵君进一步对秦国不利，就派人用大量黄金到魏国实施离间计，找到晋鄙原来的门客，让他们在魏王面前进谗言说：“公子流亡在外十年了，现在担任魏国大将，诸侯国的将领都听他指挥。诸侯们只知道魏国有个魏公子，不知道还有个魏王。公子也要乘这个时机称王。诸侯们敬畏公子的权势声威，正打算共同拥立他为王呢。”秦国又多次

⇐信陵君杀晋鄙夺兵权救赵。

运用反间计，利用在秦国的魏国间谍，假装不知情向他们询问信陵君是否已经立为魏王了。魏王天天听到这些毁谤公子的话，不能不信以为真，后来派人代替信陵君担任上将军。四年后，信陵君郁郁而终。

赵王中反间计杀良将李牧 事见《史记》

公元前 234 年，秦国派将领桓齮（yǐ）率军攻打赵国，秦军在武遂打败并杀死赵将扈辄（zhé），斩杀十万赵军。赵国便任命李牧为大将军，在宜安进攻秦军，大败秦军，赶走秦将桓齮。李牧被封为武安君。又过三年，秦军进攻番吾，李牧击败秦军，又向南抵御韩国和魏国。

赵王迁七年（前 229），秦国派王翦进攻赵国，赵国派李牧、司马尚抵御秦军。秦国向赵王的宠臣郭开贿赂很多金钱，让他施行反间计，造谣说李牧、司马尚要谋反。赵王便派赵葱和齐国将军颜聚接替李牧，李牧不接受命令。赵王便派人暗中逮捕了李牧，把他杀了，并撤了司马尚的官职。三个月之后，王翦趁机猛攻赵国，大败赵军，杀死赵葱，俘虏了赵王迁和他的将军颜聚，终于灭了赵国。

赵王迁听信谗言。

陈平离间楚君臣 事见《史记》

公元前205年，刘邦在荥阳与项羽对峙。后来，项羽发动反攻，围困荥阳，形势十分危急，刘邦深为忧虑，向陈平问计。陈平说：“项王身边刚直不阿的臣子，如亚父范增、钟离昧（mèi）、龙且、周殷之辈，不过只有几个人。项羽的为人原本就猜忌多疑，易听信谗言，大王您如果能拿出几万斤黄金，施反间之计，离间楚国君臣关系，使他们内心互相猜疑，他们内部必然会自相残杀。我们乘机发兵攻打他们，必能击败楚军。”

刘邦采纳了陈平的建议，便交给陈平黄金四万斤，任凭他自行活动，不过问他使用情况。陈平于是用许多黄金雇请间谍到楚军中进行离间活动，扬言说：“各位将领如钟离昧等人为项王领兵打仗，功劳很多，但却终究不能分得一块土地封王，因此他们便想与汉军联合起来，灭掉项氏，瓜分楚国的土地，各自称王。”项羽果然有所猜忌，不再信任钟离昧等人。

刘邦又采用陈平的计策离间项羽和范增，项羽的使者来了，刘邦备下丰盛的酒宴，命人端进。见到楚王的使者，就佯装吃惊地说：“我以为是亚父的使者，没想到是项王的使者。”把饭菜又端了下去，拿不好

陈平向刘邦提议离间项羽君臣。

的饭菜给项羽使者吃。使者回去报告了项羽，项羽就怀疑范增私通汉军，渐渐剥夺他的权力。范增大怒，说："天下大局已定，君王好自为之。请赐我这把老骨头回家吧。"项王答应了他，范增就离开了项羽。

韦孝宽离间段琛、牛道恒 事见《周书》

南北朝时，北魏分裂为东魏和西魏，东魏、西魏不断相互攻伐和对抗。有一段时间，东魏将领段琛（chēn）等人占据着宜阳（在今河南洛阳西），派阳州刺史牛道恒去鼓动招诱西魏边境地带的百姓。西魏南兖州刺史韦孝宽对此感到忧虑，于是派间谍寻求到牛道恒的手迹，让善于模仿笔迹的人伪造了一封牛道恒给韦孝宽的信，信中谈到有归附西魏的意图，又假造了灯灰烤焦的痕迹，就像这封信是在灯下书写的一样，然后让间谍把这封信送到段琛的军营中。

段琛得到这封信后，果然对牛道恒产生了怀疑。牛道恒所策划的事情，段琛都不许可。韦孝宽知道敌方已经离心，于是出动奇兵突然袭击，俘获了段琛和牛道恒等人，于是崤山与渑池地区得以平定。

岳飞善用反间计 事见《宋史》

施反间计破曹成

南宋高宗时，有张用、曹成等游寇在江、淮、湖、荆等地作乱。绍兴二年（1132），宋廷任命岳飞为权知潭州兼权荆湖东路安抚使、马步军都总管，率军由洪州出发，前往讨伐侵扰湖南、广南诸州的曹成。

岳飞进入贺州境内，抓获曹成的间谍，捆绑在营帐下。岳飞走出营帐分配粮草，有关官员报告说："粮食已用尽，怎么办？"岳飞假装说："暂且回军茶陵。"继而回头看到间谍，装出失言懊丧的神态，跺脚进入营帐，暗地里下令让军士使间谍得以逃走。间谍回去告诉曹成，曹成闻讯大喜，约定第二天追击岳飞。

岳飞下令士兵很早起来吃饭，然后悄悄绕岭急行，天色未明已近曹成营寨，将之攻破。曹成依托险阻抵御岳飞军进攻，岳飞指挥军队冲杀，曹成军大败溃逃。

⇑ 岳飞假装责备伪齐间谍。

施反间计破废伪齐

金朝灭亡北宋以后，在黄河以南的北宋故地建立了一个傀儡政权齐国，金太宗册立刘豫为大齐皇帝。

岳飞侦知刘豫结好粘罕（完颜宗翰），而兀术（完颜宗弼）却厌恶刘豫，认为可以离间他们而后采取行动。恰好这时士兵捕到了兀术的间谍，岳飞假装责备他说："你不是我军中的张斌吗？我以前派遣你到齐国去，约定引诱四太子兀术来，但你去而不返。我派人前去询问，齐国已应允我，今年冬天以联合进犯长江为借口，把四太子诱到清河。你送信没送到，为什么要背叛我？"兀术间谍为了活命，便假装服罪。

岳飞于是写了一封书信藏于蜡丸中，上面说明同刘豫合谋诛杀兀术之事，并对兀术间谍说："我今天且饶你不死。"又派他到齐国去，询问用兵的日期，割开间谍的大腿把蜡丸藏进去，告诫他不得泄露。

兀术间谍归去后，把蜡书交给兀术，兀术大吃一惊，迅速报告金朝皇帝，金朝于是废掉刘豫。

清军将领施用反间计。

皇太极计除袁崇焕 事见《明史》《清史稿》

袁崇焕是明末抗击后金的重臣，先后取得宁远大捷、宁锦大捷，后金知道，只要有袁崇焕在，明朝便不易攻打。

1629年，皇太极率军进攻北京，在连陷蓟州、三河、顺义、通州后，开到北京城边。大同总兵满桂、宣化总兵侯世禄、锦州总兵祖大寿，与驻守宁远的督师袁崇焕，都赶紧率兵回到北京城郊勤王。当时，后金诸贝勒请求攻城，皇太极见北京城城高池深，又有袁崇焕等的勤王之兵驻扎在城边，知道攻不下，便没有同意攻城。

后金军曾捉了两个明朝太监（其中一个姓杨，另一个姓氏已难查考），皇太极心生一计，让副将高鸿中、参将鲍承先坐到看押两位太监的地方，相互耳语说："今天暂且撤兵，这是主上的计策，刚才我看到主上一个人骑马走向敌阵方向，敌阵方向也过来两个人见主上，说了很久的话，大意是和袁都堂（指袁崇焕）有约，大事可成。”当时，杨太监假装睡熟，偷听到了这番谈话。

第二天，后金军故意使两位太监得以逃脱，杨太监回到宫中向崇祯皇帝报告，说亲耳听到金军军官谈论，袁崇焕与皇太极已有勾结，所以皇太极才不肯与袁崇焕交锋。当时，朝中有些大臣污蔑袁崇焕是故意放后金兵入关，逼迫明廷与后金达成城下之盟的和议，所以崇祯皇帝听到杨太监的回报，马上就相信了。他将袁崇焕下狱，定了谋叛之罪，凌迟处死，自毁长城。

袁崇焕的死是明朝最终走向灭亡的因素之一，可见皇太极的反间计是多么成功。

故惟明君贤将，能以上智为间者，必成大功。

清朝用明朝重臣打天下 事见《清史稿》

崇祯皇帝残杀袁崇焕，伤了一众边关将士的心。崇祯十三年（1640）的松锦之战以明军惨败告终，明朝倾尽国力打造的九边精锐损失殆尽，关外的城池悉数陷落，蓟辽总督洪承畴投降清朝。崇祯十七年（1644）三月，李自成攻陷北京，崇祯皇帝自杀殉国，辽东总兵吴三桂投降清朝。

清朝之所以能较为顺利地扫平天下，与重用投降的明代良将贤臣是分不开的。洪承畴投降时，皇太极赏了他很多东西，又请他吃酒、看戏。清朝将领们不高兴，说：“为什么待洪承畴如此之厚呢？”皇太极问：“我们栉（zhì）风沐雨数十年为的是什么？”左右说：“为的是争夺明朝的中原。”皇太极大笑，说：“好比走路，我们都是瞎子，现在得到了一位向导，我怎么能不开心呢？”

像洪承畴这样担任过陕西三边总督、兵部尚书兼督河南、山西、陕西、四川、湖广军务、蓟辽总督的明朝国防重臣，有他的辅助与指引，清军如虎添翼。诚如孙子说的，昔日殷商的兴起，是由于重用了在夏为臣的伊尹；周朝的兴起，是由于重用了在殷为官的姜子牙。只有英明的君主和贤能的将帅才能任用智慧高超的人充当间谍，而且必定因此成就巨大的功业。

《用间篇》在其他领域的应用

尽可能多地获取有用信息

《用间篇》主要是讲关于间谍的使用，间谍主要的任务有二：一是帮助我方获得关于敌人或对手的情报，二是打入敌人内部，从内部进行破坏、分化、瓦解等工作。

日本企业界有这样一个共识："在激烈的国际、国内市场竞争环境中，争分夺秒获得可靠的信息是决定公司、企业乃至整个国家上下沉浮的关键所在。"所以当优秀的日本公司准备进入某一个国家或地区的市场前，通常花费大量的时间和精力来分析市场机会、该地区消费者的需求以及市场的运行机制等。他们会将许多调研人员派往该国家或地区，这些调研人员通过详尽的调查研究，最终给出可行性建议。

日本各大企业的驻海外办事处人员的一项重要使命就是搜集经济与技术情报。这些人谦恭有礼，虚心好学，甚至无孔不入，努力获取一切他们认为有价值的信息和情报，从而获得了商战制胜的武器。比如松下电器进入美国市场时，就派遣了专门的小组到美国进行调查，研究如何设计适合美国消费者偏好的产品。他们还聘请一些美国专家和相关从业者，听取美国消费者的意见，从而设计进入美国市场的策略。

内部崩溃

有很多外部看似坚不可摧、无机可乘的堡垒，是可以从内部攻破的，并且很多时候，都少不了间谍的力量。

历史上通过施加手段使对手内部自己扰乱、分化、瓦解的例子很多，比如田单对燕国施反间计使燕王怀疑乐毅，让骑劫代替乐毅，燕国功亏一篑；又如赵国听信秦国施计散布的谣言、谗言，解除了名将廉颇、李牧的兵权，致使赵国亡国。在对手内部相互猜疑、不信任的时候，散布言论，施以离间之计，有可能获得需要巨大的军事力量才能取得的效果，真是一巧破千斤。

在日常生活中难免遇到小人、坏人，如果没有很好的手段对付他们，也可以采用静观其变的态度，"小人同而不和"，即使一时抱团，用不了多久，其内部也会起矛盾和纷争，自相争斗乃至残杀。

三分钟贯通中国战争史（十三）

清代的战争

1616 年，清太祖爱新觉罗·努尔哈赤建立“大金”国，自立为汗，后与明朝翻脸，发动进攻。努尔哈赤去世后，皇太极继位，于 1636 年称帝，改国号为“大清”。通过一系列战争，清朝基本占领明朝关外之地。

1644 年，清军在山海关之战中击败李自成军，顺治皇帝迁都北京，之后，清朝进行了统一全国的战争。康熙皇帝时，进行了平三藩、收台湾、抗击沙俄侵略、三征噶（gá）尔丹的系列战争。

乾隆皇帝在位时，进行了两次平定四川大小金川之战，又对缅甸、准噶尔、安南等势力用兵，此时期清军的战力下降明显。

1840 年，第一次鸦片战争爆发，以中国失败并签订《南京条约》告终。1851 年，太平天国运动爆发，继而又有捻军起义，清廷组织力量镇压，疲于应对。1856 年，第二次鸦片战争爆发，清朝战败。1858 年，被迫签订《天津条约》。1860 年，被迫签订《北京条约》。从 19 世纪 50 到 80 年代，沙俄侵占我国 100 余万平方千米土地。

1883 年，中法战争爆发，最终以和谈结束，双方签订《中法新约》。

1894 年，中日甲午战争爆发，清朝战败，被迫签订《马关条约》。

1900 年，八国联军进犯北京，史称“庚子国变”，清廷战败，被迫签订《辛丑条约》。

1911 年，辛亥革命爆发。1912 年，清帝退位，清朝灭亡。

⇐清朝八旗部队。

历代武备（十三）

清代的武备

清代是冷兵器与热兵器同时使用的时代，冷兵器以刀、枪、弓箭等为主，热兵器以火炮、火枪为主。

从明末到清代，由于火器的盛行，铠甲无法抵挡火器的穿透，逐渐走向衰落。清代前期以布面甲为主，到了清中晚期，布面甲也成为礼仪服饰。

⇒清代将领。

总体上看，清代军队的火器配备率和火器质量比明代有提升，但提升程度有限，而且有些方面还有所倒退。

清代康熙皇帝善用火器，曾任用西洋传教士铸炮，在平定三藩之乱、收复台湾、驱赶北方沙俄侵略者和三征噶尔丹的战争中，清朝军队大量使用火器，尤其是火炮。清军改称“红夷大炮”为“红衣大炮”（满人对“夷”字有所忌讳），对此炮相当重视。

⇒清代士兵。

清朝军队分为八旗：正黄旗、正红旗、正白旗、正蓝旗、镶黄旗、镶红旗、镶蓝旗、镶白旗。八旗又分为满洲八旗、蒙古八旗、汉军八旗。其中满军旗地位最高，蒙军旗其次，汉军旗地位最低。八旗还分为上三旗和下五旗。上三旗各旗旗主均由皇帝兼任，下五旗各旗旗主常由亲王担任。

清代出于稳固统治地位的考虑，闭关锁国，严格控制地方及民间火器的研发和制造，使得清代火器发展水平严重滞后于同时代的欧洲。

通常，清代最优良的火器优先装备给满洲八旗的嫡系部队。

威远将军炮

此炮是康熙二十九年（1690）在景山内御制火炮，在康熙帝平定中国西北部噶尔丹叛乱和清军多次对敌作战中发挥了很大的作用。

抬枪 抬枪的威力、后坐力等比一般火枪大，曾是清军使用的主要火器之一。

清代火炮以材质分，主要有铸铜炮和铸铁炮，清前期以铜炮为多，后期多为铁炮；以重量分，有重炮和轻炮；以形制分，有前装炮和后装炮，前装炮主要是红衣炮型和冲天炮型，后装炮主要是子母炮型。

清代火枪主要为鸟铳（鸟枪）。鸟铳是火绳枪，明代后期便被军队使用，到清代，军队装备率更高。清朝军队火器的装备率达 60% 以上。

鸟铳

鸟铳又名“鸟枪”，与之前的火铳相比，鸟铳增设了准星和照门，口径小，射程远，精度高，以可以射落飞鸟得名。鸟铳是装备明清军队的主要轻型火器之一。

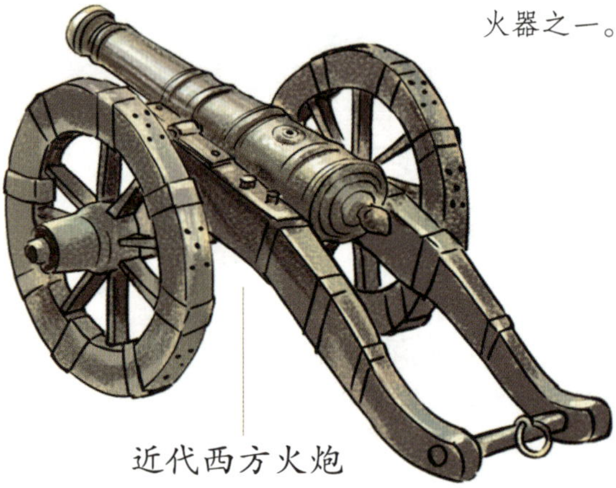

近代西方火炮

故步自封和腐朽的统治焕发不出科学技术的活力，清朝后期，军队武器装备与同时期西方武器装备相比有天壤之别。清政府不得不从西方购买、引进先进武器装备和制造技术，建设新军。

附录

三十六计

《三十六计》概述

《三十六计》或称《三十六策》，是中国古代三十六个兵法策略。《三十六计》全书至今无准确年代和作者可考。书中全计分六套，即胜战计、敌战计、攻战计、混战计、并战计、败战计。每套计又分为六计，总共三十六计。每计基本上是用众所周知的成语定名，以概括其计主旨。《三十六计》属兵家诡谲之谋，体现了“兵者诡道”的思想。

《三十六计》中的多数解语是选用《易经》中的卦象、语辞等作为解释，反映出作者从阴阳、主客、虚实、奇正等方面的相互关系、相互作用、相互转化来设计谋略的深刻思想。

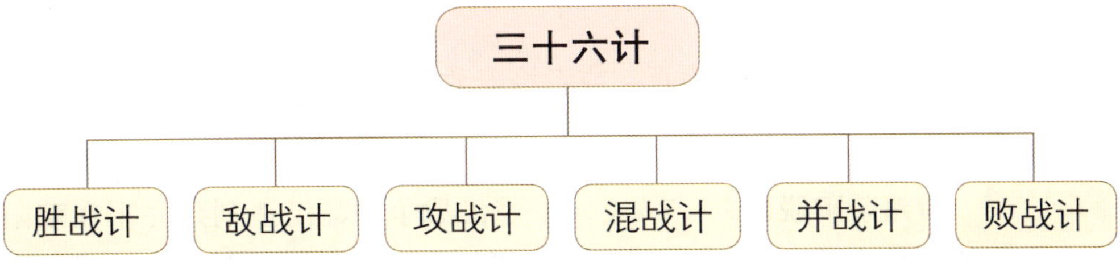

胜战计

第一计 瞒天过海

原文 备周则意怠，常见则不疑。阴在阳之内，不在阳之对。太阳，太阴[1]。

译文 防备得十分周密，往往容易让人松懈大意；经常见到的人和事，往往不会引起怀疑。把秘密隐藏在公开的事物中，而不是和公开的形式相对立。非常公开的事物中蕴藏着非常隐秘的事物。

注释 1. 太阳，太阴：二者均属《易经》“四象”。太阳此指非常公开的事物，太阴此指非常隐秘的事物。

用法 大张旗鼓地以假为真，或者培养敌人的思维定式，令其熟视无睹，放松戒备。在公开形式的掩护下实施我方隐秘的意图。

案例 **刘邦荥阳脱困**（事见《史记》）楚汉战争中，汉王刘邦驻军在荥阳，与项羽对峙了一年多。项羽多次夺取汉军粮道，以致汉军断绝了粮食，无法再守荥阳城。刘邦用将领纪信之计，在夜间从荥阳东门放出女子二千多人，披戴铠甲，佯装汉军，楚军四面围击。纪信乘坐汉王的车驾，伪装成汉王，欺骗楚军，随从卫士大声地说：“城中粮食吃光了，汉王投降。”楚军都高呼万岁。汉王和几十名骑兵则趁机从西门逃走。

⇒刘邦逃离荥阳。

第二计　围魏救赵

原文　共敌不如分敌[1]，敌阳不如敌阴[2]。

译文　进攻兵力较集中的敌人，不如进攻兵力较分散的敌人；进攻精锐强盛之敌，不如进攻薄弱空虚之敌。

注释　1. 共敌：指兵力较集中的敌人。共，集中的。分：分散。2. 敌阳：指攻打敌人精锐强盛的部分。敌，动词，攻打。敌阴：指攻打敌人的空虚薄弱环节。

用法　想要化解敌方进攻，不与之正面对战，而是袭击或骚扰其后方或防守薄弱的关键环节，分散其关注点，迫使其攻击力量回撤救援。

案例　**陶侃“围魏救赵”破苏峻**（事见《晋书》）东晋时期，将领苏峻联合祖约起兵反叛，攻入都城建康，专擅朝政。同年，温峤、陶侃起兵讨伐。当时，东晋将领郭默镇守的大业营垒也遭到叛军围困，情势危急。陶侃本准备救援，长史殷羡献“围魏救赵”之策，他说：“若派人去救大业，陆地步战我们不如苏峻，则大事难成。现应该急攻石头城（石头城是保障建康安全的军事重镇），苏峻必会救援，这样大业就解围了。”陶侃听从了殷羡的建议，苏峻果然丢下大业来支援石头城。诸路义军和苏峻交战，阵斩苏峻，叛军溃败。

⇐殷羡献策。

第三计 借刀杀人

原文　敌已明，友未定[1]，引友杀敌，不自出力，以《损》推演[2]。

译文　在敌方已经明确，而盟友的态度还不确定的情况下，要引诱盟友去消灭敌人，自己就不用出力（以此来保存实力），这是按照《损》卦推演出来的。

注释　1. 友：指军事上的盟友，也指除敌、我之外的可以结盟或有帮助的第三方势力。
2.《损》：损卦倒转就是益卦，“损”与“益”相互转化和依存。

用法　用计谋和手段（如挑拨离间），借助别人之力除掉自己的敌人。

案例　**刘备“借刀杀人”除吕布**（事见《资治通鉴》）建安三年（198），曹操在下邳（pī）围困吕布，吕布困窘已极，走投无路，只好向曹操投降。当时刘备在曹操军中（刘备受陶谦之托接手徐州后，被吕布袭夺了徐州，无奈之下投奔了曹操）。

吕布见到曹操说：“从今以后，天下可以平定了。我归顺您，如果让我率领骑兵，您自统步兵，则天下无人能敌。”吕布又回头对刘备说：“玄德，你是座上客，我为阶下囚，绳子把我绑得太紧，你为什么不帮我说句话？”曹操笑着说：“捆绑猛虎，不能不紧。”于是下令给吕布松绑。刘备对曹操说：“不可，您没见吕布事奉丁原与董卓之事吗？（吕布曾追随丁原、董卓，但后来二人都为吕布所杀）”曹操点了点头。吕布瞪着刘备说：“大耳朵的家伙，最不可信！”随后被曹操处死。

⇒刘备进言除吕布。

第四计　以逸待劳

原文　困敌之势，不以战；损刚益柔[1]。

译文　要迫使敌人处于困顿的境地，不一定要直接出兵攻打，而是采取“损刚益柔”的办法。

注释　1. 损刚益柔：语出《易经·损卦》彖（tuàn）辞，原句是说减损刚强来补充柔弱，要与时机相配合。

用法　做好充分的防守准备，养精蓄锐，不与敌做决战，使敌进攻锐气日益丧失，待敌人疲惫困窘后再做处置。

案例　**班超以逸待劳退月氏**（事见《后汉书》）永元二年（90），东汉名将班超经略西域的时候，大月氏国发兵七万来攻。班超的军队人少，部下都很恐慌。班超说：“月氏兵虽然多，但他们跋涉数千里，翻越葱岭而来，运输极为不便，有什么可忧虑的呢？我们只需收好粮食，坚守不出，敌人便会因饥饿难耐而投降，不过是几十天的事。”大月氏军进攻班超，无法攻克，抢掠粮草又无所得，很是疲惫。班超估计他们粮草将尽，一定会派人到龟兹求救，便派遣几百士兵伏击。大月氏军果然派出一队人马带金银珠宝去龟兹求援，班超的伏兵将其全部杀死。大月氏军统领得知后大惊，进退无据，只好遣使向班超请罪，希望能放他们一条生路。班超放他们回国，大月氏国内震恐，此后每年向汉朝进贡。

⇐班超军以逸待劳。

第五计 趁火打劫

原文 敌之害大[1]，就势取利，刚决柔也[2]。

译文 当敌人遇到危难时，应趁机出兵夺取利益，这是“以刚克柔”的方法。

注释 1. 害：这里指困难、危险的处境。2. 刚决柔也：出自《易经·夬卦》彖辞。此指强大者趁机征服弱小者，应当机立断，优柔寡断会错失良机。

用法 趁敌疲惫危难之时，对其进行要挟、攻击等，以获得利益。

案例 **楚将趁火打劫取利**（事见《战国策》）战国时，秦国攻打韩国的宜阳城，宜阳附近有韩国军队二十万，还有楚国大将景翠率领的楚军，相机援救宜阳。东周君王对大臣赵累说：“你预测一下事情的结果会怎样？”赵累回答说：“宜阳必定会被秦国攻破。”周君说：“那么请为寡人谋划一下，我应当怎么做？”赵累回答说：“您可以对楚将景翠说：‘你不如与秦国作对。你一出兵，秦国就会担心你乘其疲惫袭击其军队，就一定会拿出宝物送给你，韩国也会因为你助韩攻秦而感谢你。’”

秦军攻陷宜阳以后，楚将景翠听取周君意见发兵攻秦，秦国恐惧，赶紧献出煮枣（邑名），韩国也拿出重宝酬谢景翠。景翠不但得到了秦国的城邑，还得到了韩国的财宝，所以非常感激东周。

⇒赵累向周王献策。

第六计　声东击西

原文　敌志乱萃[1]，不虞，坤下兑上之象[2]，利其不自主而取之。

译文　当敌人混乱得像丛生的野草，无法预料将要发生的事情，这正是《萃卦》中所说的水高出地面之象，必须利用敌人混乱失控的机会去消灭他们。

注释　1. 敌志乱萃：语出《易经·萃卦》象辞，是说人的心志乱了。2. 虞：预料。坤下兑上：萃卦卦象是坤（地）下兑（泽）上，此处指如泽水淹没大地，无法控制。

用法　隐藏真实意图，制造假象，使敌人对我方意图做出错误判断，以使我方实施意图时没有过多阻碍。

案例　**曹操声东击西解白马之围**（事见《资治通鉴》）在官渡之战初期，袁绍派大将颜良到白马（在今河南滑县）进攻东郡，曹操率军向北援救东郡。谋士荀攸说："您到延津（在今河南延津县，在白马西南）后，做出准备渡河袭击袁绍后方的样子，袁绍必然向西应战。您率轻装快捷之军急袭白马，攻其不备，就可击败颜良。"曹操采纳了荀攸之计。袁绍听说曹军要渡河，就分兵向西阻截。曹操率军急速挺进白马，距白马十余里，颜良才得到消息，大吃一惊，前来迎战。曹操派张辽、关羽为先锋，关羽策马长驱直入，于万军之中刺死颜良，白马之围随后得解。

⇐关羽刺颜良。

敌战计

第七计 无中生有

原文 诳也[1]，非诳也，实其所诳也[2]。少阴、太阴、太阳[3]。

译文 使用假象欺骗敌人，但并非一假到底，假象中存在真实。开始以半真半假示敌，然后用完全的假象与欺骗，最后，敌方把假象当作真相。

注释 1. 诳：欺骗，诳骗。2. 实：实在，真实。3. 少阴、太阴、太阳：三者均属《易经》“四象”。此处，少阴指有些虚假，太阴指完全虚假，太阳指真实、公开。

用法 不断制造谣言，编造谎言，以扰乱敌方视听，使其做出错误举动。

案例 **韦孝宽无中生有构害斛律光**（事见《北齐书》）南北朝时，北齐、北周间战争不断，北周名将韦孝宽为了除去北齐的国防支柱、名将斛（hú）律光，便编了一首儿歌，让间谍在北齐都城邺城散布，歌曰：“百升飞上天，明月照长安（百升为一斛，明月是斛律光的字，暗喻斛律光有篡位野心）。”又曰：“高山不推自崩，槲树不扶自竖。”当时北齐君主高纬的宠臣祖珽（tǐng）、穆提婆与斛律光有怨仇，就借此向高纬进谗言，高纬听信谗言，将斛律光家族满门抄斩，自毁长城。

⇒北周间谍在北齐都城散布歌谣。

第八计　暗度陈仓

原文　示之以动[1]，利其静而有主[2]，《益》动而巽。

译文　采取佯攻的行动，利用敌人固守的时机，迅速绕到敌人的薄弱之处发动突袭，出奇制胜。

注释　1. 示：显示。动：这里指佯攻、佯动等迷惑敌方的行动。2. 利其静而有主：敌方停滞下来专注于（我方佯动）对我方有利。主，专注。3.《益》动而巽：语出《易经·益卦》，这里指充分发挥灵活性，像风一样乘虚而入、迂回偷袭。益，增加。巽（xùn），八卦之一，象征风。风无孔不入。

用法　迷惑敌人，隐藏真实意图，或将真实意图隐藏在不令人生疑的表象和行动中，趁敌人戒备松懈而出其不意地完成我方意图。

案例　**邓艾识破姜维“暗度陈仓”之计**（事见《资治通鉴》）三国后期，蜀军一度与魏军对峙，魏将邓艾率军驻扎在白水北面，姜维派遣将领廖化率军驻扎在白水南岸。邓艾对将领们说：“我军人少，蜀军本应渡河来战，但他们却不筑桥，这是姜维让廖化牵制住我们，而姜维必定去袭取洮（táo）城了。”邓艾当天夜里就秘密出兵直奔洮城，姜维果然来夺洮城，但邓艾先占据了洮城，姜维无奈，只好撤兵返回。在这个案例中，姜维使用了“暗度陈仓”之计却被邓艾识破。

⇐ 邓艾识破姜维之计。

第九计 隔岸观火

原文

阳乖序乱[1]，阴以待逆[2]。暴戾恣睢[3]，其势自毙。顺以动《豫》，《豫》顺以动[4]。

译文

当敌方内部矛盾激化，甚至明显表现出分崩离析之势时，我方应暗中静观其变，等待敌方形势进一步恶化。敌人横暴凶残，互相仇杀，势必自取灭亡。我方应采取顺其自然的态度，相机行事，坐收渔人之利。

注释

1. 乖：违背，此指分崩离析。2. 逆：叛逆。3. 暴戾（lì）恣（zì）睢（suī）：此指横暴凶残，互相仇杀。戾，凶暴。恣睢，任意妄为。4. 顺以动《豫》，《豫》顺以动：语出《易经·豫卦》彖辞，此指采取顺应的态度，不妄动，坐收渔人之利。

用法

敌人内部有矛盾、出事变，静观其变，待其自行消耗、损毁差不多时再做处置。

案例

曹操“隔岸观火”灭袁氏（事见《资治通鉴》）袁绍去世后，他的两个儿子袁尚、袁谭矛盾重重。建安八年（203），曹操进攻黎阳，与袁谭、袁尚在黎阳城下大战，袁谭、袁尚败走，退回邺城。曹操大军追到邺城，曹军将领都主张乘胜攻打邺城。郭嘉却说：“袁绍生前喜欢这两个儿子，没能决定让谁做继承人。如今，他们权力相当，各有党羽。情况危急，他俩就相互援救；局势稍有缓和，就又会争斗。我们不如先向南进取荆州，等他们兄弟内讧了再进攻，可一举平定。”曹操赞同，回到许都。

袁谭、袁尚二人果然大动干戈，最后被曹操乘机各个击破。

⇒郭嘉向曹操献策。

第十计 笑里藏刀

原文 信而安之[1]，阴以图之，备而后动，勿使有变。刚中柔外也[2]。

译文 设法使敌人相信我方是善意友好的，因而不生疑心，放松警惕；我方则暗中策划，积极准备，相机行事，决不可让敌人有所察觉而采取应变措施。这是一种内藏杀机而外示柔和的谋略。

注释 1. 信：使相信。安：使安心，这里指不生疑心。2. 刚中柔外：这里是内藏杀机、外示柔和之意。

用法 外表表现出使敌方完全信任的友好态度，趁其放松戒备，暗地里对其进行图谋和攻击。使敌方完全信任是关键。

案例 **卫鞅阴谋败魏军**（事见《史记》）战国时，秦国曾让卫鞅率军去攻打魏国，魏国派公子卬（áng）领兵迎击秦军，两军对峙。卫鞅派人给公子卬送去一封信，写道："我当初与公子相交甚好，如今你我是两国将领，不忍心相互攻伐，是否可以与公子当面相见，缔结盟约，愉快地喝几杯，然后各自撤兵，使秦国和魏国相安无事？"魏公子卬认为卫鞅说得对。两人订立了盟约，然后设宴饮酒。然而卫鞅事先埋伏下士兵，突袭并俘虏了公子卬，趁机攻打他的军队，将魏国军队彻底打败，并因战功封于商，号为商君。

卫鞅阴谋擒获公子卬。

第十一计 李代桃僵

原文 势必有损，损阴以益阳[1]。

译文 当局势发展到必然会有所损失时，就应该牺牲局部来换取全局的胜利。

注释 1. 损阴以益阳：这里是指以暂时的、局部的牺牲为代价，来换取长远的、全局的胜利。阴，这里指局部。阳，这里指全局。

用法 用小的代价做顶替，保住关键、重要的人或利益。

案例 **赵氏孤儿**（事见《史记》）春秋时期，晋国大夫屠岸贾构害晋国大夫赵氏家族，将之灭族。赵氏家族只有宗主赵朔的已有身孕的妻子（晋成公的姐姐）逃到晋景公宫里躲藏起来，继而生下儿子，并且躲过屠岸贾的第一次搜查。

赵朔友人程婴对赵朔门客公孙杵（chǔ）臼（jiù）说："一次搜查没有找到，以后一定会再来搜查，怎么办呢？"于是两人设法弄到别人家的婴儿，藏到深山里。程婴从山里出来，假意对搜查的将军们说："我程婴没出息，不能抚养赵氏孤儿，谁能给我千金，我就告诉他赵氏孤儿藏在哪里。"将军们都很高兴，答应了他，并派兵跟随程婴找到公孙杵臼，杵臼假意大骂程婴。将军们将杵臼和婴儿都杀死，真的赵氏孤儿得以逃过搜查追杀，活了下来，由程婴抚养长大。

后来齐景公有所悔悟，让赵氏孤儿（赵武）继承了赵氏家族的封地。程婴替赵氏家族向屠岸贾报仇雪恨（族灭屠岸贾）后，守义自杀。

⇒公孙杵臼带假赵氏孤儿前往深山。

第十二计 顺手牵羊

原文 微隙在所必乘[1]，微利在所必得。少阴，少阳[2]。

译文 敌人出现的漏洞再微小，也必须乘机利用；利益再微小，也要力争获得。要变敌人的小疏失为我方的小胜利。

注释 1. 微隙：很小的空隙，这里指敌方的漏洞、疏忽。2. 少阴，少阳：二者均属《易经》“四象”。少阴此喻敌人的小疏失，少阳此喻我方的小胜利。

用法 在实施运作、计划的过程中，乘机取得意外收获，或在敌人出现疏漏差错时，乘机获利或实施打击。

案例 **宋太祖顺手牵羊灭荆南**（事见《宋史纪事本末》）宋朝建立后，其南北尚有不少割据政权，其中，南平（荆南）与武平二政权势力相邻，武平在南平之南。962年，武平节度使周行逢病死，其子周保权继位，衡州刺史张文表不服，发动兵变，周保权向宋朝求援。宋太祖赵匡胤闻讯很兴奋，说：“今出师湖南，假道荆渚，因而平之，万全策也。”就发兵前往，向荆南主高继冲借道以讨伐张文表，在大军路过荆南时，顺手将荆南拿下（荆南主高继冲归降），又攻灭武平势力，周保权被俘。

⇐ 高继冲归降。

攻战计

第十三计 打草惊蛇

原文　疑以叩实[1]，察而后动；复者[2]，阴之媒也[3]。

译文　发现了可疑情况就应该探察清楚，只有探察清楚后才能采取行动；反复探察，是发现敌人阴谋的重要方法。

注释　1. 叩：叩问，探察。2. 复者：反复叩问、探察。3. 阴：指某些隐藏着的、尚不明显或者尚未暴露的事物、情况。媒：媒介，手段，方法。

用法　我方做出若干举动，惊动或扰动对方，使其在准备不足的情况下提前暴露阴谋。打草惊蛇一般在我方有实力控制局面的情况下使用。

案例　**商臣打草惊蛇得实情**（事见《史记》）春秋时期，楚成王打算确立长子商臣为太子，后来又想废弃太子商臣，立其公子职为太子。商臣听到一点儿风声但不确定，就问自己的老师潘崇："怎么才能得知确实的情况呢？"潘崇说："你宴请大王的宠姬江芈（mǐ），但要流露出轻慢的态度。"商臣尽纳其谋。江芈生气地说："君王想杀掉你立职为太子是应该的。"商臣得知情况确凿，就发动卫兵包围了楚王宫，逼迫楚成王自杀，自己即位，就是楚穆王。

⇒潘崇向商臣说计。

第十四计 借尸还魂

原文

有用者，不可借；不能用者，求借。借不能用者而用之，匪我求童蒙[1]，童蒙求我。

译文

有作为的，不可利用；无作为的，求助于人。利用那些无所作为的，不是我求助于愚昧无知的人，是愚昧无知的人求助于我。

注释

1. 匪我求童蒙，童蒙求我：语出《易经·蒙卦》。此指不是我求助于愚昧无知的人，是愚昧无知的人求助于我。匪，通“非”。童蒙指年幼无知的小孩。

用法

有些衰落或已成过往的名号，在人们心中还有念想。可以利用这些名号作为号召，实际是注入我方新的势力。

案例

元末起义多借“宋尸”还“己魂”（事见《明史纪事本末》）元朝末年，政治腐败黑暗，元至正十一年（1351），韩山童、刘福通等人首举义旗（红巾军起义），建国，国号“大宋”。韩山童利用人们怀念宋朝的感情，宣称自己本姓赵，是宋徽宗的第八世孙，而刘福通也宣扬自己是南宋大将刘光世的后人。明太祖朱元璋也是在参加红巾军起义的过程中发展起来的，他曾在衙门前插了两面杏黄色大旗，上书：“山河奄有中华地，日月重开大宋天。”又有对联一副：“九天日月开黄道，宋国江山复宝图。”

元末起义军多打着『重开大宋』的旗号。

第十五计 调虎离山

原文　待天以困之[1]，用人以诱之。往蹇来返[2]。

译文　等待自然条件对敌人不利时去围困它，用人为的假象引诱调动敌人。我方前往敌方行动则艰难危险，调动敌人出来则有利。

注释　1. 天：指天时、气候、地理等自然条件。2. 往蹇来返：语出《易经·蹇卦》，此指我方前往敌方行动则艰难危险，调动敌人出来则有利。

用法　想尽办法调动敌人离开老巢或其关键之地。

案例　**周勃“调虎离山”灭诸吕**（事见《史记》）汉高帝刘邦去世后，太后吕雉及吕氏家族掌握了朝中大权，吕产掌握禁军南军，吕禄掌握禁军北军。吕后临终时告诫吕产、吕禄说：“我去世后，恐怕大臣们乘机向吕氏一族发难。你们务必要统率禁军，严守宫廷，千万不要轻易离开军事重地，以免为人所制！”吕后死后，吕氏集团与刘氏皇室集团的矛盾急剧尖锐化。齐王刘襄率先起兵，声讨吕氏家族的罪行，号召天下讨伐。

太尉周勃想进入北军夺取军权，就让吕禄好友郦寄劝吕禄说：“皇帝指派太尉掌管北军，要您前往封国。请您立即交出将印前往封国，否则将有灾祸！”吕禄认为郦寄不会欺骗自己，就交出将军印绶。周勃进入北军时，吕禄已离去。周勃掌控北军后，借此诛除了吕氏势力。

⇒周勃用计把吕禄调出北军大营后，接管了北军。

第十六计 欲擒故纵

原文　逼则反兵，走则减势。紧随勿迫，累其气力，消其斗志，散而后擒，兵不血刃。《需》，有孚，光[1]。

译文　如果将敌人逼得太紧，它就可能拼命反扑；如果让敌人逃跑，则可以削减它的气势。对逃跑之敌要紧紧跟随，但不要过于逼迫，以此来消耗其气力，瓦解其斗志，等到敌人溃散时再将之擒获，这样就可以兵不血刃地获胜。要善于等待，使敌人相信我方假象，这样的话，战局前途光明。

注释　1.《需》，有孚，光：语出《易经·需卦》，此指要善于等待，使敌人相信，这样的话，战局前途光明。需指等待，有孚是使敌人相信我方假象。

用法　故意放纵敌人，使之骄傲轻忽，放松警惕，而后出其不意击败它。

案例　**楚国“欲擒故纵”灭庸国**（事见《左传》）春秋时期，庸人率群蛮背叛楚国，楚国发兵讨伐，第一次出兵以失败告终。第二次出兵时，楚国大夫师叔对楚军将领说：“你再与庸人遭遇，要让他们感到骄傲，对方骄傲我方愤怒，而后才可以攻克。”

楚军与庸军再度遭遇，七次交手都故作失败。庸军说：“我们都不屑于与楚军战斗了。”因此不加以防备。楚军见庸军已然放松戒备、掉以轻心，就安排军队对庸军夹击，大破庸军。

⇐楚军佯败，欲擒故纵迷惑庸人。

第十七计 抛砖引玉

原文 类以诱之，击蒙也[1]。

译文 用类似的东西去诱惑敌人，使敌人懵懵懂懂地上当受骗。

注释 1. 击蒙：语出《易经·蒙卦》。此指使敌人懵懵懂懂地上当。

用法 先抛出弱小的表现或小利益，引诱敌方前来吞并或攻击，从而进入我方圈套或中我方埋伏。

案例 **楚军“抛砖引玉”败绞军**（事见《左传》）春秋时期，楚国出兵征伐绞国，陈兵于绞国都城南门外。楚国大臣屈瑕（xiá）献计说：“绞国小，而且其君臣轻狂，轻狂的人往往缺少计谋。可派出些没有士兵保护的我军打柴的人来引诱他们。”

楚王采纳了屈瑕的计策。头一天，绞国人抓走了一些楚国的打柴人。次日，绞国人争相出城，将楚方的打柴人往山中驱赶。而楚将一方面派兵把守绞城的北门，一方面派兵埋伏在山下，大败绞军。结果，楚军迫使绞国与楚订立城下之盟，得胜而归。

⇒楚军故意让一些人樵采来引诱绞人。

第十八计 擒贼擒王

原文 摧其坚，夺其魁，以解其体。龙战于野，其道穷也[1]。

译文 摧毁敌人的主力，擒住或消灭它的首领，就可以瓦解它的整体力量。这就好像龙离开水到陆地上作战，会陷入困境一样。

注释 1. 龙战于野，其道穷也：语出《易经·坤卦》象辞："上六，龙战于野，其道穷也。"意思是龙争斗于原野，是走入了困顿之境。

用法 发现事物中的首要因素，寻找敌方的首领，将之消灭或控制，就能击败或控制敌方整体了。

案例 **张巡"擒贼擒王"箭射尹子奇**（事见《资治通鉴》）在唐朝"安史之乱"中，叛军将领尹子奇率大军来进攻睢（suī）阳，守睢阳的是张巡。

张巡想射死敌军主将尹子奇，但不认识他。于是命令部下削蒿秆做箭。被射中的叛军很高兴，以为张巡军中的箭已射尽了，便跑去报告尹子奇。张巡因此认出了尹子奇，立即叫部将南霁云用箭射他。南霁云一箭射中了尹子奇的左眼，唐军差一点抓获了他。尹子奇被迫收兵退去。

⇐ 张巡让南霁云箭射尹子奇。

混战计

第十九计 釜底抽薪

原文 不敌其力，而消其势，兑下乾上之象[1]。

译文 不直接面对敌人的锋芒与之抗衡，而是间接地削弱它的气势，就是用以柔克刚的策略战胜敌人。

注释 1. 兑下乾上之象：指“履卦”。《易经·履卦》彖辞说：“柔履刚也。”这里含有以柔克刚之意。

用法 发现敌方的关键支撑点或支持者，而后想办法予以分化瓦解。

案例 **薛长孺“釜底抽薪”散叛兵**（事见《东斋记事》）宋朝时薛长孺任汉、湖、滑三州通判时，在汉州驻防。有数百名士兵在汉州叛乱，他们打开营门，图谋杀害知州和兵马监押（掌管州兵马的官吏）。有人来报告，知州和监押都不敢出去。薛长孺挺身走出军营，劝告叛兵说：“你们都有父母妻子，何故要做这种事？叛乱的人站到左边，被迫参与的人站到右边。”于是没有参与图谋叛乱的数百人站到了右边，只有叛乱主谋十三人冲出营门，分散躲藏在乡村郊野之中，不久就都被捕获。

⇒薛长孺劝告叛兵。

第二十计 混水摸鱼

原文 乘其阴乱[1]，利其弱而无主。《随》，以向晦入宴息[2]。

译文 趁敌人内部发生混乱，利用其力量虚弱而没有主见这一弱点，使敌人顺从我，就像人应顺应天时，到了夜晚就要入室休息一样。

注释 1. 阴：内部。2.《随》，以向晦入宴息：语出《易经·随卦》象辞，原意是君子取法“随卦”，夜来时入室休息。晦，夜。宴息：休息。

用法 乘敌人内部发生混乱、群龙无首、戒备松懈、力量虚弱、无法及时应对的时机采取行动，获得利益。

案例 **曹操迎献帝**（事见《资治通鉴》）董卓死后，其部将李傕（jué）、郭汜（sì）等人作乱，致使汉献帝一路逃亡，狼狈不堪。当时曹操在许县，计划迎接献帝，不少部下不同意。谋士荀彧说：“从前晋文公迎纳周襄王，各国一致推举他为霸主；汉高祖为义帝发丧，使得天下百姓诚心归附。如今献帝返回旧京，但洛阳荒废，借此时机，奉迎天子以顺从民心，是最合乎时势的行动。”曹操于是到洛阳迎献帝迁都许县，从此“挟天子以令诸侯”。曹操趁群雄纷乱之际混水摸鱼，夺得正统地位和话语权。

↑ 曹操挟天子以令诸侯。

第二十一计 金蝉脱壳

原文 存其形，完其势，友不疑，敌不动。巽而止，《蛊》[1]。

译文 保存阵地的原形，完备作战态势，友军不怀疑，敌人不敢轻举妄动。我方却趁机秘密转移了主力，安然躲过了战乱之危。

注释 1. 巽而止，《蛊》：语出《易经·蛊卦》彖辞，这里指暗中转移兵力，防止敌人造成危害混乱。

用法 存形而去实，以假象使敌方认为一切如常，而自己已经悄悄转移。所存之形应不被敌方立即发现、识破，转移要隐秘而迅速。

案例 **毕再遇悬羊击鼓，“金蝉脱壳”**（事见《续资治通鉴》）南宋名将毕再遇曾经与金兵对峙，他看金兵日益增兵，感觉难以与之争锋，就在一天晚上撤军而去，但营盘中的旗帜树立如旧，并且将一些羊绑定，使其前足挨靠战鼓，这样，宋军撤退后，营盘中依然旌旗招展，鼓声不断，金兵并未发觉宋军已人去营空。就这样过了好几天，金人感觉不对劲，侦察才发现宋军已撤走。想追击，无奈相距已远。

⇒毕再遇悬羊击鼓，『金蝉脱壳』。

第二十二计 关门捉贼

原文 小敌困之。《剥》，不利有攸往[1]。

译文 对于弱小的敌人，要围困之。在正道衰落、小人猖獗之时，追赶是不利的。

注释 1.《剥》，不利有攸往：语出《易经·剥卦》。意思是正道衰落、小人猖獗之时，不利有所往。剥：衰落。攸：所。

用法 设法将对手逼入一定圈套之内，不断缩小包围圈，直到将其制服。

案例 **陈奇瑜车厢峡关门捉贼**（事见《明史》）明朝末年，政治腐败黑暗，各地起义不断，崇祯七年（1634），明廷任命陈奇瑜总督河南、山西、陕西、湖广、四川五省以对付起义军。

陈奇瑜对起义军采取大围剿的策略，他渐渐地把当时主要的一些起义军都挤进了兴安的车厢峡（在今陕西安康境），堵住峡口，堵了两个多月，饿死了一大半起义军。起义军走投无路，向陈奇瑜投降。陈奇瑜接受了投降，派了五十多名“安抚官”统带起义军剩下的三万六千多人，包括张献忠与李自成在内，遣送回籍。不承想，这三万六千多人一出峡谷便重新暴动起来。

⇐明军一度将起义军堵在车厢峡中。

第二十三计 远交近攻

原文 形禁势格，利从近取，害以远隔。上火下泽[1]。

译文 受形势的阻碍或限制，攻取靠近的就有利，越过近的去攻取远的就有害。从《易经·睽卦》里悟出同中有异、异中有同的道理。

注释 1. 上火下泽：语出《易经·睽卦》象辞："上火下泽，睽，君子以同而异。"意思是说，上火下泽，这就是睽卦卦象。君子取法"睽卦"，掌握同中有异、异中有同的道理。

用法 打击对手要先对付容易对付的，使之孤立，与不急于对付的结盟，不可处处树敌。

案例 **范雎的"远交近攻"之策**（事见《史记》）春秋"远交近攻"之语源自战国时谋略家范雎（jū）。当时秦国的穰（ráng）侯魏冉准备越过韩、魏两国去进攻齐国，范雎劝谏秦昭襄王说："现在已经看出韩、魏两个国家与秦国并不真正亲善，要越过他们的国境去进攻齐国，这计策实在是不够周密。大王不如结交距离遥远的国家而先攻打近处的国家，这样攻取一寸土地就成为您的一寸土地，攻取一尺土地也就成为您的一尺土地。"

秦王听从了范雎的建议，实行了远交近攻的策略，使秦国得以一步步蚕食诸侯，最终统一了天下。

⇒范雎向秦昭襄王献策。

第二十四计 假道伐虢

原文 两大之间，敌胁以从，我假以势[1]。《困》，有言不信[2]。

译文 位于两个大国之间的小国，当敌方威胁它屈服时，我方应立即利用这个机会。它处于困境之中，我们光说不做是不行的。

注释 1. 假：借。2. 有言不信：语出《易经·困卦》彖传，此指空谈是行不通的。

用法 在实施运作、计划的过程中，乘机取得顺便的收获，或在敌人出现困境、疏漏、差错时，乘机获利或实施打击。

案例 **假途灭虢**（事见《穀梁传》）春秋时期，晋国用良马和美玉去向虞国借路，以便攻打虢国。虞国大夫宫之奇向虞君进谏劝阻，虞君不听，接受了礼物，并借路给了晋国，宫之奇说："常言道，唇亡则齿寒。说的大概就是这种情况吧。"于是带上自己的妻子儿女一起逃到别国去了。

晋国灭掉了虢国，鲁僖公五年（前655），又灭掉了虞国，荀息牵着良马，捧着玉璧，走到晋献公跟前说："玉还是原来的玉，只是马的年纪增大了。"

⇐ 虞君贪财货，不听宫之奇的劝谏。

并战计

第二十五计 偷梁换柱

原文 频更其阵，抽其劲旅，待其自败，而后乘之，曳其轮也[1]。

译文 多次变动敌人的阵容，把他的兵力调开，等待他自己败阵，然后用计谋进攻他，这就像拖住了车轮，车就不能走了一样。

注释 1. 曳其轮也：语出《易经·既济卦》爻辞，此指控制住对方关键部位，对方整体就无法运行。

用法 把对手关键的人、事、物换为自己所能掌控的，也就控制了对手。

案例 **萧道成“偷梁换柱”**（事见《资治通鉴》）南朝刘宋后废帝刘昱（yù）继位时只有十岁，但他从小骄纵，非常残暴，后来发展到一天不杀人就闷闷不乐。朝廷中人人自危，重臣萧道成也忧愁恐惧，想要废黜刘昱，另立新君。他派人秘密结交刘昱左右亲信杨玉夫、杨万年、陈奉伯等二十五人，伺机行动。七月初七夜，刘昱临睡前跟杨玉夫说：“你看见织女渡河时，马上叫醒我，看不见就杀了你。”杨玉夫感到大祸临头，便和杨万年用防身佩刀将熟睡中的刘昱斩杀，并通知萧道成。

萧道成在陈奉伯等人簇拥下进宫，拥安成王刘准为帝（宋顺帝），后来又逼迫刘准禅位给自己，称帝建国，国号“齐”。南朝宋灭亡。

萧道成买通刘昱身边亲信，“偷梁换柱”，刘昱之死是早晚的事。

⇒萧道成结交刘昱身边近侍，图谋废立。

第二十六计 指桑骂槐

原文　大凌小者，警以诱之。刚中而应，行险而顺[1]。

译文　强者欺凌控制弱者，要用警告的办法来诱导他。主帅刚健中正就能使军中上下相应，身处危险仍能顺应正道。

注释　1. 刚中而应，行险而顺：语出《易经·师卦》，原意指君子有人响应，身处危险仍能顺应正道。

用法　有实力者，可用旁敲侧击、杀鸡儆猴、较为迂曲的言语和手段进行警告和震慑，在不至于激化矛盾的情况下收到成效。并不是真要骂人。

案例　**淳于髡的旁敲侧击**（事见《史记》）春秋齐威王时，有位叫淳于髡（kūn）的人，能言善辩。齐威王在位初期，好长夜宴饮，沉湎酒中，不理国事，百官荒废放纵，诸侯都来侵犯，国家危亡在旦夕之间。淳于髡对齐威王说："都城中有只大鸟，落在大王庭院里，三年不飞又不鸣，大王知道这只鸟是怎么一回事吗？"齐威王说："这只鸟不飞则已，一飞冲天；不鸣则已，一鸣惊人。"于是诏令全国长官入朝奏事，有赏有罚；又发兵御敌，各诸侯国大为震惊。齐国的声威持续了三十六年。

骂人者凶，淳于髡不曾骂人，但用的是旁敲侧击、指桑骂槐之术。

⇐淳于髡讽谏齐威王。

第二十七计 假痴不癫

原文

宁伪作不知不为，不伪作假知妄为。静不露机，云雷屯也[1]。

译文

宁愿假装不知道而不采取行动，也不要假装知道而轻举妄动。要沉着冷静，不露出真实动机，如同雷霆隐藏在云下，积蓄力量，静待爆发的时机。

注释

1. 云雷屯也：《易经·屯卦》象辞说："云雷，屯。"是说云行于上，雷动于下是屯卦卦象。

用法

装痴装傻，装聋作哑，韬光养晦，隐藏真实想法，内心却和明镜一样，暗中积蓄势力，等待大有作为的时机。

案例

假痴不癫以避祸，韬光养晦以待时（事见《资治通鉴》《晋书》）唐宣宗李忱（chén）是唐宪宗第十三子。唐宪宗去世后，唐穆宗（唐宪宗第三子）继位，唐穆宗之后，是唐穆宗的三个儿子（唐敬宗、唐文宗、唐武宗）相继即位，然后唐宣宗才在宦官的拥立下即位。唐宣宗年幼时，后宫中人们都认为他不聪明（他实际上是韬光养晦）。他在大庭广众之下从不发言，表面糊涂，心里却如明镜一般。他正是凭着这种糊除，这种无能，这种沉默，才在极为险恶的宫廷斗争中度过四朝，最终登上皇位。

"竹林七贤"之一的阮籍，不对时事和当时人物发表观点，开口玄远不着边际，常常以酣醉应付掌权的司马氏的任务和对他的试探。司马昭曾想与阮籍联姻，阮籍竟大醉六十天，使事情无法进行。

⇒阮籍以酒作痴躲避政治旋涡。

第二十八计 上屋抽梯

原文　假之以便[1]，唆之使前，断其援应，陷之死地[1]。遇毒，位不当也[2]。

译文　借给对方某种便利，引诱它前进深入，然后截断它的后援和接应，使其陷入绝境。像吃东西中毒一样，对方陷入无法把握自己的境地。

注释　1. 假：借。2. 遇毒，位不当也：语出《易经·噬嗑卦》象辞，指吃东西中毒。

用法　用诱使或其他手段将对方引入预设好的局中，使之无法退出，无法自主，只能跟随我方意志。

案例　**上屋抽梯，迫不得已**（事见《资治通鉴》）这里说两个事例：三国刘表有刘琦与刘琮两个儿子，刘表后妻蔡氏与其弟蔡瑁等人常诋毁刘琦。刘琦心中不安，就向诸葛亮请教保护自己的对策，但诸葛亮不回答。有一次，刘琦与诸葛亮一起登上高楼，随即命令左右把梯子撤走，对诸葛亮说："如今上不着天，下不着地，话从你嘴里说出，只进入我一个人的耳中，可以说了吗？"诸葛亮只好告诉刘琦对策。

前文中所讲的史思明被其子史朝义与骆悦等人合谋杀死一事中，骆悦等人在动手前招来史思明的心腹、主管值宿警卫的曹将军，将计划告诉了他。曹将军既已得知此事，害怕自己受害，不敢违抗，成为刺杀史思明成功的关键因素。骆悦等人用的也是"上屋抽梯"之术。

⇐刘琦上屋抽梯请教诸葛亮。

第二十九计 树上开花

原文 借局布势，力小势大。鸿渐于陆，其羽可用为仪也[1]。

译文 借助别人的局面，把我方的弱小的力量装点成阵势强大的样子。鸿雁飞回陆地，落下来的羽毛可以用作礼仪装饰。

注释 1. 鸿渐于陆，其羽可用为仪：语出《易经·渐卦》。

用法 自己力量较小时，可借助强大势力来为自己增加声势。

案例 **刘备“树上开花”联吴抗曹**（事见《资治通鉴》）曹操统一北方后，于建安十三年（208）率军南征，当时掌控荆州的刘表之子刘琮（cóng）投降，依附于刘表的刘备率部向南撤退，被曹军追击并击溃，十分狼狈，逃往夏口。在这种情形下，诸葛亮对刘备说：“形势危急，我请求奉命去向孙将军求救。”

诸葛亮到江东，向孙权晓以利害。孙权本就不想降曹，听过诸葛亮的分析，又有鲁肃、周瑜相继为他分析局势，坚定他抗曹的决心，终于举东吴之力，在赤壁之战中打败曹操。

历史上常说孙刘联军赤壁抗曹，赤壁之战实则主要是东吴军队打的，刘备方面主要是后续收尾战斗。

赤壁之战前，刘备势力弱小，通过“树上开花”之术，联合实力较为雄厚的东吴势力，使曹操战败，形成三分天下的局面。

⇒刘备军在东吴军大破曹军的情况下追击曹败军。

第三十计 反客为主

原文　乘隙插足，扼其主机[1]，渐之进也[2]。

译文　乘着有漏洞就赶紧插足进去，扼住它的关键要害部分，循序渐进地达到自己的目的。

注释　1. 乘隙插足，扼其主机：找准时机插足进去，掌握它的要害关节之处。2. 渐之进也：语出《易经·渐卦》，意为渐进。

用法　赢得对方好感，为对方提供帮助或者其所需要的东西，然后看清并利用其薄弱环节，循序渐进地占据对方的话语权、位置乃至生存命脉。

案例　**刘备“反客为主”夺益州**（事见《资治通鉴》）刘备三顾茅庐拜访诸葛亮，诸葛亮为他做三分天下的规划，其中就建议他夺取刘璋的益州。刘备因为实力和时机等问题，一直未有动作。赤壁之战后，刘备的实力得到增强，刘璋的属下张松和法正也密谋策划奉迎刘备为益州之主。当时，曹操发兵讨伐占据汉中的张鲁，刘璋听到消息后，心中恐惧。张松乘机劝刘璋将刘备引入益州，可以进攻张鲁，也可以抵御曹操。刘璋听从了张松的建议，派法正带人去迎接刘备入益州。

刘备带兵顺利进入益州后，收买人心，不断增强力量，并逐渐反客为主，最后与刘璋兵戎相向，包围成都，迫使刘璋投降。刘璋投降后，刘备善待了刘璋。

⇐刘备接受刘璋投降。

败战计

第三十一计 美人计

原文　兵强者，攻其将；将智者，伐其情。将弱兵颓，其势自萎。利用御寇，顺相保也[1]。

译文　对于兵力强大的敌人，就攻击他的将帅；对于有智谋的将帅，就从他的情志入手。将帅的意志软弱，兵士就会颓废消沉，敌人的气势必然自行萎缩。利用这种方法来控制敌人，可以顺利地保全自己。

注释　1. 利用御寇，顺相保也：语出《易经·渐卦》象辞，此指利用这种方法抵御敌人，顺利地保全自己。

用法　用美女、声色等来诱惑敌方，使之就范，常常是很有效用的。

案例　**王逵用“美人计”擒杀何敬真**（事见《资治通鉴》）五代十国时期武平割据势力的统治者刘言与其部下王逵不和，王逵盘算说：“刘言可用的将领不过何敬真、朱全琇，把他们召来杀掉，刘言可取也。”当时南汉侵掠武平属地，刘言派何敬真、朱全琇率军南下抵御。两人到达长沙，王逵亲自出城到郊外迎接，并接连几天设宴畅饮，常用美貌妓女款待引诱何敬真等人，何敬真因此滞留不再前进。后来，王逵找借口把何敬真抓进监狱，朱全琇逃跑被捕。王逵斩杀何敬真、朱全琇及其党羽。

⇒王逵用美貌妓女款待引诱何敬真等人。

第三十二计 空城计

原文 虚者虚之，疑中生疑；刚柔之际[1]，奇而复奇。

译文 空虚的就让它空虚，使敌人在怀疑中更加怀疑。用刚柔相济的方法来对付强大的敌人，这是奇法中的奇法。

注释 1. 刚柔之际：语出《易经·解卦》象辞，此指刚柔相济。

用法 空城计的重点是虚虚实实，虚中有实，实中有虚，使敌人疑窦丛生，不敢贸然行动。空城计的虚要以实为基础，如果敌人认定我方只有虚没有实，那么此计也就失效了。

案例 **张守珪“空城计”退吐蕃军**（事见《旧唐书》）开元十五年（727），吐蕃进掠河西地区，攻陷瓜州，唐玄宗调名将张守珪（guī）前往处置。

张守珪到瓜州时，吐蕃军队撤离不久，瓜州城已残破，张守珪马上组织剩下的为数不多的军民修筑州城。刚开始工作，吐蕃军队突然驰临城下，城中军民恐惧惊慌，丧失了防守的意志。张守珪却非常冷静机智，他说：“敌众我寡，而且瓜州刚刚被攻掠，难以以武力防守，需要用计谋来退敌。”他在城上摆设酒席，歌舞作乐，会集将士饮宴。吐蕃军见城上唐军饮酒作乐，全然不把他们放在眼里，怀疑唐军有所准备，故意引诱他们，竟然不敢贸然攻城，而后撤军而去。

⇐吐蕃军望城上唐军，不敢贸然攻城。

第三十三计 反间计

原文 疑中之疑。比之自内，不自失也[1]。

译文 疑阵中再布疑阵，有来自对方内部的策应和援助，就不会受大损失。

注释 1. 比之自内，不自失也：语见《易经·比卦》象辞。此指有来自对方内部的策应和援助，自己就不会受大损失。

用法 不论是利用敌方到我方的人员或间谍把虚假的消息带回敌方，还是我方将间谍安插入敌方，从事搜集情报、破坏、离间等活动，这种在敌人内部进行的有利我方、不利敌方的活动都有着重要意义，有时候甚至比正面战场发挥的效用还要大。

案例 **李煜中反间计毒杀林仁肇**（事见《续资治通鉴长编》）五代后期的南唐将领林仁肇（zhào）有威名，宋朝对他很是忌惮，于是暗中贿赂林仁肇的侍者，取得林仁肇的画像，挂在空屋里。等南唐使者到宋朝来的时候，宋朝人员就故意让南唐使者看到画像，并问："这是谁？"南唐使者回答说："这是林仁肇。"宋朝人员说："林仁肇将要来归降，特地将此画像作为信物。"又指着空屋说："朝廷要把这屋宅赐给林仁肇呢。"

南唐使者回去向南唐国主李煜报告，李煜信以为真，就派人将林仁肇毒死了。

⇒宋朝人员向南唐使者大造林仁肇之谣。

第三十四计 苦肉计

原文 人不自害，受害必真；假真真假，间以得行。童蒙之吉，顺以巽也[1]。

译文 人通常不会自我伤害，自我伤害必定会被认为是真的。若我以假为真，以真为假，离间计就可以施行了。这就像对待天真的孩子，只要顺着其天然性情，他就会亲信你一样。

注释 1. 童蒙之吉，顺以巽也：出自《易经·蒙卦》象辞。此指只要顺着孩童性情，他就会亲信你。

用法 人们通常不相信一个人自己会伤害自己。通过伤害自己，来达到欺骗敌人、离间敌人等目的，就是“苦肉计”。

案例 **要离以苦肉计刺杀庆忌**（事见《吴越春秋》）春秋时期，阖闾杀死吴王僚，夺得王位。他十分惧怕吴王僚的儿子庆忌为父报仇，伍子胥向阖闾推荐了要离。要离瘦小无力，但声称能刺杀勇武有力的庆忌。他对阖闾说：“大王忧虑庆忌，我能杀之，希望您能把我的妻子孩子都杀死，断我右手，这样就能取得庆忌的信任。”吴王阖闾虽然不忍，但为了事成，就按要离说的做了。

要离见到庆忌说：“阖闾无道，杀死了我的妻子和孩子！”庆忌相信了他，把他留在身边。在与庆忌乘舟渡江时，要离借风势用矛刺死了庆忌。之后，他也自杀了。

⇐ 要离刺庆忌。

第三十五计 连环计

原文

将多兵众，不可以敌，使其自累，以杀其势[1]。在师中吉，承天宠也[2]。

译文

当敌方兵多将广时，不能够硬拼，要想方设法使其自相拖累，以减弱其势力。只要将帅指挥恰当，就是大幸大吉，就像得到神明相助一样。

注释

1. 杀：削弱，减杀。2. 在师中吉，承天宠也：语出《易经·师卦》。此指带军的将帅指挥正确的话，就是大幸大吉，就像得到了神明帮助一样。

用法

连环计的重点是通过计谋使敌人内部自相拖累和迟滞。除此之外，连环计还有连续使用两个以上的计谋，环环相扣，最终达到击败敌人之目的的含义。

案例

毕再遇施连环计破金军（事见《宋史纪事本末》）南宋名将毕再遇在一次与金兵交战的过程中，指挥军队一会儿前进，一会儿后退，三番五次地缠住敌人。他看到天色晚了，就把用香料煮的豆子撒在地上，又指挥军队上前和金兵交战，而后假装败逃。金兵乘胜追逐，但他们的马已经饿了，闻到豆香，都停下来吃豆子，金兵鞭打也不肯前进。由于马的拖累，金军的指挥作战陷入瘫痪。毕再遇指挥宋军趁机反攻，大获全胜。

⇒金军马匹食豆不肯前进。

第三十六计 走为上

原文 全师避敌[1]。左次无咎，未失常也[2]。

译文 （当遇到强敌时）保全军队，避开敌人。退避休兵，不算违背行军用兵的常道。

注释 1. 全：保全。2. 左次无咎，未失常也：出自《易经·师卦》象辞。此指退避休兵，不算违背行军用兵的常道。

用法 如果遭遇强敌，实力悬殊，绝无胜算，就要毫不犹豫地选择暂且退避，以保存实力，日后再寻机谋取胜利。切不可勉强死拼硬打。

案例 **当退避则退避，保存实力**（事见《吴越春秋》）“三十六计，走为上计”是人们常用的话语。在历史上，看到局势不妙或敌我双方势力对比悬殊的时候，采取退避策略的例子不胜枚举。能够不逞一时之勇，不意气用事而选择退避，保存实力以图卷土重来是明智的。《孙子兵法》中说：“十则围之，五则攻之，倍则分之，敌则能战之，少则能逃之，不若则能避之。故小敌之坚，大敌之擒也。”弱小的军队一味坚持硬拼，就会成为强大敌人的俘虏。

为人处世也是如此，在很多的时候，尤其在双方针锋相对的时候，即便你的实力强于对方，适当地收敛锋芒或做一些让步也是明智的。

⇐三十六计走为上。

图书在版编目（CIP）数据

孙子兵法 / 任犀然编著 . -- 北京 : 东方出版社, 2024.2
（国风新绘）
ISBN 978-7-5207-3741-8

Ⅰ . ①孙… Ⅱ . ①任… Ⅲ . ①《孙子兵法》—注释②《孙子兵法》—译文 Ⅳ . ① E892.25

中国国家版本馆 CIP 数据核字（2023）第 215834 号

孙子兵法
（SUNZIBINGFA）

编 著 者：任犀然
责任编辑：张永俊
责任审校：金学勇　曾庆全
出　　版：东方出版社
发　　行：人民东方出版传媒有限公司
地　　址：北京市东城区朝阳门内大街 166 号
邮　　编：100010
印　　刷：保定市中画美凯印刷有限公司
版　　次：2024 年 2 月第 1 版
印　　次：2024 年 2 月第 1 次印刷
开　　本：787 毫米 ×1092 毫米　1/16
印　　张：28
字　　数：428 千字
书　　号：ISBN 978-7-5207-3741-8
定　　价：138.00 元（全二册）
发行电话：（010）85924663　85924644　85924641